Philipp Depiereux

Werdet

WELTMUTFÜHRER

Welt|mut|füh|rer sind Unternehmen, die mit neuem Mindset Bewährtes immer wieder hinterfragen sowie den (digitalen) Wandel aktiv vorantreiben. Sie sind bereit, ihr Geschäftsmodell und Wirken auf unsere Gesellschaft grundlegend zu verändern.

Bibliografische Information der Deutschen Nationalbibliothek: Die Deutsche Nationalbibliothek verzeichnet diese Publikation in der Deutschen Nationalbibliografie; detaillierte bibliografische Daten sind im Internet über http://dnb.dnb.de abrufbar.

Texte: © Philipp Depiereux, ChangeRider gGmbH, München
Redaktion: © Sabine Hockling, Die Ratgeber, Hamburg
Lektorat: BHL Medienprojekte, Hamburg
Umschlaggestaltung & Layout: © Nenad Pilicic, München
Umschlagsfoto: © Selam Zerai, München
Illustrationen: © Elias Gabriel Paul,
www.EliasGabrielPaul.de, München

Druck und Vertrieb:
epubli – ein Service der Neopubli GmbH, Berlin

**FÜR MEINE CO-FOUNDER
CHRISTIAN UND PHILIPP UND DAS GESAMTE
ETVENTURE-TEAM.**

**OHNE EUCH HÄTTE DAS BUCH VIELE
LEERE SEITEN.**

Inhalt

Vorbemerkung:

An wen richtet sich das Buch und wie kann man es nutzen?

Das Buch richtet sich an ein breites Publikum, für das die digitale Transformation Bestandteil des täglichen Arbeitens geworden ist. Daher spricht es Unternehmerinnen, Führungskräfte und Mitarbeitende gleichermaßen an.

Viele beklagen, dass es immer schwieriger wird, die theoretischen Antworten in konkrete Maßnahmen umzusetzen. Daher zeige ich mit diesem Buch, wie der Weg der digitalen Transformation beschritten werden kann. Denn mein Team und ich sind diesen schon mehrfach mit Unternehmen verschiedenster Branchen erfolgreich gegangen. Und dieses Wissen gebe ich gern weiter!

Dabei habe ich das Buch so aufgebaut, dass Leserinnen in jedes beliebige Kapitel einsteigen können, da jedes Kapitel eine für sich geschlossene Geschichte mit entsprechenden Unternehmensbeispielen, Handlungsanweisungen und Learnings ist. Wer die ganze Journey der digitalen Transformation sehen möchte, findet sie auf den folgenden gut 400 Seiten.

Aus Gründen der Einheitlichkeit wurde dieses Buch in der weiblichen Form geschrieben. Nichtsdestoweniger beziehen sich alle Angaben auf Angehörige aller Geschlechter.

Ich freue mich über jedes Feedback unter
pd@weltmutfuehrer.de

✗	✓
SATURIERTHEIT	NEUES MINDSET
BEWAHREN	MUT
COMFORT ZONE	WANDEL
WASSERFALL	AGILITÄT
FEATURITIS	NUTZERZENTRIERT
PANIK	PIONIERGEIST
KOMPLIZIERT/BÜROKRATISCH	HANDS-ON
LANGWIERIG	SCHNELL
HABEN WIR SCHON IMMER SO GEMACHT	NEUES AUSPROBIEREN
ALTE WELT	NEUE WELT
NUR REDEN	UMSETZEN
LINEAR	VERNETZT
COVER YOUR ASS-DENKEN	MACHEN

I. Den mutigen Macherinnen gehört unsere Zukunft

Deutschland steht vor einem tiefgreifenden Wandel – gefühlt schon seit zehn Jahren. Getragen von einem langen und stabilen Aufschwung mit kräftiger Beschäftigungsdynamik und vollen Auftragsbüchern, hat man es sich als Wirtschaftsstandort bequem gemacht – und trägt das wie ein Mantra vor sich her. Und weil für den tiefgreifenden Wandel in Wirtschaft, Politik und Gesellschaft keine Zeit blieb, sind wir heute in Deutschland nicht nur eine alternde, sondern auch eine vom Erfolg saturierte Gesellschaft. Die Chance, dass aus einer solchen Gesellschaft revolutionäre Impulse kommen, ist gering. Dabei müssen wir jetzt die Weichen stellen, um unsere Wirtschaft zukunftsoffen und nachhaltig neu auszurichten. Dafür brauchen wir eine neue Einstellung – ein neues Mindset.

Der Wirtschaftsstandort Deutschland orientiert sich nach wie vor am Mindset unserer auf Perfektion ausgerichteten Ingenieurskultur, die den Wandel langfristig planen möchte. Dabei warten wir auf den perfekten Zeitpunkt und suchen nach den perfekten Lösungen mit perfekt ausgebildeten Mitarbeiterinnen. Wir haben die Menschen, die wirklich etwas bewegen wollen. Die Altes, Gewohntes, bisher Erfolgreiches und „Sicheres" loslassen und sich mutig dem Wandel stellen. Denen gegenüber steht allerdings auch eine große Gruppe der Bedenkenträgerinnen: Das geht nicht. Das darfst du nicht. Das funktioniert sowieso nicht. Die hundert Gründe, warum etwas nicht funktioniert, kann jeder in Deutschland aus dem Effeff aufsagen. Dazu paart sich die Angst vor dem Wandel, speziell bei meinem Lieblingsthema, der Digitalisierung, mit dem Totschlagargument: Sie nimmt uns die Arbeit weg, sie digitalisiert uns Menschen einfach „weg".

Die Lethargie rund um den digitalen Wandel

Wir sind Weltmeister der inkrementellen Innovation, denn wir können bestehende Produkte sehr gut verbessern. Wenn es aber darum geht, Bestehendes und bisher Erfolgreiches kritisch zu hinterfragen, Bewährtes über den Haufen zu werfen und unter hoher Unsicherheit komplett neue Wege zu gehen, dann tun wir uns schwer. Speziell bei der digitalen Transformation höre ich aus der Unternehmenswelt häufig faule Ausreden: Wir finden keine Programmiererinnen. Wir sind aktuell zu stark ins Tagesgeschäft eingebunden. Wir brauchen erst einmal eine gute Netzinfrastruktur, um digitalisieren zu können. Oder der absolute Klassiker: Wir kümmern uns erst mal um SAP. Danach können wir uns um digitale Services für die Kundinnen oder Geschäftsmodellinnovationen kümmern.

Viele Unternehmen haben vor der CoronaKrise jahrelang nur Grundlegendes, die dringend notwendigen Hausaufgaben, gemacht: Sie haben ihre Maschinen in Teilen digital vernetzt, ERP- und CRM-Systeme eingeführt und interne Prozesse digitalisiert. Die wenigsten Unternehmen haben sich mutig den wesentlichen und zukunftsweisenden Themen gestellt: Habe ich das richtige Geschäftsmodell, um auch in fünf oder zehn Jahren noch bestehen zu können? Wie schaffe ich es, mit bestehenden und neuen Kundinnen schnell in den digitalen Austausch und ins Geschäft zu kommen – egal, ob ich als Unternehmen im B2C- oder B2B-Umfeld unterwegs bin? Wie muss ich mein Unternehmen verändern, damit ich einen Beitrag zu den sozialen und ökologischen Herausforderungen in der Welt leisten kann? Wie muss ich meine Organisationsform, Arbeits- und Innovationsweise ändern, damit ich mit den neuen digitalen Wettbewerbern und den sich rasant verändernden Märkten mithalten kann?

Neben der Saturiertheit ist die in Deutschland weit verbreitete „Cover your Ass"-Mentalität verantwortlich für die Lethargie rund um den digitalen Wandel: Managerinnen streben nach Sicherheit und wollen eher selten einen risikobehafteten Weg gehen. Sie haben Angst, dass sie mit mutigen und komplett neuartigen Entscheidungen anecken, und dass mögliche Scheitermomente zum Stolperstein für ihre Karriere werden. Und beginnen deshalb nicht die Reise in die ungewisse digitale Transformation.

Corona als Gamechanger

Corona und der dadurch ausgelöste Lockdown Anfang 2020 änderten fast alles. Außendienstlerinnen konnten nicht mehr zu ihren Kundinnen reisen, der technische Support nicht vor Ort stattfinden, ganze Büros weder aktiv als Arbeitsräume noch als Orte der Begegnung genutzt werden. Viele Unternehmen waren auf dieses Szenario nicht vorbereitet; die Corona-Krise legte ihnen die eigenen Versäumnisse in Sachen Digitalisierung brutal offen. Aber dennoch – bis auf wenige Ausnahmen unter anderem in den Bereichen Hotellerie, Reise, Gastronomie und Veranstaltungen – konnte das Geschäft halbwegs aufrechterhalten werden.

Geholfen hat hier häufig etwas, von dem wir jahrelang gesagt haben, dass es nicht geht: die Digitalisierung. Die Welt stieg um auf digitale Meetings. Maschinen-Instandhaltungen wurden digital über mehrere Kontinente hinweg durchgeführt. Personal- und Einstellungsgespräche erfolgten per Zoom, Skype, Google Hangouts oder Microsoft Teams. Digitale Produkte und Services wurden plötzlich innerhalb von Wochen entwickelt und am Markt etabliert. Selbst die Bundesregierung brachte innerhalb von zehn (!) Wochen eine Corona-Warn-App heraus.

Hätte ich 2019 eine Prognose abgeben müssen, hätte ich eine Projektzeit von fünf Jahren vermutet. Es geht also, Mindset-Wandel und Digitalisierung vorausgesetzt.

Digitale Transformation konkret erlebbar machen

Zahlreiche Unternehmen haben jedoch bereits vor Corona gezeigt, wie man mutig digitale Geschäftsmodelle aufbauen und Bewährtes über den Haufen werfen beziehungsweise angreifen kann. Disruptoren wie Tesla und Peloton aus den USA oder Thermondo aus Deutschland zeigen uns, wie man mit einem neuartigen Start-up-Mindset Großes bewirken kann. Mutige Mittelständler, Weltmarktführer und Konzerne wie Viessmann, SMSgroup, Klöckner und mittlerweile auch Volkswagen, stellen Bestehendes mutig infrage und gestalten den Wandel aktiv. An ihnen müssen wir uns orientieren, von ihnen sollten wir uns inspirieren lassen.

In meiner zehnjährigen Zeit als CEO des Digitalpioniers etventure habe ich unzählige digitale Transformationen begleitet. Sehr viel hat funktioniert, aber vieles ist auch gescheitert. Zudem komme ich selbst aus der Unternehmerfamilie eines Weltmarktführers und habe lange als Geschäftsführer eines großen Mittelständlers gearbeitet. Ich kenne die Kultur und das Mindset eines Familienunternehmens also aus eigener Erfahrung. Meine digitale Lernkurve war dabei immens. Und zur Gründung von etventure bin ich überhaupt erst gekommen, weil ich vorher im Mittelstand mein persönliches „Innovations-Waterloo“ erlebte – was ich in dem Kapitel „Meine Taschenmesser-Scheitergeschichte“ beschreibe.

Bei jeder Veränderung steht der Mensch im Mittelpunkt

In diesem Buch zeige ich, wie Organisationen in der aktuellen komplexen Welt den Durchblick erlangen und digitale Produkte, Prozesse und Geschäftsmodelle mit bestehenden und neuen Kundinnen erfolgreich entwickeln und skalieren können. Wie Unternehmen bestehende Organisationsstrukturen und etablierte Vertriebskanäle und Geschäftsmodelle erfolgreich transformieren und so für einen Kultur- und Mindset-Wandel sorgen. Dabei lege ich den Fokus auf neuartige Innovationsmethoden und appelliere an den Mut, das Ingenieursdenken sowie den typischen deutschen Perfektionismus und Kontrollzwang punktuell aufzugeben. Und weil bei jeder Veränderung der Mensch im Mittelpunkt steht, zeige ich auf, wie Mitarbeiterinnen aus ihrer bewahrenden Haltung herausgeholt und für die digitale Zukunft begeistert und befähigt werden können.

Die in diesem Buch vorgestellten Geschichten, Erfolge und Misserfolge habe ich als passionierter Unternehmer nahezu alle selbst mit meinem etventure-Team in den letzten zehn Jahren durchlebt. Deshalb sind sämtliche in diesem Buch vorgestellten Methoden und Learnings auch direkt und sofort umsetzbar – egal, ob das Unternehmen ein Handwerksbetrieb mit zehn Mitarbeiterinnen, ein Mittelständler mit 1.500 Mitarbeiterinnen oder ein Konzern mit 30.000 Mitarbeiterinnen und mehr ist.

Wie unsere Bundeskanzlerin Angela Merkel in der Flüchtlingskrise die deutschen Bürgerinnen mit „Wir schaffen das!" überzeugen und motivieren wollte, möchte ich auch alle Leserinnen überzeugen und motivieren: Wir schaffen die digitale Transformation der Wirtschaft! Wir haben die besten Grundvoraussetzungen für den Wandel. Wir brauchen „nur" mehr

Weltmutführer, die sich JETZT mutig mit einem neuen Mindset auf den Weg machen. Dabei ist die Umsetzung der entscheidende Schlüssel – das müssen wir bei der digitalen Transformation besser machen als damals in der Flüchtlingskrise. Ein Blick in die USA und nach Asien zeigt, wir haben keine Zeit mehr zu verlieren!

Keine Zukunft ohne Herkunft

„Das Neue, das wir suchen, braucht das Alte, sonst können wir das Neue auch gar nicht als solches erkennen. Ohne das Alte können wir das Neue nicht ertragen, heute schon gar nicht, weil wir in einer wandlungsbeschleunigten Welt leben", so Odo Marquard, Philosoph und Autor von „Zukunft braucht Herkunft", 2003 in einem Spiegel-Interview. Auch bei der Transformation ist essentiell wichtig, die Vergangenheit im Blick zu haben. Denn eine neue Unternehmenskultur, ein neues Wertesystem, ist nur durch das uns prägende Vergangene möglich – und das gilt es beim Wandel zu berücksichtigen. Denn es steckt im Rucksack aller Eigentümer-, Geschäftsführer- und Mitarbeiterinnen, die sich auf die lange Wanderung machen.

Den mutigen Macherinnen gehört unser aller Zukunft! Sie sind die Weltmutführerinnen, die Weltmutführer schaffen.

Werdet WELTMUTFÜHRER!

Welt | mut | füh | rer sind Unternehmen, die mit einem neuen Mindset Bewährtes immer wieder hinterfragen und den (digitalen) Wandel aktiv vorantreiben. Sie sind bereit, ihr Geschäftsmodell und Wirken auf unsere Gesellschaft grundlegend zu verändern.

BITTE AUFWACHEN

DIE DISRUPTOREN SIND ÜBERALL

II. Bitte aufwachen: Disruption ist überall!

Disruption beschreibt den radikalen Wandel von Märkten und Geschäftsmodellen durch die Digitalisierung, bei dem bestehende Produkte und Dienstleistungen durch neue digitale Angebote ersetzt oder vom Markt verdrängt werden. Daher wird ein solcher Vorgang häufig als zerstörerisch empfunden. Unter digitaler Transformation versteht man den Kulturwandel in Arbeit und Mindset, der erforderlich ist, um Unternehmen erfolgreich in das digitale Zeitalter zu führen. Wesentliche Voraussetzung ist, dass Unternehmen und Führungskräfte sich nicht länger ausschließlich auf ihr perfektionistisches Ingenieur-Denken, das Melken ihrer Cash-Cows und die inkrementelle Weiterentwicklung ihrer Kernprodukte konzentrieren. Sie müssen stattdessen mutiger werden und im Unternehmen Start-up-Stärken und ganz neue Denkweisen aufbauen (siehe Kapitel „Baut Start-up-Stärken auf"). Während die Disruption eine fundamentale Neuausrichtung und die Zerschlagung von alten Geschäfts-bereichen, Produkten und Technologien beinhaltet, geht es bei der digitalen Transformation eher um kontinuierliche Veränderungsprozesse. Um weiterhin erfolgreich am Markt agieren zu können, müssen Organisationen die Disruptoren im Blick haben sowie sich nicht davor scheuen, selbst zum Disruptor zu werden und das eigene Geschäftsmodell anzugreifen.

Mutig dem deutschen Bewahrertum stellen

Wie digitale Player, Start-ups und Grown-ups auf die sich rasend schnell verändernden Märkte und Kundenbedürfnisse reagieren und somit zum Angreifer werden, beschreibe ich in diesem Kapitel. Außerdem zeige ich Unternehmen, die durch ihre nicht vorhandene Veränderungsbereitschaft vom neuen Wettbewerb verdrängt wurden und schlichtweg ihre Daseinsberechtigung verloren haben. Selbstverständlich gehe ich auch auf die Positivbeispiele ein, also auf die Unternehmen, die verstanden haben, dass die Bedrohung durch die Disruption real ist und die deshalb ihren Status quo aufgebrochen haben. Die ihre Kultur und ihr Mindset grunderneuert und gleichzeitig ihren Mitarbeitenden und Führungskräften verdeutlicht haben, dass diese radikale Veränderung notwendig ist. Die zudem bei sämtlichen Veränderungsthemen schnell in die Umsetzung gingen. Einige von ihnen reisten dafür nicht nur ins Silicon Valley, sondern stellten sich nach der Rückkehr zu Hause mutig dem deutschen Bewahrertum entgegen.

Disruption betrifft vermehrt auch B2B- und B2B2C-Märkte

Wer hingegen noch immer meint, die disruptiven Veränderungen in der Reise- und Transportbranche durch Uber und Airbnb zum Beispiel oder in der Unterhaltungsindustrie durch Netflix und Amazon Prime beträfen ihn nicht, weil er nicht im B2C-Segment agiert, irrt gewaltig. Denn die Gefahr durch Start-ups, Wettbewerberinnen oder auch große Digitalgigantinnen, die nach den Kundenschnittstellen greifen und sie sehr schnell digital besetzen, ist real – wie z. B. die Entwicklung von Klöckner oder auch Thermondo zeigt. Disruption betrifft somit nicht nur B2C-Märkte sondern nun vermehrt auch B2B- und B2B2C-Märkte.

Die Disruption kommt allerdings nicht nur von außen, also von Wettbewerberinnen, Start-ups und großen Digitalplayern, sondern eben auch durch die Digitalisierung selbst. Wenn neue digitale Prozesse in und um die Unternehmen herum analoge Prozesse ablösen, dann disruptieren diese neuen digitalen Kanäle, Services oder Prozesse die bisher etablierten. Perspektivisch lösen sie sie komplett ab. Das heißt, die „alten" Prozesse werden eingestellt. Disruption ist somit überall! Lasst uns sie deshalb mit offenen Armen empfangen!

PELOTON

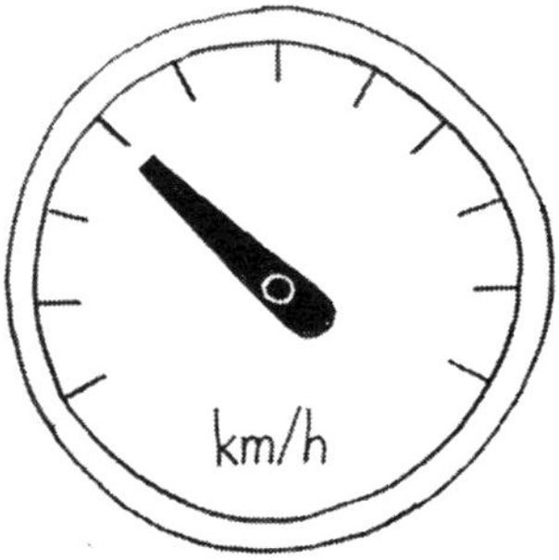

FITNESS-
STUDIOS

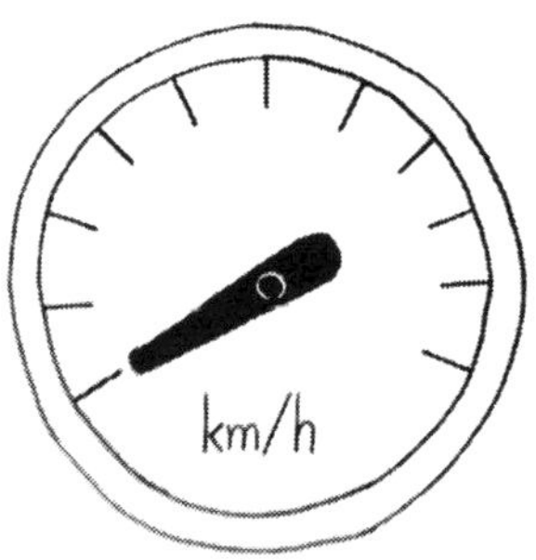

KETTLER

Peloton versus Kettler

Mit einem Wimpernschlag katapultierte uns die Corona-Pandemie in eine neue Ära, in der es nur noch eine Richtung gibt – und die heißt Veränderung. Viele Unternehmen passten innerhalb weniger Wochen ihre Geschäftsmodelle und Vertriebswege digital an – was bereits vor Jahren hätte passieren müssen. Und dass, obwohl deutsche Unternehmen – getragen von den Erfolgen und der gesamten wirtschaftlichen Wachstumswelle – über die Jahre in eine Art übermächtige Saturiertheit verfallen, mindestens aber in einen Wohlstandsschlaf versunken sind.

In der aktuellen Situation ist es wichtiger denn je, in Sachen Digitalisierung, digitale Transformation, Plattformökonomie und Eco-Systemaufbau mutig voranzuschreiten. Die aktuelle Lage in Deutschland zeigt allerdings ein geteiltes Bild: Während die einen Unternehmen auf die Digitalisierung setzen und ihren Vorsprung nutzen, sind andere vom Nebel der Unsicherheit wie gelähmt und denken bereits darüber nach, wie sie ihre Homeoffice-Regelungen wieder zurückfahren können und den Vertriebsfokus wieder vorwiegend auf die klassischen Kanäle setzen können. Und obwohl vielen Unternehmenslenkerinnen die Angst vor roten Zahlen ins Gesicht geschrieben steht, würde sich gerade jetzt Reaktionsgeschwindigkeit auszahlen. Denn sobald sich der Nebel gelichtet hat, wird sich schnell zeigen, wo Marktbegleiterinnen einen längst überholt haben.

Disruption kommt aus China und den USA

Den großen digitalen Goldrausch hat Deutschland im B2C-Bereich bereits komplett verschlafen. Die vergangenen 15 Jahre zeigen: Disruption kommt aus China und den USA. Daher überrascht es kaum jemanden, dass in Zeiten der Krise Unternehmen wie Amazon, Google, Microsoft und Apple innerhalb kürzester Zeit eine V-Korrektur (ein im Aktienhandel starker Einbruch des Devisenkurses mit anschließender extremer Korrektur) gelang und sie damit ihre Werte sogar noch massiv steigern konnten. Und trotzdem gibt es noch zahlreiche Disruptoren, die sich leise und unscheinbar in das Kerngeschäft ihrer Konkurrenz fressen – ohne dabei überhaupt richtig bemerkt zu werden. Da stellt sich natürlich die Frage, wie lange manche Unternehmerinnen noch warten wollen, bis sie endlich kompromisslos und beherzt die Chancen der Digitalisierung angehen?

Deutscher Traditionalist versus US-Ökosystemspieler

Wie schnell Unternehmen verlieren können, wenn sie den richtigen Zeitpunkt verschlafen haben, sich den digitalen Chancen und den sich radikal verändernden Kundenbedürfnissen zu stellen, zeigt das deutsche Unternehmen Kettler, das einst mit seinen Tretautos als Symbol der Wirtschaftswunderzeit in die Geschichte einging. Der Freizeitgerätehersteller brachte dann 1977 das erste Aluminium-Bike auf den Markt und startete damit seinen Siegeszug. Nur wenige Jahre später galt der Kettler-Hometrainer „Golf" als eines der beliebtesten Fitnessgeräte in Europa. 70 Jahre nach der Unternehmensgründung war dann allerdings Ende 2019 Schluss und alle Werke wurden endgültig geschlossen. Doch wie konnte es überhaupt trotz des steigenden Gesundheitsbewusstseins in der Bevölkerung dazu kommen? Schließlich sprießen Fitnessstudios wie Pilze aus dem Boden und Fitness-Apps skalieren in der Breite.

Eine Antwort darauf ist die Vorgehensweise von Peloton Interactive. Der Fitness-Gerätehersteller und -Plattformanbieter, der im Herbst 2019 in New York an die Börse ging und mehr als eine Milliarde US-Dollar einsammelte, stellt – wie einst Kettler – ein Fitness-Bike her. Warum aber muss ein deutsches Traditionsunternehmen In-solvenz anmelden, während ein junges amerikanisches Start-up mit dem gleichen Produkt auf Wachstumskurs ist? Was hat Peloton richtig gemacht?

Fitness as a Service

Zum einen hat Peloton früh den Trend erkannt: Sportbegeisterte kommen in großen Spinning-Gruppen in Fitnessstudios zusammen, um sich bei schlechter Belüftung und lauter Musik von einer Fitnesstrainerin „anschreien" zu lassen. Gemeinschaft und Trainerin tragen dabei offensichtlich erheblich zur Motivation bei. Der Peleton-Gründer John Foley fragte sich 2012: Kann es nicht einfacher sein, den inneren Schweinehund zu überwinden? Wie kann man dabei flexibler bezüglich Ort und Zeit sein?

Es wäre zu einfach zu sagen, dass Peloton seinen Erfolg ausschließlich mit seinen Fitness-Bikes erreicht hat. Also was unterscheidet die beiden Unternehmen und was rechtfertigt den Kauf eines Peloton-Hometrainers für mehr als 2.000 Euro gegenüber einem herkömmlichen Kettler-Hometrainer zum Preis von 700 Euro? Fitness as a Service ist das magische Erfolgsmodell von Peloton: Zum einen wird das hochwertige Luxus-Bike mit einem großen Touchscreen-Monitor geliefert, direkt vom Lieferteam aufgebaut und installiert. Kundinnen erhalten dazu noch eine Einweisung in Gerät und Software. Zum anderen greifen Kundinnen auf ein breit gefächertes Angebot an Kursen mit unterschiedlichen Schwierigkeitsgraden, Musikrichtungen und unter Anleitung qualifizierter Trainerinnen zurück, die allerdings nur im Abo-Modell für etwa 40 Euro im Monat auf dem Spinning-Bike und in einer separaten Peloton-App verfügbar sind. Neben verschiedenen Live-Trainings, die dazu motivieren, zu Höchstform aufzulaufen und das Beste aus sich rauszuholen, bietet das Abo-Programm auch eine eigene Streaming-Technologie mit Features wie Leader-boards, Workout-Metriken sowie individuellen Musik-Playlists.

Erfolgshebel der Digitalisierung

Damit hat Peloton nicht nur die Fitnesswelt in den USA und Kanada im Sturm erobert, sondern ist mittlerweile auch in Deutschland und UK erfolgreich vertreten und plant, weiter stark zu expandieren. Das ambitionierte Ziel von Foley: „Wir wollen eines Tages 100 Millionen zahlende Abonnentinnen haben." Seine Ambitionen basieren auf der Annahme, dass es fast 200 Millionen Menschen auf der Welt gibt, die in ein Fitnessstudio gehen. „Das sind 200 Millionen Menschen, die Monat für Monat ihr sauer verdientes Geld dafür bezahlen, um unserer Meinung nach minderwertige Fitnessgeräte an einem minderwertigen Standort zu nutzen." Peloton indes werde weiter Gas geben in Sachen Produktinnovationen.

Eine große Scheibe können sich Unternehmen hierzulande von dem selbstbewussten Kundenumgang abschauen: Sind Kundinnen mit dem Produkt nicht zufrieden, wird es nach 30 Tagen wieder abgeholt – kostenlos und ohne Rückfragen. Wesentlicher ist allerdings, wie Peloton unter Berücksichtigung gesellschaftlicher Trends und Nutzung der Chancen, die aus der Digitalisierung hervorgehen, die richtigen Schlüsse zieht und damit an deutschen und europäischen Traditionsunternehmen wie eben Kettler vorbeizieht. Denn das Start-up, oder besser Grown-up, hat das Rad im wahrsten Sinne des Wortes nicht neu erfunden, sondern schlichtweg drei Erfolgshebel der Digitalisierung richtig für sich genutzt:

1. Personalisierung

Immer mehr Menschen beschäftigen sich mit ihrer Fitness und Gesundheit. Sie wollen möglichst fit sein, einen sportlichen Körperbau haben, Gewicht verlieren, dabei aber auch Spaß haben. Genau diese Kombination nutzt das Unternehmen: Nutzerinnen können mit ihrem Monitor auf Tausende On-Demand-Stunden zugreifen. Dabei werden die zahlreichen Kurse aus Studios in New York und London täglich live ausgestrahlt. Und während man mit seiner Online-Community um die Wette strampelt, können angemeldete Nutzer sogar individuell von den Trainerinnen angesprochen, beklatscht und zum nächsten Kilometer motiviert werden. Dabei funktioniert das Daten-Modell nach dem Netflix-Prinzip: Es fokussiert auf das Customer-Engagement und lernt aus dem, was die Nutzerin mag beziehungsweise entsprechend zukünftig mögen könnte – und besetzt so in herausragender Weise die Kundenschnittstelle. Der On-Demand-Fitnessdienst nutzt also die verbesserte Internet-Konnektivität und die Streaming-Fähigkeiten par excellence.

Peloton hat früh erkannt, dass Fitness sich rasant zu einer Lifestyle-Industrie entwickelt – was dem Unternehmen acht Jahre nach Gründung einen Unternehmenswert von rund 25 Milliarden US-Dollar einbringt. Kettler hingegen wurde 2017 von der M&A-Beratung Clearwater International mit gerade 100 Millionen Euro bewertet. Ganz nebenbei ist Peloton mit seinem Stay-at-home-Fitnessangebot zu einer Profiteurin der Corona-Krise geworden: Während der Quarantänezeit ist die Nachfrage nach den Produkten massiv gestiegen.

2. Verbunden trotz Distanz – die Online-Community von Peloton macht es möglich

Peloton profitiert mittlerweile mit über einer Million zahlender Abonnentinnen und einer Gesamtnutzerzahl von über drei Millionen von einer stark wachsenden Community. Die Peloton-Fangemeinde, die das Unternehmen sich aufgebaut hat, ist hoch engagiert, loyal und emotional sehr stark mit der Marke verbunden. Durch die Weiterempfehlungen der Nutzerinnen entstehen zudem ungeahnte Netzwerkeffekte. Ferner können sich Nutzerinnen untereinander verbinden. Man kann also trotz Distanz mit seinen Freundinnen trainieren, sich gegenseitig motivieren, anspornen und anfeuern. Obwohl das Fitness-Bike im trauten Heim steht, wird eine soziale Nähe geschaffen. Denn wer mag, kann den Kameramodus auf dem Screen aktivieren und während des Work-outs mit seiner Freundin live kommunizieren.

3. Dynamisches System

Um die Community auch langfristig an sich zu binden, nutzt Peloton zahlreiche Gamification-Ansätze. Zum einen können sich befreundete Nutzerinnen herausfordern und live gegeneinander antreten. Die gefahrenen Kilometer, Punkte etc. sammeln sie dabei in ihrem Nutzerkonto. Bei besonderen Leistungen und Meilensteinen winken Auszeichnungen. Zum anderen können sie ihre weiteren sportlichen Ambitionen wie beispielsweise Yoga, Laufen oder Body-Work-out über eine App machen. Dort ist das Prinzip dasselbe wie beim Spinning: eine Trainerin schwingt die Motivationskeule bei passender Musik und alle Daten werden zentral erfasst – fühlt sich schon an wie die „One-Stop-Lösung" für den Fitnessbereich. Dem Unternehmen gelingt es, durch gezielte Anreize und extrem motivierende Fitnessvideos der Nutzerin mit einem hohen Spaßfaktor zu sichtbaren Erfolgen zu verhelfen. Die Vernetzung durch die App stärkt dabei die Bindung und das Vertrauen zur Marke zusätzlich. Insgesamt profitiert Peloton also durch seinen Ansatz der radikalen Nutzerzentrierung und gewinnt so stetig mehr Kundinnen, die durch ihre Zufriedenheit neue Kundinnen anlocken.

Erfolgreich mit Nutzerzentrierung

Den Peloton-Service nutzten im Sommer 2020 über drei Millionen Abonnentinnen. Der Umsatz im vierten Quartal des Berichtsjahres 2020 (dieses endet immer im Sommer) lag bei etwas über 600 Millionen US Dollar. Davon fielen ca. 121 Millionen US Dollar auf die reine Nutzung der App beziehungsweise des Abo-Modells und 485 Millionen US Dollar auf die vernetzen Fitnessprodukte. Im Jahr 2020 verdoppelte sich der Umsatz auf 1,8 Milliarden US Dollar im Vergleich zum Vorjahr. Beeindruckend auch die Zahlen der Work-outs: In Q4 2020 des Peloton-Berichtsjahrs wurden 76,8 Millionen Work-outs durchgeführt. Die durchschnittliche Work-out-Anzahl pro Abo-Nutzerin im Monat stieg im Vorjahresvergleich von 12 auf beeindruckende 24,7.

Auch bei der Finanzierung der relativ teuren Geräte arbeitet Peloton mit der Fintech-Plattform Affirm zusammen und bietet seinen Kundinnen für das Bike eine monatliche Finanzierung mit null Prozent Zinsen an. Was das Zielkonsumentensegment enorm erweitert hat, denn durch die aktuelle wirtschaftliche Lage sind Verbraucherinnen nicht nur eher geneigt, kleine monatliche Zahlungen zu leisten. Auch die vorübergehende Schließung von Fitnessstudios hat Peloton in die Hände gespielt.

Im Gegensatz zu Kettler hat Peloton den Wunsch nach Personalisierung, Freiheit und emotionaler Erfahrung im Fitnessbereich erkannt und in kürzester Zeit ein Ökosystem entwickelt, das eine vernetzte Wertschöpfung im Markt neu definiert. Somit hat Peloton nicht nur die Macht über den aktuellen Markt, sondern auch einen enormen Wissensschatz über seine Kundinnen – und macht sich so auf den Weg, zum Amazon der Fitnesswelt zu werden. Und perfektioniert dabei die radikale Nutzerzentrierung: Mit dem Gamification-Ansatz bindet Peloton seine Kundinnen durch die App ganzheitlich ein. Gleichzeitig hilft ihnen die Online-Community beim Markenaufbau.

Der Druck auf Deutschland steigt

Um Kettler zu retten, wurde nicht auf punktuelle Markeninnovationen gesetzt, sondern auf einen komplexen Um- und Ausbau des Sortiments. Die enorme Produktvielfalt von Kettler – von Rudergeräten bis hin zu Gartenmöbeln – hat es dem Unternehmen unnötig schwer gemacht. Hinzu kommt, dass Logistik, Vermarktung und Vertrieb sehr schnell hohe Kosten verursachen. Kettler hätte seinen Fokus auf seine Stärken richten und sich fragen müssen: Was will und braucht eigentlich unsere Kundin? Welche Trends können wir erfolgreich und besser bedienen als andere? Wie können wir die Digitalisierung dafür nutzen? Denn der erfolgreiche Weg geht weg vom produktbasierten Ingenieursdenken und hin zur Kundenzentrierung.

Trotz meiner persönlichen Begeisterung für Peloton ist es für mich sehr betrüblich zu sehen, dass ein US-Unternehmen wieder einmal den deutschen und europäischen Markt angreift – und diesen vermutlich erfolgreich erobern wird. Es zeigt allerdings auch sehr anschaulich, wie hoch der Druck in Deutschland zum Handeln ist.

TESLA
BMW
PORSCHE

Tesla versus deutsche saturierte Automobilriesen

Auch die deutsche Automobilindustrie bekommt gerade mit voller Wucht die Disruption zu spüren. Und während die deutschen Automobilkonzerne mit der Corona-Krise und einer reduzierten Kaufnachfrage kämpfen, beschleunigt Elon Musk. Er will den Kampf um die Elektromobilität um jeden Preis gewinnen. Und sein Plan geht auf: Teslas Aktie erklomm 2020 ein neues Rekordhoch und Tesla wurde zum wertvollsten Autobauer an der Börse. Ich selbst bin Tesla-Fahrer und beobachte die Marktentwicklung schon lange mit Kopfschütteln.

Die Geburt der mittlerweile wertvollsten Automarke Tesla Motors ist noch nicht lange her: 2003 wurde das Unternehmen von Martin Eberhard und Marc Tarpenning gegründet. Nur ein Jahr später investierte Elon Musk 27 Millionen US-Dollar in das junge Start-up. Er wird Aufsichtsratsvorsitzender und das prägende Gesicht des amerikanischen Herstellers. Nur drei Jahre später präsentiert Tesla das erste Elektroauto der Welt.

Tesla hat aus den Startschwierigkeiten gelernt

Dabei wurde Musk lange von der deutschen Automobilindustrie nicht ernst genommen, sogar belächelt: der Service war zu schlecht, die Qualität zu gering, der Absatz zu niedrig. Mittlerweile hat das Unternehmen aus den Startschwierigkeiten gelernt und sich enorm schnell in nahezu allen Bereichen weiterentwickelt. Und während es den Anschein machte, dass die deutschen Hersteller die Elektromobilität verschlafen, nahm Tesla Anlauf und erreichte Mitte des Jahres 2020 einen

Börsenwert von rund 207 Milliarden US-Dollar – und war erstmals mehr wert als Daimler, BMW und Volkswagen zusammen! Konnte man eine Tesla-Aktie zu Beginn noch für 17 US-Dollar erwerben, war sie Ende August etwa 1.900 US-Dollar wert. Allein seit Anfang 2020 hat die Tesla-Aktie unglaubliche 388 Prozent zugelegt. Zum Vergleich: Die Daimler-Aktie verlor im gleichen Zeitraum ca. 14,5 Prozent, ebenso verlor die Aktie von Volkswagen.

Wie steht es um die deutsche Elektromobilität?

Vor dem Serienstart des Porsche Taycan wurde bereits spekuliert, ob die Batterien getauscht werden müssten. Der i3 von BMW kämpfte mit der Software und anderen Kinderkrankheiten – einen Nachfolger wird es nicht geben. Der EQC von Mercedes-Benz scheint ein Flop auf ganzer Linie zu sein. 2019 haben sich europaweit nur etwa 1.400 Kundinnen für diesen SUV entschieden. Selbst der neue ID.3 von VW schneidet in fast allen Punkten schlechter ab als der Tesla. Aber immerhin rollt die erste Mittelklasse-E-Serie von VW mit einigen Monaten Verspätung vom Band und wird nun ab Ende 2020 der breiten Masse zur Verfügung stehen.

Wenn der Bedarf nach Elektromobilität weiter so rasant ansteigt wie prognostiziert, dann muss die einst so erfolgreiche deutsche Automobilindustrie in den Turbogang schalten und endlich das Überholmanöver antreten und vor allen Dingen ihr Mindset ändern. Dabei sollte sie den Vorsprung des aktuellen Elektro-Branchenprimus Tesla anerkennen, von ihm lernen und das berühmte „Spaltmaß-Geprotze" ablegen.

Ich fahre seit vier Jahren einen Tesla – und damit das erste Mal ein Auto, das kein deutscher Autokonzern produziert hat. Wie in vielen anderen Familien saßen bereits meine Eltern und Großeltern ihr ganzes Leben lang nahezu ausnahmslos in deutschen oder europäischen Autofabrikaten. Denn Deutschland ist nicht nur das Land der Dichterinnen und Denkerinnen, sondern auch das Land der Lenkerinnen. In keinem anderen Land ist das Auto derart mit der Identität der Menschen verschmolzen wie bei uns. Daher sind Diskussionen über die Automobilindustrie nicht nur wirtschaftliche oder politische. Es sind Diskussionen über Lebensformen; wir sind groß geworden mit dem deutschen Qualitätsanspruch und das Auto hat uns Freiheit geschenkt. Diese Autokultur hat unser Land bis in jeden Winkel geprägt und lange Zeit für Exportstärke und Wirtschaftsmacht gesorgt. Man kann sich also vorstellen: Mein Tesla-Kauf war ein absoluter Gamechanger in unserer Familienchronik.

Warum fahre ich Tesla?

Ich werde oft gefragt, warum ich mich 2016 für einen Tesla entschieden habe. Die Antwort ist einfach: Ich glaube fest daran, dass der Verbrenner bald der Vergangenheit angehört. Auch hat mich Elektromobilität als zukunftsweisende Technologie, neben anderen alternativen Antriebsarten, schon immer sehr beeindruckt. Ferner wollte ich nicht nur über das Fahrgefühl eines Elektroautos sprechen, was in der Tat wirklich besonders ist, sondern es auch selbst erleben. Die Wahl auf einen Tesla fiel, weil die deutschen Automobilhersteller damals außer dem e-Smart von Mercedes und dem i3 von BMW nichts zu bieten hatten – was sich bis Mitte 2020 kaum geändert hat und in der Breite vor Mitte 2021/Anfang 2022 vermutlich auch nicht ändern wird. Neben dem Fahrgefühl überzeugte mich aber vor allem auch das Design des Fahrzeugs mit seinem minimalistischen Cockpit und der vom iPhone gewohnten Usability.

Die von Freundinnen des deutschen Automobils geäußerte Befürchtung, ich werde nach meiner Bestellung mehr als zwölf Monate auf das Fahrzeug warten müssen, stellte sich am Ende als Trugschluss heraus: Drei Monate nach meiner Bestellung stand das Fahrzeug bei mir in München. Beim Thema „Warten" gibt es bei Mercedes beispielsweise eine ganz andere Zeitrechnung: Der e-Smart sollte kürzlich nur noch über Werksniederlassungen verkauft werden. Die aber konnten aufgrund der Kurzarbeit durch die Corona-Pandemie die Folgeproduktion nicht leisten; der Wagen war ab Juni 2020 für dieses Jahr nicht mehr zu bestellen. Die Lieferzeiten für den AUDI e-tron liegen aktuell bei sechs Monaten! Was für ein Mix aus deutscher Kfz-Propaganda und fehlendem Nachfragemanagement.

Kritik und Spott von allen Seiten

Ich musste mir nach dem Kauf des Teslas Kommentare wie „was für eine Plastikschleuder" anhören. Ein guter Bekannter, der in der Entwicklung von BMW arbeitete, fragte mich gar, ob denn die Türen überhaupt sauber schließen würden. Denn Tesla würde ja bei der Zusammensetzung des Fahrzeuges unsauber arbeiten (da ist es wieder, das Spaltmaß). Doch das alles war noch harmlos im Vergleich mit einem Erlebnis im Jahr 2018: Ich saß mit einem sehr bekannten Fernsehmoderator auf einem Panel, bei dem es um Disruption in der Automobilindustrie ging. An diesem Tag hagelte es von allen Seiten Kritik: Tesla sei sowieso pleite, könne keine vernünftigen Autos bauen und die Serienfertigung sei ein Desaster. Ergo, die deutschen Hersteller würden das Thema Elektromobilität erfolgreich gewinnen – wenn die Zeit denn reif sei. Na ja, die Hoffnung stirbt bekanntlich zuletzt.

Weiteren Gegenwind erfuhr ich auf einer Leadership-Konferenz in St. Gallen. Ich war als Keynote-Speaker angereist – natürlich elektrisch mit meinem Tesla aus München. Ein Redner auf dem Event war der Sportchef eines Sportwagenherstellers aus Baden-Württemberg. Während seines Vortrags verspottete auch er Tesla und geiferte in die Runde: „Woran kann man einen Tesla-Fahrer auf der Autobahn erkennen? Er kriecht mit 40 km/h auf der rechten Spur, weil sein Akku leer ist." Großes Gelächter im Publikum. Nun wusste er nicht, dass nach ihm ein Tesla-Fahrer die Bühne betrat. Dank ihm hatte ich einen „Eisbrecher" und outete mich direkt als der „kriechende Autobahnfahrer". Übrigens: Der 40-km/h-Modus ist nahezu unmöglich zu erreichen, weil Tesla die intelligente Routenführung so aufbaut und plant, dass man immer mit seiner gewünschten Geschwindigkeit – und die ist in der Regel nicht 40 km/h auf der Autobahn – rechtzeitig an eine Tesla-Schnellladestation kommt. Als ich mich dann am Ende der Veranstaltung verabschiedete, um am Abend zurück nach München zu fahren, rief mir der Sportchef nach: „Du brauchst ja vermutlich sechs Stunden, weil du ja noch zweimal laden und dabei stundenlang warten musst, bis der Akku voll ist." Eine bessere Vorlage hätte er mir nicht liefern können. Ich erklärte ihm und allen anderen, dass ich auf halber Strecke bei einem Tesla Supercharger anhalten und während einer Toilettenpause in 20 Minuten etwa 200 Kilometer Reichweite in die Batterie „blasen" würde. Nach knapp drei Stunden Fahrt inklusive Pause und Ladung war ich also wieder in München.

Diese Beispiele zeigen hervorragend, wie die Automobillobby arbeitet und funktioniert. Wie deutsche Hersteller und Lobbyisten sehr viel Zeit und Energie darauf verwenden, einen aufkommenden Player kleinzureden und schlecht zu machen, statt sich dieser Herausforderung zu stellen.

China – die unerkannte Macht

Der deutsche Automarkt erlebte durch die Corona-Krise eine ziemliche Talfahrt. Praktisch alle Automarken verbuchten ein dickes Zulassungsminus. Nur Elektroautos sind gefragter denn je. Die seit Mai 2020 angehobene Kaufprämie von bis zu 6.000 Euro verschaffte den batteriebetriebenen Autos zusätzlich Aufwind. Damit verdreifachten sich die Neuanmeldungen von Plug-in-Hybriden, die rein batteriebetriebenen Wagen legten um 56 Prozent zu. Und auch die Bundesregierung hat sich für 2020 hohe Ziele gesetzt. Laut „Nationalem Entwicklungsplan Elektromobilität" sollen bis zum Jahresende eine Million Elektrofahrzeuge auf deutschen Straßen rollen. Die sukzessive Umstellung auf Elektroantrieb soll der deutschen Automobilindustrie dabei helfen, ihre Position in der Weltwirtschaft zu halten. Und auch der Klimawandel versetzt der Elektromobilität einen mächtigen Schub. Durch die Umstellung auf E-Autos sank der durchschnittliche CO2-Ausstoß aller neu zugelassenen Fahrzeuge um 4,9 Prozent auf 149 Gramm pro Kilometer. Zudem soll die Infrastruktur für Ladesäulen deutlich schneller geschaffen werden als bisher geplant.

Nun könnte man sich entspannt zurücklehnen und sagen, läuft doch. Deutschland stellt sich auf die zukünftige Elektromobilität ein, Prämien fördern die Kaufkraft und die Infrastruktur wird hochgezogen. Doch weit gefehlt! Die Disruptoren kommen nicht nur aus den USA, sondern auch aus China. Dabei ist China nicht nur ein spannender Absatzmarkt für die deutschen Automobilhersteller. Sie produzieren selbst zahlreiche Fahrzeuge und bieten diese teilweise deutlich günstiger an als deutsche Hersteller. Der chinesische E-Auto-Hersteller Great Wall Motors beispielsweise will Berichten zufolge 2020 das billigste Elektroauto der Welt präsentieren: Ein Viertürer mit einer Reichweite von 350 Kilometern und einer 35-Kilowattstunden-Batterie für etwa 10.000 Euro. Der internationale Verkaufsstart soll erst in Indien und anschließend weltweit erfolgen.

Bezüglich der Verkaufszahlen hat China aktuell die Nase meilenweit vorn: 2019 wurden 1,2 Millionen Elektroautos verkauft. In Deutschland gab es im selben Zeitraum ca. 63.000 Zulassungen. Dabei setzen die Chinesen sowohl in der Fertigung als auch bei der Nutzung voll und ganz auf E-Mobilität; und legen sich bei den Verbrennern nicht mit den deutschen „Perfektionsingenieuren“ an.

Warum ist Tesla fortschrittlicher?

Während sich die deutsche Automobilindustrie schrittweise und sehr langsam auf die Veränderung einstellt, ist Tesla schon mittendrin und hat sich durch die jahrelange, konkurrenzlose Vorlaufzeit die beste Position erarbeitet, um diesen Markt für sich zu gewinnen. Bereits im Jahr 2019 verbuchte Tesla mit etwa 361.000 die meisten Neuzulassungen an Elektrofahrzeugen. Im Vergleich: BMW liegt mit 114.500 Elektroautos weltweit auf Platz fünf. Elon Musk will das Land der Automobilindustrie im Sturm erobern. In Berlin/Grünheide soll in weniger als 12 Monaten die erste Gigafactory in Deutschland entstehen, wo zukünftig 500.000 Autos pro Jahr produziert werden sollen. Doch was genau macht Tesla nun so wertvoll? In welchen Bereichen ist der Hersteller so viel besser und fortschrittlicher aufgestellt als die deutsche Konkurrenz?

1. Infrastruktur

Elon Musk ist kein Mann, der lange wartet – er macht. Und somit hat er die notwendige Infrastruktur einfach selbst geschaffen.

Ich bin nach wie vor schwer beeindruckt von der europaweiten Tesla-Ladeinfrastruktur, die es uns Besitzerinnen ermöglicht, in zehn Minuten Ladezeit ca. 100 Kilometer Reichweite in den Akku zu pumpen. Von Lissabon bis Skandinavien hoch können Tesla-Fahrerinnen so bequem und schnell fahren. Andere E-Autos hingegen können dort nicht laden, denn Tesla betreibt mit seinen Superchargern ein eigenes proprietäres Schnellladesystem. Und während Tesla allein bereits 519 Stationen mit 4977 Ladeplätzen geschaffen hat, schuf ein Joint Venture aus Daimler, BMW, VW und Ford bisher gerade einmal 229 Stationen mit 923 öffentlichen Ladeplätzen.

2. Regeneratives Laden

Ich bin von Tirol an die italienische Küste gefahren. Für die 350 Kilometer hatte ich eine Reichweite von 450 Kilometern in meinem Akku. An der Küste angekommen hatte ich dennoch 170 Kilometer Reichweite übrig, denn die Motorbremse auf der Bergstrecke lud den Akku regenerativ wieder auf.

3. Over-the-Air-Updates

Tesla bietet seinem Nutzerkreis 24 Online-Updates pro Jahr. Dieses Aufspielen neuer Fähigkeiten per Softwareupdate stellt einen enormen USP dar, den kein deutscher Hersteller bisher bieten kann. Ein Softwareupdate bei meinem Tesla brachte beispielsweise etwa fünf Prozent zusätzliche Reichweite. Ferner habe ich seit einigen Wochen Netflix im System. Auch wurden zwei Kamerafunktionen ergänzt, mit denen mir jetzt der tote Winkel angezeigt wird. Die Updates betreffen also nicht nur das Entertainment- und Navigationssystem, sondern auch den Autopiloten und viele weitere Komponenten des Fahrzeuges, wie die Bremsleistung oder die Beschleunigung. Diese Updates lassen sich mit einfachen Klicks selbst durchführen, ohne eine Werkstatt aufsuchen zu müssen. Auch werden so ältere Modelle nicht nur sicherer und leistungsfähiger, sie erfahren zudem eine Wertsteigerung – ein Service, den deutsche Automobilhersteller nicht kennen.

4. Usability und offenes System

Während man in deutschen Fahrzeugen erst mal ganze Bedienungsanleitungen studieren muss, um sich zurechtzufinden, ist Teslas „Look & Feel" durchdacht, clean und nutzerzentriert. Zudem nutzt Tesla im Unterschied zu deutschen Herstellern ein offenes System, das auch die Integration anderer Apps ermöglicht – was die gesamte Bedienung enorm einfach, schnell und nutzerfreundlich macht. So ist beispielsweise Google Maps installiert und zeigt aktuelle Stauwarnungen direkt an.

Kürzlich bekam ich die Info, dass das User Interface verändert wurde. Die Befürchtung, dass man sich plötzlich nicht mehr zurechtfindet, ist bei Tesla jedoch unberechtigt. Denn wie bei Apple auch, ist alles selbsterklärend und einfach zu bedienen. Die Usability und das Design sind grandios: lediglich zwei Knöpfe – Warnblinkanlage und Handschuhfach – befinden sich auf der Armatur; ansonsten erfolgt die Bedienung über das Lenkrad oder den Touchscreen.

5. Shadow Mode

Tesla bereitet sich auf die Zukunft des autonomen Fahrens vor und ist auch hier anderen Herstellern einen großen Schritt voraus. Seit 2019 baut der Autohersteller Chips für autonomes

Fahren in die Autos ein. Der Clou: Die Fahrzeuge werden so zu fahrenden Datensammlern. Egal, ob ein Fahrzeug nun den Autopiloten aktiviert hat oder nicht – der Shadow Mode berechnet die Fahrsituationen, sieht Reaktionen der anderen Verkehrsteilnehmerinnen voraus, vergleicht sie mit anderen Verläufen und lernt daraus. Das System wird so besser und besser.

6. Reichweite

Selbst wenn der Durchschnittsdeutsche nicht einmal 100 Kilometer pro Tag zurücklegt, wünschen sich viele die größtmögliche Reichweite. Vor nichts scheinen die Deutschen beim Kauf eines Elektrowagens mehr Angst zu haben als vor einer zu geringen Reichweite. Und genau hier schlägt Tesla bisher alle und bleibt Spitzenreiter. Das Unternehmen hat es geschafft, seine Fahrzeuge mit möglichst großer Reichweite und einer gut ausgebauten Infrastruktur an die Spitze der Tabelle zu bringen. Das Tesla Model S zum Beispiel kommt auf eine Reichweite von sage und schreibe 629 Kilometern. In Sachen Akku-Technik ist Tesla der deutschen Automobilindustrie Lichtjahre voraus.

7. Kundenservice & App

Neben dem Tesla fahre ich im Winter in Tirol einen Mercedes-Geländewagen. Sowohl Mercedes als auch Tesla bieten für ihre Fahrzeuge eine App an. Die Tesla-App aber unterscheidet sich enorm von denen deutscher Hersteller, wie die Installation zeigt: Bei Tesla geben Nutzerinnen ihre Mail-Adresse sowie ihr Passwort ein, um ihren Wagen anzumelden. Bei Mercedes hingegen muss man erst mal seine kompletten Personalien eingeben: Wohnort, Telefonnummer, Mail-Adresse, Personalausweis- und Fahrzeugnummer. Letzteres habe ich übrigens mühselig im Auto suchen und abfotografieren sowie zum Eintippen zwischen Mercedes.Me-App und Foto-App hin und her switchen müssen. Um anschließend die Nachricht zu erhalten, dass die App nur in der nächsten Filiale und nach der Authentifizierung mit dem Personalausweis freigeschaltet werden kann.

Und auch bezüglich der Funktionen lässt die Tesla-App keine Wünsche offen: Das Auto lässt sich damit aufschließen, die Klimaanlage zu bedienen (inkl. Hundeüberwachungsmodus für den Sommer), der Standort bestimmen, per Video kann man in den Wagen schauen. Und wurde man zugeparkt, parkt sich das Fahrzeug einfach per App selbst aus. Beim Mercedes dagegen sind die Funktionen eher dürftig: Die Türen lassen sich öffnen, der Kilometerstand ablesen sowie das Klima einstellen. Auch gibt es einige App-Funktionen nur in den ersten zwölf Monaten kostenlos; danach sind sie kostenpflichtig.

Genauso einfach und schnell wie die App funktioniert auch der Kundenservice bei Tesla. Kürzlich funktionierte ein elektrischer Fensterheber nicht mehr. Als ich bei Tesla anrief, konnte der Kundenservice nicht nur erkennen, in welcher Straße ich stehe, sondern auch das Problem „over the air" lösen.

8. Allzeit bereit für neue Geschäftsmodelle

Nicht nur beim autonomen Fahren hat Tesla gezeigt, wie schnell das Unternehmen für neue Geschäftsmodelle bereit ist. Auch beim Thema Sharing Economy kann das Unternehmen innerhalb kürzester Zeit eine Plattform live stellen, auf der Besitzerinnen ihre Fahrzeuge Fremden zur Verfügung stellen – mit Versicherungspaket versteht sich. Denn Tesla besitzt alle Kunden- und Bewegungsdaten und hat so den direkten Zugang zu Kundinnen und Fahrerinnen. Das Sharing-Konzept ist also bereits vorbereitet.

Die deutschen Automobilhersteller hingegen verfügen teilweise noch nicht mal über ihre Kundendaten, weil diese bei den dezentralen Autohändlern liegen – und natürlich nicht an die „Lieferantinnen" übermittelt werden. Tesla kann also nicht nur in kürzester Zeit sein Geschäftsmodell erweitern, sondern die Disruption gleichzeitig noch in weiteren Branchen wie beispielsweise dem Mietwagenverleih forcieren. Ich persönlich würde diesen Service sofort nutzen, denn mein Tesla steht ca. 70 Prozent der Zeit ungenutzt in meiner Garage.

Was ist Teslas Erfolgsstory?

Ob Software, Chip, Batterien, Platinen, Leistungselektronik – alles, was die Elektroautos der Zukunft definiert, entwickelt Tesla selbst. Das Unternehmen arbeitet nicht auf die Zukunft hin, es IST die Zukunft. Denn während die deutsche Automobilindustrie noch überlegt, wie sich die Elektromobilität erfolgreich ausbauen lässt, hat Tesla den Maßstab bereits gesetzt.

So schaffte es das Unternehmen, sich in kürzester Zeit ein erfolgreiches Ökosystem aufzubauen. Vom heimischen Energiespeicher bis zum Ladesäulennetz – alles stammt aus dem Tesla-Kosmos. Und dabei macht der Autobauer sich immer unabhängiger: 2019 hat das Unternehmen den Batteriespezialisten Maxwell gekauft, um eine neue Zellgeneration entwickeln zu können. Während bei einem Tesla nur noch bis zu 40 Prozent der Teile von Zulieferinnen kommen, ist der Anteil bei anderen Herstellern fast doppelt so hoch.

Und dennoch wirft VW die Flinte nicht ins Korn: Der Konzern plant, bis 2025 bis zu 10.000 Software-Expertinnen einzustellen. Ob es dafür nicht bereits zu spät ist, wird sich zeigen. Erst kürzlich kommentierte ein Volkswagen-Manager sehr treffend: „Wir wollen einen Zug einholen, der längst bei vollem Tempo aus dem Bahnhof heraus ist." Denn vor allem bei der Steuerungstechnik hat Tesla sich einen gigantischen Vorsprung erarbeitet. Und nicht nur das, jüngst äußerte Elon Musk, dass Tesla bereits an einer nächsten Generation arbeiten würde, die dreimal leistungsstärker sein wird als die jetzige. Wie deutsche Hersteller, die bis 2022 ihre Elektromodelle aufgerüstet und neu rausgebracht haben wollen, diesen Vorsprung noch einholen wollen, ist mir schleierhaft. Und auch der Daimler-Chef Ola Källenius kündigte an, bis spätestens 2024 einen neuen Tesla-Fighter auf den Markt zu bringen. Die Frage ist, ob es bis dahin nicht längst zu spät ist?

Bevor eine Kundin erkennt, was ihr fehlt, muss es bereits integriert sein!

Kundinnen wünschen sich keinen Mehraufwand, keine umständlichen Login-Prozesse oder stundenlangen Werkstattbesuche. Sie wollen ein Produkt, das vernetzt und auf ihre Bedürfnisse zugeschnitten ist. Diese Nutzerzentrierung beherrscht Tesla wie kaum ein anderes Unternehmen: keine starke Marke, sondern schnelle Verfügbarkeiten, ein gutes und sicheres Fahrgefühl sowie eine hohe Usability. Musks Motto: Bevor Kundinnen erkennen, was fehlt, muss es bereits integriert sein!

Daher kommen lange Entwicklungszyklen bei Tesla schlichtweg nicht vor. Statt sieben Jahre etwas zu entwickeln, das am Ende vielleicht gar niemand mehr braucht, forscht und entwickelt Tesla „am lebenden Objekt". Während sich die Tesla-Systeme also ständig aktualisieren und weiterentwickeln, herrscht in der deutschen Automobilindustrie noch immer ein siebenjähriger Entwicklungszyklus. Mit dem Ergebnis, dass das „neue" Modell oftmals nicht mehr das ist, was am Markt gebraucht wird – ein komplett falscher Ansatz.

Gleichzeitig existiert noch ein weiteres Problem: Deutschen Corporates fehlt es an Mut zum Risiko. Investoren und Politik verschlafen zahlreiche Chancen, statt Innovationen im richtigen Moment zu fördern, wie die Insolvenz von e.GO Mobile zeigt: Ein vielversprechendes Start-up, dass eine bezahlbare und nachhaltige Elektromobilität vorantrieb sowie Konzepte für nachhaltige Stadtmobilität entwarf. Auch wenn e.Go mittlerweile durch einen niederländischen Investor vor der Insolvenz gerettet wurde, wenn es hart auf hart kommt, gehen deutsche Investoren mit ihrer „Sparkassenmentalität" kein Risiko ein. Wie auch die von DHL eingestellte Produktion des Streetscooters, ein Vorhaben der von mir sehr geschätzten Professoren Günther Schuh und Achim Kampker, zeigt. Vertane Chancen, aus denen große Disruption und massive Lerneffekte für Corporate Deutschland hätten entstehen können.

Neue Ära der Mobilität

Doch den Versuch mitzuhalten, gibt es. Um innovative Geschäftsmodelle zu entwickeln, hat Daimler bereits 2007 die Digitaleinheit „Lab1886" gegründet. Allerdings sollen auch hier mittlerweile Etat-Kürzungen anstehen – was ein Problem der deutschen Industrie zeigt: Auch wenn in solchen Einheiten Geschäftsideen wie zum Beispiel car2go entstehen, scheinen sie für die Kernorganisation oder das Kernprodukt keinen echten Wert zu haben. Ein weiteres großes Problem ist die aktuelle Vertriebsstruktur vieler deutscher Automobilhersteller: Statt die Datenhoheit den dezentralen Autohäusern zu überlassen, sollten sich die Hersteller ihre Kundentouchpoints wieder sichern. Ferner hapert es an Verkaufsmodellen online, die den Kundenansprüchen gerecht werden. Denn die bisherigen riesigen Verkaufsflächen werden in naher Zukunft der Vergangenheit angehören. Natürlich braucht es Mut, noch funktionierende Vertriebsmodelle umzustellen. Das enorme Zukunftspotenzial aber liegt darin, die Kundinnen bei ihrer digitalen Customer Journey abzuholen.

Kommt die deutsche Autoindustrie nicht aus ihrer Saturiertheit heraus, wird sie den Anschluss verlieren. Sie darf sich nicht in langjährigen Entwicklungszyklen verlieren, sondern muss jetzt umdenken und verstehen, dass es nicht mehr nur rein um das Bauen von Fahrzeugen geht. Sie muss deutlich schneller werden, ihr Mindset ändern und vor allem ihre Prozesse schrittweise vorantreiben. Essenziell für die Zukunft sind neben der radikalen Nutzerzentrierung ein Ökosystem, Kooperationen sowie eine offene Plattform in und um die Fahrzeuge. Nur so wird der deutschen Autoindustrie die Wende in die neue Ära der Mobilität gelingen.

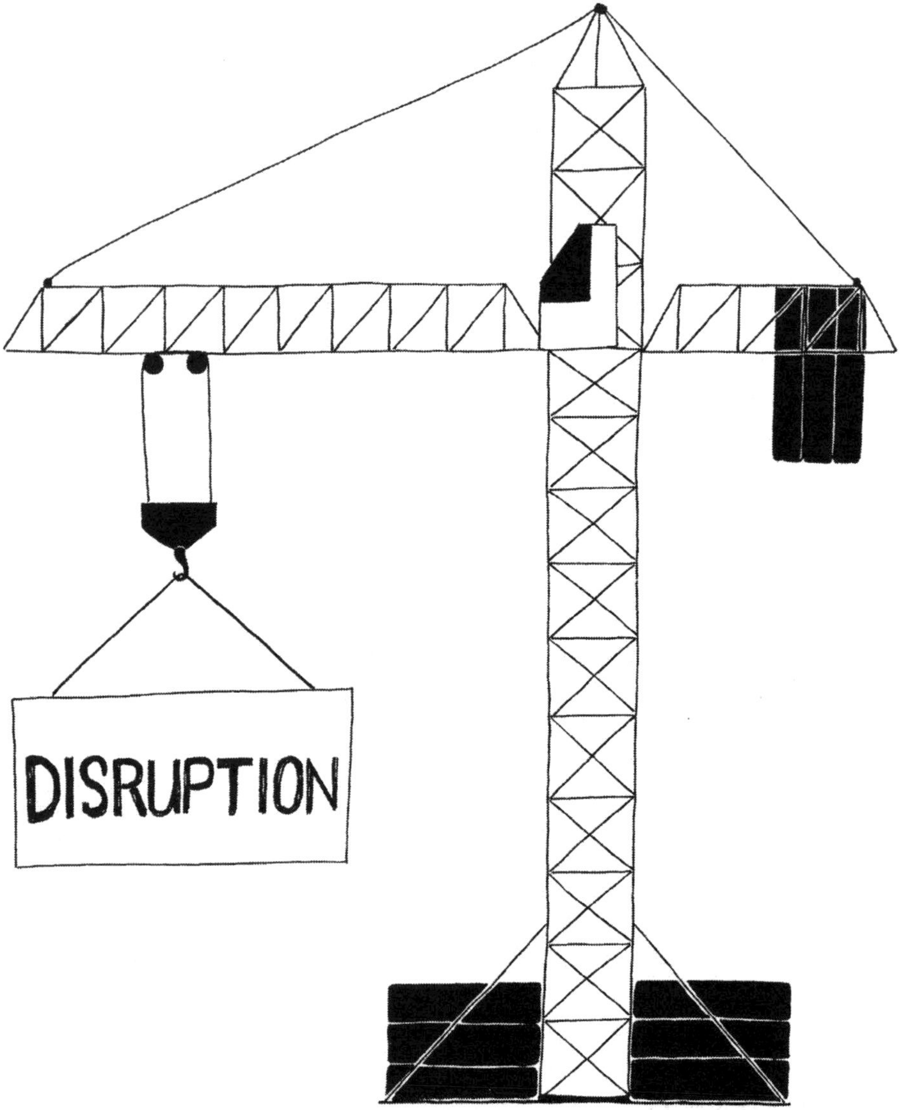
DISRUPTION

Wie digitale Player sich die Privatkunden der Baubranche sichern

Auch die Baubranche ist vor den Disruptoren nicht sicher. Kundenschnittstellen werden vermehrt auch digital besetzt, erste Plattformmodelle drängen in den Markt. Für deutsche Hersteller heißt das genauso wie bei den vorherigen Beispielen, wer jetzt nicht mitspielt, hat schon verloren. Das Unternehmen Thermondo zum Beispiel zeigt in herausragender Weise, wie es geht: Es digitalisierte ein analoges Geschäftsmodell und bündelte die Kontaktschnittstellen zu Herstellern, Handwerk und Kundinnen. Ferner ist Thermondo mittlerweile sogar Hersteller geworden.

Laut Aroundhome, dem größten digitalen Vermittler für Produkte und Dienstleistungen rund ums Haus in Deutschland, investieren die Deutschen jährlich über 65 Milliarden Euro in ihre Eigenheime. Gleichzeitig ist dieser Geschäftsbereich so intransparent wie kaum ein anderer. Keine einfachen Bedingungen für die Digitalisierung. Aber auch die deutschen Hersteller für Fenster, Türen, Armaturen, Baustoffe, Heizungen usw. müssen alles daransetzen, ihre Kundenschnittstelle zu digitalisieren, sowie digitale Kanäle zu den Kundinnen und dem Kundenkreis der Kundinnen in Form von neuen Services und Geschäftsmodellen zu entwickeln. Eine große Herausforderung bei den enorm vielschichtigen Vertriebsketten. Ferner ist die Branche stark von der in Deutschland vorherrschenden Bewahrermentalität geprägt. Ein Paradebeispiel für die von mir oft kritisierte Saturiertheit deutscher Unternehmen. Denn der Veränderungsdruck in der Baubranche ist aufgrund der ungebrochen guten Auftragslage nicht sehr stark ausgeprägt. Daher stehen viele Hersteller noch immer am Anfang der Digitalisierung und beschäftigen sich, wenn überhaupt, eher mit der Digitalisierung interner Prozesse.

„Made in Germany" verliert zunehmend an Wert

Im Endeffekt wird die Strategie lediglich mit ein paar digitalen Einzelmaßnahmen gespickt, die letztlich nur auf eine Automatisierung oder Produktinnovation hinauslaufen. Und auch wenn sie sich um die Ausgestaltung traditioneller Kanäle bemühen, wie beispielsweise die Produktkonfiguration für den Fachhandel, Web-Trainings und Ähnliches, sehen sie meist nicht, dass die große Aufgabe eigentlich noch ansteht: Nämlich sich jetzt in Richtung Plattformökonomie zu bewegen und sämtliche Kundenschnittstellen in der Wertschöpfung auch digital zu besetzen und zu „bespielen"!

Im Gegensatz zu großen Industrieprojekten und Bauvorhaben (obwohl wir seit dem BER auch hier einen eher zweifelhaften Ruf genießen) funktioniert der private Bau- und Handwerksmarkt größtenteils noch immer wie vor 30 Jahren. Vor allem durch die starke Auslastung der Baubranche leiden Kundinnen massiv. Der enorme Fachkräftemangel und die gute Auftragslage im Handwerk führen dazu, dass gute Handwerkerinnen weit über ihre Kapazitäten ausgelastet sind. Anvisierte Ausführungstermine liegen daher teilweise Monate in der Zukunft. Statt auf Kundenwünsche einzugehen, wird oft nur ausgeführt, was schnell funktioniert und unkompliziert ist. Dabei variieren die Preise zwischen den Handwerkerinnen um bis zu 300 Prozent, und Rechnungen sind am Ende horrend. Meist mit dem Argument, die andere Kollegin hätte da bereits unsauber gearbeitet und es wäre eben komplizierter geworden. Ferner haben sie es schlichtweg nicht mehr nötig oder keine Kapazitäten, noch eine extra „Service-Runde" zu drehen – was Endkundinnen bei deutschen Markenprodukten jedoch absolut erwarten.

Die Disruption der Branche ist im vollen Gange

An dieser Stelle ist mir wichtig zu betonen: Es geht mir hier nicht darum, das Handwerk pauschal zu kritisieren. Vielmehr möchte ich deutlich machen, dass Endkundinnen aus verschiedenen Gründen unzufrieden sind. Und weil Kaufentscheidungen meist immer noch aufgrund persönlicher Empfehlungen aus dem Bekannten- und Freundeskreis getroffen werden, haben Hersteller keinen direkten Kontakt zu Endkundinnen – können so wenig bis gar keinen Einfluss nehmen. Unternehmen mit Angeboten und Services, denen es gelingt, genau diese Schmerzpunkte zu beheben und aufzulösen, wird es auch gelingen, schnell Erfolge zu feiern, wie meine folgenden Beispiele verdeutlichen.

In Gesprächen mit deutschen Herstellern stellen wir bei etventure oft fest: Sie wissen zwar, dass die Endkundinnen viele Schmerzpunkte haben, und dass sie die schwierige Beziehung zum Handwerk und in Teilen auch zum Handel beklagen. Doch es gelingt ihnen nicht, einen direkten Draht zur Endkundin herzustellen, weil sie gleichzeitig fürchten, die traditionellen Kanäle zum Handwerk zu verspielen. Das alte Multi-Channel-Problem. Dabei steht viel auf dem Spiel, denn die Disruption der Branche ist bereits in vollem Gange. Wie wird es Herstellern gelingen, zukünftig innovative Produkte auf den Markt zu bringen? Wie kommen sie mit Endkundinnen überhaupt in Kontakt bzw. sichern sich perspektivisch selbst die Beziehung zu ihnen? Und lässt sich „Made in Germany" noch aufrechterhalten? Einige Start-ups und Grown-ups haben die Schmerzpunkte der Endkundinnen bereits erkannt und sind dabei, den Markt in einen disruptiven Wandel zu führen. Doch wo lauern die Gefahrenpotenziale? An welchen Stellen wird die alte Realität bereits aufgebrochen? Und welche Learnings sollten deutsche Hersteller daraus für sich ziehen?

Thermondo: digitaler Heizungsplaner und -bauer

„Vor" Thermondo (und in den überwiegenden Fachbetrieben auch noch heute) lief das B2C-Heizungsbusiness folgendermaßen ab: Eine klassische Heizungsinstallateurin kümmerte sich mit etwa sieben Mitarbeiterinnen um alles – Verkauf, Installation und Wartung von Heizungen. Wenn sich eine Hausbesitzerin nun eine neue Heizung anschaffen wollte und keinen direkten Kontakt zu einer Sanitär-, Heizungs- oder Klimatechnik-Expertin hatte, suchte sie im Internet nach ein bis zwei lokalen Fachfirmen, idealerweise mit guten Google-Bewertungen. Sie lud sie ein und bekam nach einiger Zeit (hoffentlich) zwei Angebote. Eventuell wurde vor dem finalen Zuschlag noch verhandelt. Nach der Bestellung erfolgte die Lieferung und Montage der neuen Heizung. Fertig. Und aufgrund der niedrigen Markenbindung hatte der Heizungshersteller in diesem Prozess eine eher untergeordnete Rolle.

Bevor Philipp Pausder, Florian Tetzlaff und Kristofer Fichtner mit Thermondo den Markt der Heizungsbauer ordentlich aufrüttelten, war die Branche mit ihren mehr als 1.000 Installateurinnen in Deutschland, die sehr regional ausgerichtet sind, insgesamt ein extrem dezentraler, fragmentierter und intransparenter Markt. Daher schalteten die Gründer im Jahr 2012 Google-Werbung auf einer Website, die Heizungsinstallateurinnen mit Endkundinnen vernetzte. Dafür wurden der Interessentin lediglich ein paar wenige Fragen zu ihrer Wunschheizung gestellt, damit Thermondo zeitnah eine erste Angebotsindikation schicken konnte. Nach dem Kundentelefonat erfolgte, zunächst noch in Zusammenarbeit mit freien Installateurinnen, eine Ortsbesichtigung und schließlich das finale Angebot. Was erst einmal ähnlich dem eines traditionellen Prozesses ist.

Paradebeispiel für die erfolgreiche Kundenzentrierung

Schnell jedoch waren die drei Gründer mit Branchenproblemen konfrontiert: Installateurinnen leisteten zum Teil unzuverlässige Arbeit, brauchten zu lange für ihre Angebote oder sagten Aufträge spontan ab. Die Lösung: eigene Installateurinnen einstellen. Mittlerweile verfügt Thermondo über 300 Mitarbeitende, etwa die Hälfte von ihnen sind Handwerkerinnen. Sie installieren ausschließlich für Thermondo und arbeiten bundesweit nach den von Thermondo gesetzten Qualitätsstandards. Doch das Unternehmen garantiert nicht nur Qualität und Verlässlichkeit bezüglich der Installation, sondern durch die Zusammenarbeit mit Vertragspartnerinnen wie Bosch, Viessmann und Vaillant auch hochwertige Produkte. Zur größten Heizungsinstallateurin für Ein- und Zweifamilienhäuser in Deutschland konnte Thermondo sich unter anderem durch seinen Algorithmus – den er liebevoll den Heizungsbauer „Manfred" getauft hat – entwickeln. Der nämlich greift nicht nur auf die unternehmenseigene Produktdatenbank für Gas- und Ölheizungen sowie Solarthermie zurück, sondern erstellt auch in Echtzeit Angebote.

Dieser Mix aus Datenanalyse, Telefonberatung und Montage hat enormen Erfolg: Nach eigenen Angaben hat Thermondo bis heute bereits mehr als 15.000 Hauseigentümerinnen zu einem effizienten Heizsystem und damit CO2-reduzierendem Heizen verholfen. Über 300 Heizungen installiert das Unternehmen aktuell monatlich. Dabei liegt die Stärke des Unternehmens ganz klar im Rundum-Service, denn Kundinnen erhalten bei ihrem Heizungswechsel ein zuverlässiges Komplettpaket. Neben der Installation der neuen Anlage und der Entsorgung der Altheizung überzeugt der Service bezüglich Beratung und Unterstützung bei der Beauftragung. Außerdem bietet Thermondo seinen Kundinnen ein Mietmodell an, in dem eine Art Vollkaskoversicherung für die Heizung inklusive jährlicher Wartung, Reparaturservice und im schlimmsten Fall auch der Komplettaustausch der Anlage inbegriffen sind. Damit erschließt sich das Unternehmen weitere Kundengruppen. Denn es gewährt so seinen Kundinnen eine in der Branche noch nie da gewesene Transparenz über Angebot, Leistung und Preis. Ein Paradebeispiel für die erfolgreiche Kundenzentrierung.

Von der Partnerin zur Konkurrentin

Dabei macht sich Thermondo optimierte und digitalisierte Prozesse zunutze, denn das Unternehmen operiert ohne eigenes Lager. Heizungsinstallateurinnen scannen alle Materialien mit der eigenen „Heizungshelden-App" ein. Was nicht verbaut wird, geht just in time zusammen mit dem neuen Wärmeerzeuger zum nächsten Bauvorhaben. Auf diese Weise spart Thermondo massiv Geld, Zeit und Ressourcen – und kann diese Kostenvorteile an seine Kundinnen weitergeben.

Und obwohl Thermondo jahrelang ausschließlich Heizungen deutscher Qualitätshersteller wie Buderus, Vaillant oder Viessmann verbaute, entschied sich das Unternehmen, eine eigene Thermondoheizung anzubieten – und ist seit Mitte 2019 so von der Partnerin zur Konkurrentin geworden. Dafür entwickelte Philipp Pausder gemeinsam mit dem Anbieter Tado, der sich auf die smarte Heizungssteuerung per App spezialisiert hat, eine eigene Hausmarke. Ein Geschäftsmodell, das durchaus Mut erfordert, denn Thermondo möchte einerseits die gute Beziehung zu den Partnerinnen nicht gefährden, andererseits dem wachsenden Qualitätsanspruch der Kundinnen gerecht werden. Ferner verkündete das Unternehmen Anfang 2019, den Kundinnen zukünftig auch Gas vermitteln zu wollen. Somit hat Thermondo nicht nur den klassischen Markt der Installateurinnen angegriffen, sondern auch den Markt der Hersteller und Zulieferer. Dort, wo Herstellern der direkte Kanal zu ihren Kundinnen fehlt und Handwerkerinnen diesen meist nur analog haben, hat Thermondo die Lücke geschlossen – und so eine enorme Unabhängigkeit von Herstellern und Markt erreicht.

Vom klassischen Dienstleister zum Rundumversorger

Eine Marke, die alles rund um das Haus abdeckt, existiert in Deutschland bisher nicht. Thermondo aber hat bereits jetzt enormes Potenzial, diese Marke zu werden. Denn das Unternehmen beschäftigt sich schon länger mit verschiedenen Geschäftsmodellen; und wird sich zukünftig vermutlich noch stärker in den verschiedenen Bereichen des Hausbaus und Umbaus etablieren. So könnte Thermondo beispielsweise durch die Datenanalyse seiner Heizungssysteme analysieren, wann Endkundinnen zu Hause sind und so eine Sicherheitslösung entwickeln, die alle Schmerzpunkte der Kundinnen bedient. Damit würde sich Thermondo vom klassischen Dienstleister zum Rundumversorger entwickeln. Denn der direkte und digitale Kanal zur Endkundin ist bereits erfolgreich vorhanden und kann auf Basis des Kundenwissens sowie der zur

Verfügung stehenden Daten auch für weitere Geschäftsideen genutzt werden.

Was macht Thermondo richtig?

- Thermondo arbeitet datengetrieben: Durch die digitale Kundenschnittstelle kann das Unternehmen der Endkundin nicht nur eine extrem schnelle und einfache Umsetzung garantieren. Es weiß durch die Datenanalyse auch genau, was gebraucht wird, und erstellt so ein passgenaues Angebot.

- Zufriedenheitsgarantie: Thermondo ist nicht von anderen Dienstleistern abhängig, sondern beschäftigt eigene Handwerkerinnen. So garantiert das Unternehmen, dass alle Schmerzpunkte, die früher durch externe Handwerkerinnen entstanden sind, durch das Komplettpaket gelöst wurden.

- Kundenzentriert: Dieses Rundumsorglos-Paket übernimmt neben der Planung und Installation auch die Wartung. So wird an jedem Touchpoint transparente, zuverlässige und hochwertige Arbeit geleistet – und so deren Schmerzpunkte gelöst!

- Der wichtigste Punkt: Thermondo ist es gelungen, sukzessive das eigene Geschäftsmodell auszuweiten und sich damit die Kundentouchpoints zu sichern sowie zusätzliche Einnahmequellen zu generieren.

Und weil Thermondo Abnehmer und Anbieter zugleich ist, ist dem Unternehmen die Unabhängigkeit zum Großhandel gelungen. Gleichzeitig stellt Thermondo für deutsche Hersteller ein Risiko dar, denn sobald sich die Hausmarke durchsetzt, ist das Unternehmen nicht mehr auf deutsche Hersteller angewiesen – gleichzeitig haben die meisten Hersteller noch immer keinen direkten Draht zu ihren Kundinnen.

Viessmann hat übrigens als eines der wenigen etablierten Industrieunternehmen der Branche die digitale Transformation schon sehr früh und mutig vorangetrieben. Ich kann mich noch gut an den Anruf von Max Viessmann im Sommer 2016 erinnern. Er berichtete mir, dass er nun das Thema Digitalisierung bei Viessmann selbst vorantreiben wolle und erkundigte sich bei mir nach den Learnings und meinen Setup-Ideen rund um die Themen Innovation-Unit und digitale Geschäftsmodelle – stark abgeleitet von unserer erfolgreichen Arbeit beim B2B-Stahlplayer Klöckner. In den Folgejahren trieb er dann nicht nur die digitale Transformation beim Heizungsriesen voran, mit WATTx schaffte er auch eine Innovationseinheit in Berlin, die sehr schnell digitale Geschäftsmodelle für die Bauindustrie testet, validiert und als Start-ups skaliert. Auch beim wichtigen Thema Ökosystem und Co-Creation gab Viessmann Vollgas und schuf mit dem Maschinenraum in Berlin ein offenes Ökosystem für den Mittelstand.

Houzz: radikal die Kundenschnittstelle besetzt

Es gibt zahlreiche weitere Beispiele, die zeigen, wie neue Player mit einem Mindset für neue Methoden, Kundenzentrierung, digitale Kundenschnittstellen, daten- oder plattformgetriebene Geschäftsmodelle aktuell daran arbeiten, eine eigene Machtstruktur aufzubauen. So hat sich das amerikanische Start-up Houzz mittlerweile zu einer gigantischen Plattform mit Online-Community rund um Architektur, Interior Design sowie Garten- und Landschaftsarchitektur entwickelt. Die Onlineplattform, 2012 von dem Gründerpaar Adi Tatarko und Alon Cohen gegründet, verbindet Nutzerzentrierung mit einer End-to-End-Lösung. Und hat sich so erfolgreich an die Kundenschnittstelle gesetzt, um angehende Hausbauer und Besitzerinnen bei ihren Bau- und Renovierungsvorhaben zu inspirieren – sowie sie mit der gesamten Bau- und Zulieferindustrie zu vernetzen. Denn durch unterschiedliche Einstiegsmöglichkeiten fängt Houzz die Endkundinnen digital ab, besetzt radikal die Kundenschnittstelle und begleitet sie auf einer digitalen Reise rund um die Themen Hausbau, Umbau und Sanierung.

Das Besondere des Geschäftsmodells: Die Nutzerinnen der Wohn- und Einrichtungsplattform können sich durch 20 Millionen Bilder im Pinterest-Stil inspirieren lassen. Sie können sich für ihre eigenen Projekte „Ideenbücher" anlegen, sich über dieses Vorhaben in der hochaktiven Houzz-Community austauschen sowie Empfehlungen einholen. Und anhand ihres Nutzungsverhaltens erhalten die Nutzerinnen individuell auf ihre Bedürfnisse zugeschnittene Produktempfehlungen. In den USA und UK hat das Portal bereits eigene Marktplätze für die Produkte integriert und gräbt so der traditionellen Wertschöpfungskette ganze 15 Prozent Marge als Marktplatz-Commission ab. Und damit Nutzerinnen ihre Einrichtungsideen einfach visualisieren können, wirbt Houzz seit der Corona-Krise mit einer App: mit „Sketch" können neue Produkte virtuell Probe gestellt werden. Denn dieser digitale Einrichtungsplaner bündelt verschiedene Tools und Informationen über Einrichtung und Renovierung der eigenen vier Wände.

Aroundhome: Schmerzpunkte der Kundinnen verstanden

Aber auch in Deutschland gibt es bereits Plattformen, die sich zur Lead-Maschinerie entwickelt haben und Kundenschnittstellen sichern. Das Unternehmen Käuferportal, 2008 von Robin Behlau und Martin Kohle gegründet, startete zunächst mit der Vermittlung von lokalen Fachfirmen, die Produkte wie Küchen, Treppenlifte und Fenster verkauften und einbauten.

Als Anfang 2019 der Altgesellschafter ProSiebenSat.1, der über seine E-Commerce-Tochter Nucom Group bereits am Unternehmen beteiligt war, seine Anteile auf 94 Prozent aufstockte, folgte ein Relaunch: aus Käuferportal wurde Aroundhome, aktuell mit einem Umsatz von 65 Millionen Euro.

Nutzerinnen beantworten auf Aroundhome verschiedene Fragen zu ihrem Vorhaben. Wer beispielsweise auf der Suche nach einer neuen Küche ist, wird gefragt, welche Form und welchen Stil sie haben und in welchem Zeitraum die Erstellung erfolgen soll. Anschließend erhalten die Kundinnen einen Anruf mit Empfehlungen für Dienstleisterinnen in ihrer Region. Als Gegenleistung zahlen die Küchenstudios an Aroundhome für die Empfehlung 65 Euro. Ein heiß umkämpfter Markt, denn er bietet gewaltiges Potenzial, was die Portale immer schneller wachsen lässt. Die Gruppe ANGI Homeservices zum Beispiel, zu der Home Advisor (das US-Pendant zu Aroundhome) und auch myHammer gehören, hat nach eigenen Angaben 2018 einen Umsatz von einer Milliarde Euro erzielt.

Vor drei Jahren habe ich Aroundhome, damals noch Käuferportal, genutzt, um eine Reparatur vornehmen zu lassen: Ich Romantiker habe unter unserem sehr großen Dachfenster einige Kerzen angemacht. Da es draußen jedoch sehr kalt war, sprang die Glasscheibe des Fensters. Und weil ich weder einen Glas- und Fensterbauer kannte, noch Zeit für eine große Recherche hatte, fand ich über Google Käuferportal. Nachdem ich mich dort registriert und vier Fragen beantwortet hatte, wurden mir fünf Betriebe in München vorgeschlagen. Die drei mit den besten Bewertungen kontaktierte ich und lud sie zur Schadensbesichtigung ein. Leider stellte sich schnell heraus, dass es das Fenstersystem so nicht mehr gab und ich ein neues brauchen würde. Das erste Angebot lag mit Einbau und Entsorgung des Altsystems bei 4.200 Euro, das zweite immer noch bei 3.500 Euro und das dritte bei lediglich 450 (!) Euro. Der dritte Anbieter schlug nämlich vor, lediglich die Scheibe auszuwechseln – gut für Geldbeutel und Umwelt!

Amazon: Schreckensgespenst der Baubranche

Amazon vertreibt über seine E-Commerce-Plattform neben Büchern, Elektrogeräten und Bekleidung auch Lebensmittel, Drogerieartikel, Spielzeug, Sport- und Freizeitartikel – sowie Baumarktartikel. Das Unternehmen kann also bereits jetzt die gesamte Erstausstattung eines Hauses liefern – inzwischen auch bestehend aus ihrer Eigenmarke. Denn aufgrund ihrer enormen Reichweite und des Wissens über die Metriken der Kundinnen, erkennt Amazon schnell Potenziale und entwickelt mit rasender Geschwindigkeit eigene Produkte, die sie günstiger und vor allem zuverlässig(er) anbieten. Daher verwundert auch nicht, dass Amazon bereits eine Kooperation mit Lennar, einem der größten Hausbaugesellschaften der USA, hat. Lennar baut Häuser, die komplett mit Alexa und allen Smart-Home-Anwendungen ausgestattet werden. Kurz nach der Präsentation ihrer Smart-Home-Geräte, investierte Amazon über den Alexa Fund in Plant Prefab, einen Hersteller von Fertighäusern. Wie schnell Amazon in die Baubranche einsteigen wird, lässt sich aktuell schwer abschätzen. Allerdings ist das Vertrauen, das die Kundinnen bereits in die Marke Amazon setzen, ein enormer Vorteil. Vor allem aber hat Amazon die Kundenschnittstelle zu einer unvorstellbar hohen Zahl von Endkundinnen besetzt: Aktuelle Zahlen sind schwer zu finden, aber bereits 2015 waren es weltweit über 300 Millionen aktive Kundenaccounts – was seitdem weiter sprunghaft angestiegen sein dürfte. Allein die Prime-Mitglieder belaufen sich mittlerweile auf unglaubliche 150 Millionen. Und das sind Kundinnen, die durch ihre jährlichen Mitgliedsbeiträge bereits bestens im Amazon-Netz „festhängen". Damit wird deutlich, welchen Quanten-Vorsprung das Unternehmen bereits besitzt.

Erfolg durch Plattformökonomie

Durch neue Kanäle und Plattformen wird das Renovieren und Bauen für Endkundinnen zukünftig einfacher und transparenter. Ob deutsche Hersteller bestehenden Plattformen noch Konkurrenz machen können, wird die Zukunft zeigen. Zunächst geht es für Hersteller darum, die aktuelle Situation zu begreifen und zu erkennen: Um konkurrenzfähig zu bleiben, müssen sie eine aktivere Rolle einnehmen. Dazu gehört, eine erfolgreiche Beziehung zur Endkundin aufzubauen, zukünftige Innovationen voranzutreiben sowie einen erfolgreichen Vertrieb aufzubauen.

Hersteller stehen vor verschiedenen Herausforderungen, die ihnen den direkten Kontakt zur Endkundin aktuell nahezu unmöglich machen:

- Störer 1 – der stationäre Handel: Für Hersteller ist der Point of Sale im Handel eine Blackbox. Sie erhalten keinerlei Informationen darüber, wie ihre Produkte angenommen werden, welche Bedenken Kundinnen haben und wie sie ihre Kaufentscheidung treffen. Gleichzeitig setzt der stationäre Handel auf Miet-Modelle von Werkzeugen und Maschinen sowie auf die gezielte Vermittlung von Handwerkerinnen, um sich breiter aufstellen und auf das Onlinegeschäft reagieren zu können.

- Störer 2 – die Handwerkerin: Handwerkerinnen verfolgen eine intransparente Preispolitik und verbauen Produkte, ohne dass Hersteller einen Eindruck vom Endergebnis erhalten. Letztendlich wissen Hersteller nicht, ob und wie der Endkundin das Resultat gefällt. Gleichzeitig verwenden Handwerkerinnen in der Regel Produkte, die ihnen vertraut sind, was das Innovieren für Hersteller zusätzlich erschwert.

- Störer 3 – der Großhandel: Der Großhandel ist für Hersteller einer der wichtigsten Stakeholder und damit aktuell noch unumgänglich. Gleichzeitig ist es enorm wichtig, sich vom Großhandel unabhängig aufzustellen. Denn der Großhandel setzt vollständig auf die Marge und gewährt keine Rabatte. Im Zweifel setzt er statt auf Qualität auf Hersteller, die günstiger und für ihn margenstärker sind.

- Störer 4 – die Plattform: Eine Onlineplattform, auf der Hersteller lediglich Teilnehmerinnen sind, gibt ihnen zwar Reichweite und Sichtbarkeit. Leider müssen sie dann jedoch oft nach fremden Regeln (beispielsweise denen von Amazon) spielen. Auch haben sie so keinerlei Möglichkeiten, direkt Einfluss auf Kundinnen nehmen zu können. Noch schlimmer aber ist, gar nicht teilzunehmen und damit die Wertschöpfung anderen zu überlassen.

Transaktionsbarrieren und Störer aus dem Weg räumen

Hersteller müssen ermitteln, an welcher Stelle Endkundinnen unsicher sind und sich daher für andere Lösungen (günstigere oder besser geeignete) entscheiden. Erst dann können sie aktiv Einfluss nehmen und die Kaufentscheidung durch Angebotsanpassungen, Rabatte o. ä. beeinflussen. Aktuell wird diese Beziehungsgestaltung und die finale Begleitung bis zur Unterschrift von der Handwerkerin, dem Handel oder einer Plattform übernommen. Dabei sind Plattformen die vielversprechendsten Wege, da sie in der entscheidenden Phase der Kaufentscheidung durch Inspiration, gezielte Beratung und transparente Preisgestaltung Einfluss nehmen können.

Ich rate Herstellern, alle Transaktionsbarrieren und Störern aus dem Weg zu räumen sowie auf kooperative Plattform-Modelle zu setzen. Sie sollten versuchen, die Kundinnen bereits in der inspirierenden Phase einzufangen, sie aktiv in den Mittelpunkt zu stellen sowie im gesamten Bauprozess zu begleiten. Gelingt es, sich mit verschiedenen Herstellern und unterschiedlichen Playern zu vereinen, kann eine große Plattform entstehen, die rund um das Thema Hausbau und Umbau adäquat jeden Kundenwunsch bedient. Um sich breiter aufzustellen, sollten Hersteller gleichzeitig prüfen, an welcher Stelle ein neues Geschäftsmodell sinnvoll ist; und wie Multi-Channel-Lösungen dazu beitragen können, dass sie sich die Kundentouchpoints sichern.

Meine drei wichtigsten Learnings:

1. Die Kundin in den Fokus stellen: Um die Endkundin durch digitale Services zu gewinnen sowie Partnerinnen einzubinden, müssen Hersteller sich auf die radikale Nutzerzentrierung konzentrieren. Und für den digitalen Austausch auch mit Großhandel und Handwerkerinnen, sollten Kommunikations- und Vertriebskanäle zu Partnerinnen, Kundinnen und zu deren Kundinnen digitalisiert

werden. Diese sind nämlich die Grundvoraussetzung, um auf einer Datenbasis Services und Angebote zu entwickeln, die die Kundin tatsächlich nutzt.

Gleichzeitig möchte ich an die Hersteller appellieren: Traut euch an neue Geschäftsmodelle ran! Denn innovative Lösungen können auch außerhalb des Kerngeschäfts verschiedene Schmerzpunkte der Endkundinnen lösen sowie zu einer nachhaltigen Kundeninteraktion und Monetarisierung führen.

2. Die aktuelle Vertriebsstruktur stark überarbeiten: Statt fremden Digitalplayern die Datenhoheit zu überlassen, sollten Hersteller sich die Kundentouchpoints sichern. So werden Kundinnen auf ihrer digitalen Customer Journey rund ums Thema Hausbau und Umbau optimal begleitet. Das Beispiel Thermondo zeigt, wie das erfolgreich gelingt: Kundinnen durch den transparenten und schnellen Service bei ihrem Schmerzpunkt abholen sowie die Zufriedenheit sichern. Und gleichzeitig ein hochqualifiziertes Netzwerk für Produkte und Partnerinnen aufbauen, damit am Ende das Komplettpaket stimmt. Durch die gesammelten Daten rund um das Eigenheim ist es nur eine Frage der Zeit, bis Thermondo auf dieser Basis weitere für die Kundin sinnvolle Services entwickelt und so seine Marktposition sukzessive ausbaut.

   Wenn Herstellern eine digitale Customer Journey gelingt, können sie endlich verstehen, was sich ihre Kundinnen wünschen und benötigen, sowie zeitgleich gezielt darauf reagieren. Und zwar schnell und innovativ, ohne durch das Handwerk ausgebremst zu werden. Verkaufsausstellungen könnten künftig virtuell stattfinden. Kundinnen könnten sich in einer Community miteinander austauschen und vernetzen. Und ein fester Kreis von Fachpartnerinnen sichert die Qualität und den Service, um so „Made in Germany" zu garantieren.

Gleichzeitig empfehle ich den Herstellern, die Schmerzpunkte ihrer Endkundinnen auch außerhalb der eigenen Produktpalette kennenzulernen und mit digitalen Produkten zu lösen. Durch den Digitalkanal lässt sich eine stabile Kundenbeziehung aufbauen, die einerseits die Verbindung zum Großhandel nicht gefährdet, andererseits die Beziehung zum Handwerkernetzwerk nicht angreift. Eine smarte Multi-Channel-Lösung, die nicht nur den eigenen E-Commerce-Shop für Industrieprodukte beinhaltet.

3. In Vernetzungen und Ökosystemen denken: Durch den Aufbau eines gezielten und gut sortierten Netzwerks an Servicepartnerinnen, können Hersteller verschiedener Bereiche Endkundinnen über ein digitales Komplettpaket gewinnen: Eine Plattformlösung für das gesamte Projekt Hausbau, die Kundinnen für alle ihre Bauvorhaben inspiriert, vielfältige Möglichkeiten aufzeigt sowie Sicherheit über Preis, Timing und Qualität gibt. Denn aus Angeboten wie von Houzz ziehen Kundinnen den höchsten Nutzen. Eine Plattform eines Einzelunternehmens macht hier wenig Sinn oder erfordert einen sehr langen Atem, um diese sinnvoll für die Kundin auszugestalten. Besser ist es, das Risiko auf viele Schultern zu verteilen und so die Chance zu erhalten, sich erfolgreich in der Digitalwelt zu positionieren.

Die moderne Kundin plant ihr Bauvorhaben in Zukunft anders. Das „Das hat schon immer so funktioniert"-Denken wird durch branchenfremde Player widerlegt. Und es wird immer deutlicher erkennbar, dass die digitale Kundenreise die Zielgruppe überzeugt. Denn genau das macht den Erfolg der digitalen Plattformen aus: Sie rücken die Kundinnen mit ihren Bedürfnissen wieder in den Fokus und besetzen verschiedenste Schnittstellen. Daher sollten deutsche Unternehmenslenkerinnen jetzt die Tore für Partnerschaften öffnen und gemeinsam mit Branchenpartnern ein digitales Netzwerk aufbauen, das ihre Zukunftsfähigkeit sichert!

KLÖCKNER
STEEL&CO

Klöckner versus Stahlbranche

Nicht immer kommen die Angreifer aus der Welt der Start-ups, Ventures, Digital- oder Tech-Players, sondern manchmal auch aus der eigenen Industrie. Gisbert Rühl, CEO von Klöckner & Co SE, war das bereits 2014 klar: Öffnet sich die Stahlindustrie nicht der digitalen Welt, und transformiert Klöckner nicht selbst massiv digital, wird das Unternehmen von externen Disruptoren bedroht, angegriffen und möglicherweise vernichtet.

Das Duisburger Traditionsunternehmen Klöckner, mit einem Jahresumsatz von 6,3 Milliarden Euro (2019), ist einer der weltweit größten, produzentenunabhängigen Stahl- und Metalldistributoren. Mittlerweile schreibt das Unternehmen, im Jahr 1906 gegründet, digitale Erfolgsgeschichte. Als diese noch in den Kinderschuhen steckte, sind wir uns begegnet. Drei Jahre begleitete etventure das Unternehmen und legte so den Grundstein für den zukünftigen digitalen Weg. Weil Gisbert Rühl wie kein anderer CEO die Digitalisierung propagiert und im eigenen Unternehmen vorantreibt, wird er in der einschlägigen Szene auch der „digitale B2B-Papst" genannt. Und zu Recht, denn um Klöckner erfolgreich zu digitalisieren, hat er als CEO einen langen Weg auf sich genommen und sich ambitionierte Ziele gesetzt: Bis zum Jahr 2022 will Klöckner 60 Prozent aller Umsätze über Online-Transaktionen generieren. Er greift mit dem Ziel, das Amazon des Stahlhandels zu werden, auch die eigene Branche an. Mit seinem Start-up XOM ist er auf dem besten Weg dorthin – und wird so zum weltweiten Disruptor für die gesamte Stahl- und Metallindustrie.

Eroberung eines komplett analogen Marktes

Als einer der führenden Werkstoffhändler Europas und der USA bietet Klöckner & Co SE (häufig mit KlöCo abgekürzt) seinen Kundinnen ein breites Sortiment. Um seine weltweit rund 100.000 Kundinnen innerhalb von 24 Stunden versorgen zu können, kauft Klöckner Stahl bei großen Stahlproduzentinnen ein und lagert ihn an 170 Standorten in zwölf Ländern. Hilfreich ist dabei die mittlerweile ausschließlich digitale Logistik. Ferner fertigt das Unternehmen Vorprodukte und Baugruppen aus Stahl und Metall. Zur Zielgruppe des Konzerns zählen daher neben Autoherstellern und Baufirmen auch Handwerkerinnen, die nur kleinste Mengen Stahl kaufen.

Rühl, seit 2009 an Bord, hat bisher einige Talfahrten mit Klöckner durchlebt. Zu Beginn seiner Amtszeit befand sich die Stahlindustrie aufgrund der Finanzkrise wirtschaftlich in einer dramatischen Lage: Die Nachfrage brach drastisch ein, der Billigstahl aus China sowie der permanente Margendruck drängte das Unternehmen massiv zum Handeln. Rühl reduzierte die Zahl der Mitarbeitenden von 11.700 auf 8.500. Er durchlebte mit dem Unternehmen mehrere Restrukturierungswellen, bis es ihm schließlich gelang, den Konzern wieder auf die Erfolgsspur zu bringen. Dennoch war ihm klar, dass Klöckner sich einem umfassenden Digitalisierungsprogramm unterziehen musste. Zu schaffen machten dem Unternehmen nämlich die Liefer- und Leistungsketten, die in der Stahl- und Metallindustrie hochgradig ineffizient und noch 2014 analog waren: Transaktionen wurden ausschließlich per Telefon oder Fax abgewickelt; ein durchgängig digitales Order- und Produktionsmanagement existierte nicht.

Ein CEO, der wirklich verstehen will

Mit einem Augenzwinkern sage ich immer, wenn ich eines verpasst habe, dann war es die Gründung eines Reisebüros, das ausschließlich Reisen für CEOs ins Silicon Valley anbietet. Denn viele, die die Digitalisierung anpacken und umsetzen wollten, sind im vergangenen Jahrzehnt mindestens einmal ins Silicon Valley gereist. Ich sehe solche Reisen allerdings eher kritisch. Mit einem Blick hinter die Kulissen von Firmen wie Google, Facebook, Airbnb usw. wird das eigene Geschäftsmodell nicht weiterentwickelt. Denn um das eigene Unternehmen auf den digitalen Pfad zu führen, braucht es Mut, Umsetzungsstärke und Know-how.

Gisbert Rühls Reise ins Silicon Valley unterscheidet sich dabei von denen vieler Unternehmerinnen. Als einer der ersten deutschen Manager machte er sich auf ins Silicon Valley, um sich einen Einblick in die digitalen Arbeitsweisen zu verschaffen. Dabei wollte der Wirtschaftsingenieur wirklich verstehen, wie Digitalisierung funktioniert. Dafür löcherte er Start-ups mit Fragen, versuchte in kürzester Zeit möglichst viel Wissen aufzusaugen sowie das Prinzip der „Plattformökonomie" wirklich zu verstehen.

Eine Falle, in die viele Unternehmen und Konzerne bei der Digitalisierung häufig tappen, ist der „Think Big"-Gedanke: Geschäftsmodelle ganz groß und langwierig aufzuziehen. Gisbert Rühl hat im Silicon Valley schnell verstanden, wie Start-ups agieren: klein anfangen und vor allem von der Kundin und deren Bedürfnissen her denken. Denn ihm war wichtig zu verstehen, wie sein Geschäftsmodell durch die Digitalisierung angegriffen werden kann, wenn er nichts unternimmt. Daher stand für ihn nach seiner Reise fest: „Wenn sich die Stahlindustrie nicht selbst der digitalen Welt öffnet, dann wird es ein anderer von außen tun." Und drängt sich ein Plattform-Player von außen zwischen Klöckner und Kundinnen, verliert der Konzern seine Kundenschnittstellen. Die Lösung: Selbst zum „Disruptor" der eigenen Branche werden.

Startschuss für die digitale Reise

Um zu verstehen, wie Klöckner in den vergangenen Jahren die Digitalisierung in so beispielloser Weise vorangetrieben hat, muss man sich zunächst die ersten Gehversuche anschauen: 2014 traf Rühl die Entscheidung, den Stahl zukünftig digital und effizient zu verkaufen. Zur gleichen Zeit kreuzten sich unsere Wege, denn etventure identifiziert, entwickelt und testet seit zehn Jahren branchenübergreifend digitale Geschäftsansätze. Wir haben nicht nur eigene Start-ups gegründet, sondern sind auch darauf spezialisiert, Unternehmen bei der digitalen Transformation zu begleiten.

Als Gisbert Rühl unser Office in Berlin betrat, spürten wir alle schnell, dass wir es mit einem CEO zu tun hatten, der den Wandel in seinem Unternehmen konsequent vorantreiben wollte. Zu unserer Arbeitsweise gehört nicht, Digital-strategien herunterzubeten. Stattdessen schauten wir uns bei Klöckner zunächst an, mit welchen Herausforderungen die Klöckner-Kundinnen zu kämpfen hatten und wo ihre Schmerzpunkte im Bestellprozess lagen. Deshalb sah Gisbert Rühl bei unserem ersten Meeting auch lauter gelbe Post-its mit unterschiedlichen Statements seiner Kundinnen an den Wänden. Von dieser Herangehensweise derart begeistert, wollte er diese Schmerzpunkte sofort und schnell lösen. Der Startschuss für die digitale Reise von KlöCo.

Um gefahrlos experimentieren und vor allem schnell digitalisieren zu können, dabei aber nicht das Kerngeschäft zu gefährden, starteten wir in einem geschützten Raum. Wir bauten mit der Digitaleinheit „kloeckner.i" in Berlin ein kleines Zukunftslabor auf, in dem „Industrie 4.0" geprobt und geformt werden konnte. Dabei sollte die Digitaleinheit völlig frei von der Kernorganisation agieren, aber nicht jahrelang entfernt vom Hauptsitz herumexperimentieren können. Wichtig war es, Geschäftsmodelle zu entwickeln, die zügig Schritt für Schritt in die Kernorganisation in Duisburg sowie in die gesamte KlöCo-Welt übertragen werden können. Daher ging es zu Beginn unserer Reise erst einmal auch darum zu klären, wie es Klöckner gelingen kann, die digitalen Schnittstellen zur Kundin aufzubauen, sie an digitale Interaktionen zu gewöhnen sowie Umsatz zu generieren.

kloeckner.i war die Raketenzündung

Damit wir die alltäglichen Schmerzpunkte und Bedürfnisse von Mitarbeiterinnen und Kundinnen verstehen konnten, führten wir innerhalb von vier Wochen Interviews mit ihnen. Dabei ging es um Antworten auf die Fragen: Was braucht die Kundin vom Stahlhändler? Was lief bisher gut? Was nicht und warum? Und obwohl keine Kundin sich je beklagt hatte, wurde trotzdem schnell deutlich, dass viele den Überblick über laufende Verträge, Verfügbarkeiten und Preisaktualisierungen verloren hatten, da die Kommunikation ausschließlich telefonisch ablief. Einige Kundinnen notierten sich die Erinnerung an eine 300-Tonnen-Stahl-Bestellung daher auf Post-its. Anschließend priorisierten wir die Ergebnisse: Welche Probleme müssen am dringendsten gelöst werden? Welche lassen sich schnell und mit geringem Aufwand lösen?

Weil sich die Arbeitsweise von kloeckner.i stark von der konventionellen Produktentwicklung unterscheidet, konnten wir erste Ideen skizzieren und direkt mit den Kundinnen besprechen, ehe aufwendig entwickelt wurde. Bevor also Geld in Programmierung und Entwicklung floss, hatten wir bereits umfangreiche Kundenfeedbacks. Und statt perfekter Produkte zu entwickeln, hatten wir zunächst Lösungen, die die Minimalanforderungen erfüllten – sogenannte Minimum Viable Products (MVPs). Nach intensiven Kundentests entwickelten wir einfache Prototypen sowie eine schlichte Landingpage ohne Back-End schrittweise zum fertigen Service weiter.

Fail fast, fail cheap!

Entscheidend in dieser Phase war, nicht aufwendige Algorithmen zu programmieren, sondern die Produkte nur mit den allernötigsten Funktionen auszustatten. Daher wurden die Anfragen, die online eingingen, zunächst auch noch händisch von Mitarbeiterinnen bearbeitet. Denn wir wollten herausfinden, ob die Kundinnen diese Lösung überhaupt nutzten. Getreu dem Motto „Fake it until you make it!" entwickelten wir gemeinsam mit den Kundinnen die Lösung kontinuierlich weiter. So entstanden innerhalb kürzester Zeit drei Services, die die Zusammenarbeit von Klöckner und seinen Kundinnen zukünftig digital erleichtern würden: einfache Verwaltung der Materialzertifikate, ein intelligenter Verspätungsalarm bei unpünktlichen Stahllieferungen sowie die Möglichkeit für Kundinnen, ihre Bestände und Rahmenverträge dank der Schnittstelle zum Klöckner-SAP-System digital zu verwalten und einzusehen. Während Klöckner früher erst einmal eine Systemanalyse gemacht, ein Pflichtenheft geschrieben und monatelang ein Produkt entwickelt hätte, ohne zu wissen, ob das am Ende überhaupt eine Kundin braucht, kam der Konzern jetzt dank der Design-Thinking-Methoden schneller, agiler und fokussierter zu ersten Ergebnissen.

Gebetsmühlenartig bete ich seit Jahren herunter, dass langwierige und nervenaufreibende Prozesse lediglich den „Bewahrerinnen“ im Unternehmen entgegenkommen und ihnen eine scheinbare Sicherheit vorgaukelt. Das aber kostet Unternehmen häufig unnötig viele Jahre und hohe Investitionen. Die aber haben viele nicht mehr, um auf den Digitalisierungszug aufspringen zu können. Die vielen Beispiele, wo über Jahre mit viel Aufwand und externer Hilfe digitale Lösungen entwickelt, aber am Ende nicht von den Kundinnen genutzt wurden, gibt es zuhauf. Daher sollte die Devise lauten: „Fail fast, fail cheap!“

Build-Measure-Learn

Aus dieser Arbeitsweise resultierte für Klöckner ein zweiter großer Erfolg: Nach nur drei Monaten stellte kloeckner.i ein Kontraktportal online, mit dem Kundinnen ihre Stahl-Bestellungen organisieren konnten. Dabei ging es zunächst darum, den bestehenden Umsatz von offline zu online zu verschieben sowie den analogen Kundenstamm zu digitalisieren. So konnten Kundinnen ihre Kontrakte besser nachvollziehen, schnell Anfragen stellen oder Kontrakte erneuern. Die Verhandlungen liefen dabei aber weiterhin über den Vertrieb, lediglich die Abrufe wurden automatisiert. Gleichzeitig wurde auch die Schnittstelle zum Lager automatisiert, damit der Lagerbestand optimiert, bessere Vorhersagen getroffen sowie eine bessere Preisstabilität garantiert werden konnten. Nach positiven Nutzertests folgte die Skalierung und die Kontraktplattform wurde europaweit ausgerollt. Weil die Nutzerbefragung in den USA jedoch ergab, dass diese Zielgruppe eine andere Ansprache benötigte, implementierte Klöckner dort innerhalb weniger Monate einen Part Manager.

In diesem Zuge wurde auch der damalige Webshop auf den Prüfstand gestellt. Klöckner hatte zwei Jahre lang versucht, einen eigenen Shop zu implementieren. Der aber zündete nicht und hatte so gut wie keine Besucherinnen; auch waren die Mitarbeitenden damals noch nicht bereit. So befürchteten die Vertriebsmitarbeiterinnen, ihre Jobs zu verlieren; die Einkäuferinnen, dass der Einkauf zukünftig durch ERP-Systeme automatisiert ablaufen würde. Wir stampften den Shop in der etventure-Manier „Build-Measure-Learn“ ein und setzten ihn neu auf. Dafür nahmen wir nur 20 der 20.000 Produkte in den Shop auf und testeten das System auch nur an 20 Kundinnen. Mit Erfolg! Der Webshop hat sich zu einem Marktplatz entwickelt, auf dem mittlerweile auch elf andere Anbieter ihre Produkte verkaufen.

kloeckner.i steuert und verantwortet alle digitalen Ideen

Den Webshop wiederzubeleben war eine strategische Entscheidung. Denn damit konnten analoge Umsätze digitalisiert und Kundenschnittstellen gesichert werden. Die Lean-Startup-Methode ermöglichte auch hier einen schnellen Test sowie eine rasche Umsetzung, statt Kapital oder Mitarbeiterinnen zu investieren. Dafür müssen Unternehmen ihre Produkte und Services allerdings auch auf den Markt bringen, wenn sie noch nicht ganz fertig sind oder nicht einmal existieren. Rühl wurde für seinen Mut mit einem funktionierenden Webshop, der in nur drei Monaten online war, belohnt. Er wurde anschließend schrittweise erweitert und bereits zwei Jahre später in England, den Niederlanden, Frankreich und Österreich live gestellt.

Mittlerweile arbeiten in der Digitaleinheit kloeckner.i rund 90 Entwicklerinnen, Datenanalystinnen, Online-Marketing-Expertinnen sowie Produktmanagerinnen an digitalen Tools und deren Vermarktung. Jede neue digitale Lösung und Idee wird daher auch durch kloeckner.i gesteuert und verantwortet.

Es braucht einen Mindset-Wandel in Kernorganisationen

„Wenn unsere Vertriebsmitarbeiterinnen und die Einkäuferinnen auf Kundenseite Angst haben, durch online ihre Jobs zu verlieren, können wir den besten Webshop der Welt entwickeln, er wird nicht funktionieren", sagte Gisbert Rühl in unserem ersten ChangeRider-Interview. Trotzdem ist ihm ein umfassender Kulturwandel gelungen. Weil er mit kleinen Schritten startete und dabei seine Mitarbeiterinnen mitnahm, weiterbildete sowie auf Augenhöhe kommunizierte. Und auch weil er den Wandel von ganz oben antrieb – denn der CEO muss auf dem Driver Seat sitzen.

Weil Mitarbeiterinnen sehr schnell merken, ob man nur Sonntagsreden über die Digitalisierung hält oder ob man es wirklich lebt, hat Rühl die interne Kommunikation auf das soziale Netzwerk Yammer umgestellt, was die Gemüter ebenfalls besänftigte. Ein weiterer kluger Schachzug war, dass er den Leiter der Konzern-IT in die Geschäftsführung von kloeckner.i berief. Denn so sorgte er für ein besseres Verständnis auf beiden Seiten. Ferner durchliefen die Führungskräfte aus allen Landesgesellschaften einen zweiwöchigen Digitalcrashkurs in Berlin. Und auch Mitarbeiterinnen konnten für eine begrenzte Zeit nach Berlin und dort die Hälfte ihrer Arbeitszeit an einem neuen Digitalprojekt tüfteln. Gleichzeitig hat Klöckner früh für die digitale Weiterbildung der weltweiten Belegschaft gesorgt: Mitarbeiterinnen konnten zum Beispiel an Design-Thinking-Workshops teilnehmen oder während ihrer Arbeitszeit über die „Digital Academy" digitale Weiterbildungen machen. Denn Rühl ist wichtig, dass jede Mitarbeiterin zur Weiterentwicklung des Unternehmens beiträgt sowie die Kompetenz hat, Ideen in ihrem Arbeitsumfeld umzusetzen.

Corona-Krise fördert Verkäufe über digitale Kanäle überproportional

Die Digitalisierung dient aber nicht allein dem Selbstzweck. Ein digitalisiertes Unternehmen ist in vielen Bereichen zukunftsfähiger aufgestellt und so oftmals auch stabiler in der Krise. Während Covid-19 viele Unternehmen komplett aus der Bahn warf, zeigte sich Rühl in unserem jüngsten ChangeRider-Interview optimistisch: „Wir mussten natürlich gerade zu Beginn der Krise innerhalb kürzester Zeit sehr viele Entscheidungen treffen, um dafür zu sorgen, dass Klöckner weiterhin lieferfähig bleibt. Das haben wir aber vor allem dank unserer digitalen Fähigkeiten sehr gut hinbekommen." Und weil viele Wettbewerberinnen nicht lieferfähig waren, stiegen bei Klöckner die Verkäufe über digitale Kanäle überproportional an. Deshalb musste sich das Unternehmen auch weniger um die aktuelle Bewältigung der Krise kümmern, sondern vielmehr eine Antwort auf die Frage finden, wie sie die Transformation jetzt noch schneller umsetzen und für sich nutzen können.

Für Rühl ist daher auch klar, dass der Schwung, den die Corona-Krise der Digitalisierung gab, auch nach der Krise beibehalten werden muss. Rühls Transformationsstrategie jedenfalls greift: Klöckner konnte den Umsatz über die digitalen Kanäle auf 38 Prozent steigern. Einen signifikanten Beitrag leistete dabei der „Kloeckner Assistant", eine durch künstliche Intelligenz getriebene Applikation. Diese verkürzt den für Käufer- und Verkäuferinnen bisher langwierigen Bestellprozess bestehend aus Anfrage, Angebotserstellung und Auftragseingabe von mehreren Tagen auf wenige Minuten.

Mit XOM wurde ein großer Meilenstein erreicht

Ein Thema, was Gisbert Rühl bereits 2014 im Sinn hatte, war die Transformation des Stahlhändlers zum Plattform-Unternehmen: „Wir alle mussten in den letzten Jahren erkennen, dass Plattform-Unternehmen erfolgreicher als traditionelle Unternehmen sind. Sie wachsen schneller, sind effizienter, haben niedrigere variable Kosten und vieles mehr. Daher war es eigentlich immer unser Ziel, uns in Richtung eines Plattform-Unternehmens zu bewegen." Der Schritt zum großen Plattform-Player ist dabei eine große Herausforderung, da es nicht damit getan ist, den Onlineshop einfach in eine Industrieplattform umzuwandeln. Eine weitere Hürde waren dabei die Vertriebsmitarbeiterinnen von Klöckner, die den Kundinnen keine digitale Lösung schmackhaft machen wollten, auf der auch Produkte der Konkurrenz angeboten wurden. Und auch das Bundeskartellamt sowie die Wettbewerberinnen sorgten sich um die Unabhängigkeit.

Mit XOM Materials wurde im Februar 2018 europaweit eine unabhängige Lösung gelauncht. Auf der Handelsplattform, auf der sich bereits etwa 700 Kundinnen registriert haben, vertreiben mittlerweile an die 60 Anbieterinnen rund 22.000 Produkte. Zwar ist Klöckner hundertprozentiger Eigentürmer, XOM Materials agiert jedoch unabhängig und stellt so sicher, dass Klöckner keinen Zugriff auf sensitive Wettbewerberdaten erhält. Für Kundinnen ist der Zugang zu allen Stahl- und Metallprodukten sehr komfortabel. Große Stahlproduzenten, -händler und -verarbeiter verbinden sich und handeln miteinander. Die Plattform ermöglicht direkte Bestellungen, stellt Echtzeitinformationen über Verträge bereit und bietet den Zugriff auf Stahlzertifikate sowie Logistik. Die Plattform übernimmt also eine Matchmaking-Funktion.

In der Arbeitswelt von morgen ist digitales Wissen essenziell

Rühl wusste früh, dass er eine solche Plattform aufbauen wollte. Denn wenn Kundinnen sich ein Angebot wünschen, über das sie alle Stahl- und Metallprodukte beziehen können, wird es über kurz oder lang so etwas geben. Besser also, man startet es direkt selbst und partizipiert daran, statt es der Konkurrenz zu überlassen. Dabei sollen mithilfe von Technologien wie Artificial Intelligence und Robotics Prozesse vollkommen automatisiert werden – nicht nur bei XOM, sondern auch bei Klöckner. Je besser das gelingt, darüber spricht Rühl ganz offen, desto mehr Mitarbeiterinnen möchte er schrittweise aus diesen Kernprozessen herausziehen. „Genau wie bei Amazon, dem größten Retailer der Welt, der keine einzige Verkäuferin beschäftigt – das ist im Grunde genommen auch für mich der Weg zur Digitalisierung."

Aus diesem Grund ist Klöckner bereits dabei, 1.200 Stellen zu streichen – was nicht überraschend kommt. Schon lange predigt er seinen Mitarbeitenden, dass in der Arbeitswelt von morgen digitales Wissen essenziell ist. Aus diesem Grund dürfen sich seine Mitarbeiterinnen während der Arbeitszeit weiterbilden. Genutzt wird dieses Angebot allerdings nur von etwa einem Drittel. Der Rest hat es ignoriert oder sich sogar verweigert. Diese Bewahrerhaltung hat bei Klöckner allerdings keine Zukunft: „Diejenigen, die das Angebot nicht in Anspruch genommen haben, müssen nun mit den Konsequenzen leben", so Rühl.

Das Erfolgsrezept des „digitalen B2B-Papstes"

Rühl hat mit XOM einen großen Meilenstein erreicht und wird nun weiterhin – wie in alter Manier – ambitioniert daran arbeiten, diese Plattform groß zu machen. Auch er selbst will sich überflüssig machen, aber nur im Kerngeschäft: Im Sommer 2020 wurde bekannt, dass er 2021 den CEO-Posten an Guido Kerkhoff, ehemaliger Vorstandschef bei Thyssen-Krupp, übergibt. Damit wird Rühl nach elf hochspannenden Jahren ein neues Kapitel aufschlagen und sich unter anderem der unabhängigen XOM-Plattform widmen. Er hat seine Transformations- und Innovations-projekte mit einem ganzheitlichen Ansatz sehr mutig verfolgt, End-to-End geplant und überwacht. Durch ein dreistufiges Vorgehen ist es Klöckner gelungen, die Digitalisierung schrittweise erfolgreich voranzutreiben.

Horizont eins – Überleben

Nach der Erarbeitung der strategischen Grundlagen in Form einer Ökosystem-Analyse hat etventure neue Geschäftsansätze priorisiert und umgesetzt. Dabei ging es zunächst darum, erste Prozesse zu digitalisieren und die sogenannten „Low Hanging Fruits" (zum Beispiel ein intelligenter Verspätungsalarm bei unpünktlichen Stahllieferungen) umzusetzen. Allerdings hatte Klöckner von Beginn an klare KPIs sowie ein konkretes Zielbild vor Augen! Doch wie andere Unternehmen auch, ging es Klöckner zu Beginn schlichtweg erst einmal darum, zu überleben und inkrementelle Verbesserungen des bestehenden Geschäftsmodells zu erreichen – und zwar schnell und agil.

Horizont zwei – Stabilisierung

Durch schnelles Testen unter realen Marktbedingungen und mit echten Kundinnen validierten wir das Geschäftsmodell der Kontraktplattform. Mit der Einführung wurden Prozesskosten gesenkt sowie die Kundenzufriedenheit und der Customer Lifetime Value gesteigert. Durch den Aufbau der Innovationseinheit kloeckner.i konnten Digitalinitiativen schnell und (zunächst) losgelöst von der Kernorganisation umgesetzt werden. Und der neu aufgesetzte Webshop sorgte dafür, dass Kundenschnittstellen digitalisiert und gesichert wurden. Für den ersten erfolgreichen Proof of Concept, die Validierung mit Prototypen, sowie das exakte Tracking der KPI-Effekte, benötigten wir nur drei Monate. Unternehmensintern hätte Klöckner nach eigenen Angaben gut eineinhalb Jahre gebraucht.

Horizont drei – Zukunftsfähigkeit

Nach vollumfänglichen Roll-out und Markteinführung gelang Klöckner eine erfolgreiche Skalierungsphase. Aktuell generiert das Unternehmen etwa 38 Prozent seiner Umsätze (über zwei Milliarden Euro) über digitale Kanäle. Erfolgsentscheidend dabei waren auch der Aufbau von Team und Organisation sowie die kontinuierliche Sicherstellung der Zielerreichung. Zudem ist es Klöckner intern gelungen, die Mitarbeiterinnen zu befähigen, den digitalen Wandel zu meistern – nicht nur in der Digitaleinheit in Berlin, sondern auch im Stammhaus in Duisburg und weiteren Standorten weltweit. Erst als Horizont eins und zwei sichergestellt waren, konnte die Industrieplattform „XOM Materials“ Wirklichkeit werden. Mit dem Aufbau der Plattform setzt Klöckner auf ein Ökosystem von unterschiedlichen Playern und greift damit erfolgreich die eigene Branche an.

Ein CEO, der sehr viel richtig gemacht hat

Gisbert Rühl hat die Digitalisierung zur Chefsache gemacht. Er hat nicht weggeschaut und sich auch nicht geduckt – wozu extrem viel Mut und Durchsetzungskraft gehört. Er hat die inkrementelle Komfortzone verlassen und die Dinge einfach angepackt. Unternehmerinnen müssen raus aus dem Konzeptions- und rein in den Ideenmodus. Dazu gehört aber auch, dass sie auf dem Driver Seat Platz nehmen, notwendige Entscheidungen treffen und auf allen Ebenen mit gutem Beispiel vorangehen.

Rühl hat radikal Budgets zur Verfügung gestellt, einen geschützten Raum aufgebaut und mit diesen Rahmenbedingungen dafür gesorgt, dass die Dinge im Kleinen ausprobiert werden konnten. Das Unternehmen konnte so seine eigene Rolle im Ökosystem finden, definieren und sich optimal positionieren. Dazu gehörte, rechtzeitig wichtige Kundenschnittstellen digital zu besetzen und durch Kooperationen mit Partnerinnen zu sichern. Klöckner legte den Fokus auf Skalierung und durchlief Schritt für Schritt die Horizonte. Und die Reise hat sich gelohnt: Früher wurde Rühl von Wettbewerberinnen nur müde belächelt. Heute hingegen gilt er als digitaler Vorreiter der gesamten Industrie – und wird zu Recht als brancheninterner Disruptor bezeichnet.

Die Anstrengung lohnt sich

Nicht jedes Unternehmen muss zwangsläufig zum Plattform-Player werden. Trotzdem zeigt das Beispiel Klöckner sehr anschaulich, was möglich ist, wenn man mutig voranschreitet. Und dass es auch einem Traditionalisten gelingen kann – wenn man es denn richtig angeht. Bei Klöckner zeigt sich, dass sich die Anstrengung lohnt: „Wir haben über das Internet eine weltweit führende Expertise für den Verkauf von Stahl aufgebaut. Geschafft haben wir das mithilfe der Werte, die uns schon immer begleitet haben, und die auch für die Zukunft der deutschen Wirtschaft entscheidend sein werden: Neugierde, aus Fehlern lernen und den Mut, Neues auszuprobieren."

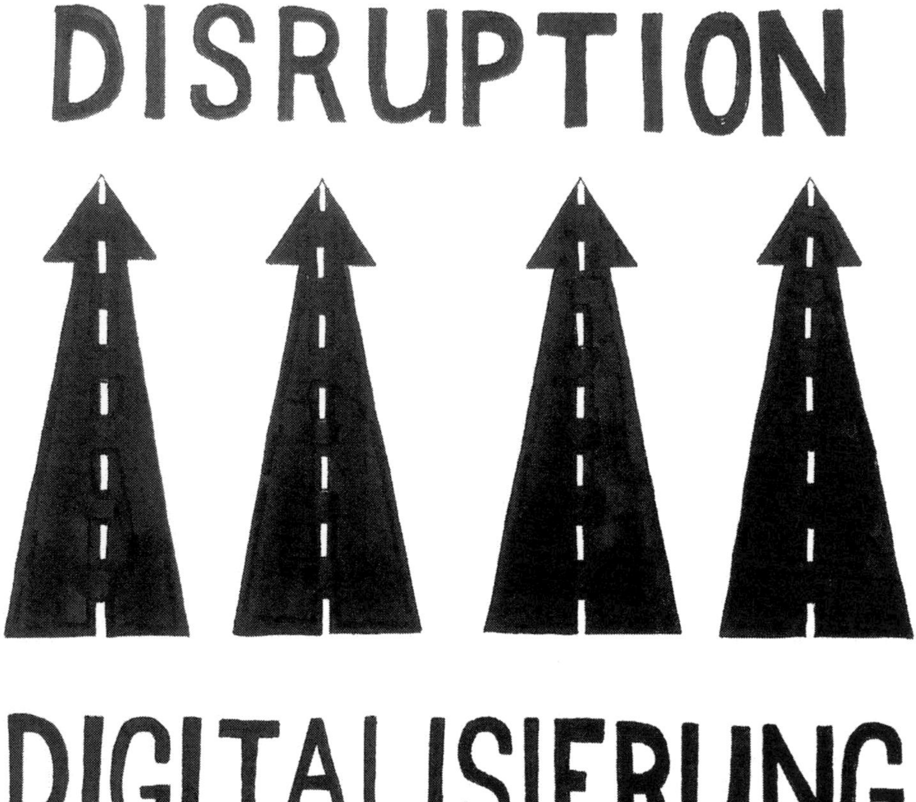
DISRUPTION
DIGITALISIERUNG

Digitalisierung bedeutet immer Disruption

Die Digitalisierung ist immer mit einer disruptiven oder transformativen Veränderung verbunden. Organisationen haben allerdings häufiger mit dem stetigen Veränderungsprozess der Transformation zu tun als mit dem radikalen der Disruption. Der Untergang von Kodak beispielsweise zeigt, wie verheerend eine Disruption erfolgen kann. Hier fand kein kontinuierlicher Wandel des Produktes statt; vielmehr ersetzte die digitale Fotografie die analoge komplett.

Die Digitalisierung an sich ist allerdings bereits disruptiv. Sie hat eine disruptive Macht, denn sie zerstört Prozesse. Oder freundlicher formuliert: Sie löst Prozesse ab. Und das stellt Menschen in der Regel vor große Veränderungen, wie beispielsweise die interne Digitalisierung zeigt: Wird die Arbeit einer Buchhalterin von einem Dokumentenmanagement-System abgelöst und digitalisiert, zerstört es ihren Arbeitsplatz. Werden nämlich die Belege, die vorher händisch ins System eingetragen sowie mit einer Kostenstelle versehen wurden, durch den Einsatz von künstlicher Intelligenz automatisch erfasst, einer Kostenstelle zugeordnet sowie zum Zahlungsziel angewiesen, braucht es die Buchhalterin nicht mehr.

Die Digitalisierung ist Disruptor für die Arbeitsplätze

Bei Klöckner beispielsweise hat die Einführung des „Kloeckner Assistant“ (eine Applikation zur automatischen Bearbeitung eingehender Preisanfragen und Bestellungen) für Käuferin und Verkäuferin die bisher langwierigen Bestellprozesse von mehreren Tagen auf wenige Minuten reduziert. Der „Kloeckner Assistant“ macht aber nicht nur den Prozess schneller und reduziert die Fehlerquote, sondern er baut auch Arbeitsplätze ab (siehe Kapitel „Klöckner versus Stahlbranche“).

Weil die Digitalisierung solche Prozesse überall auslösen wird, macht diese Entwicklung vielen Menschen Angst. Sie befürchten, ihren Job zu verlieren, ungefragt in eine Umschulungsmaßnahme gesteckt zu werden oder haben schlichtweg Angst vor der anstehenden Veränderung. Umso wichtiger, die Menschen in den Fokus zu stellen, ihnen zu zeigen, dass die Veränderung richtig ist, ihnen neue Rollenbilder zu geben sowie sie früh umzuschulen (siehe Kapitel „Mensch first, Technology second“). Dabei ist diese Entwicklung nicht neu: Die industrielle Revolution vernichtete viele Blue-Collar-Jobs; durch die Digitalisierung werden viele White-Collar-Jobs wegfallen. Wie damals werden aber auch jetzt viele neue Jobs geschaffen, die nur von Menschen erledigt werden können. Daher hat auch jede Mitarbeiterin, die sich verändern will, eine Chance.

Wer nicht mit der Zeit geht, geht mit der Zeit!

Digitale Applikationen reduzieren massiv Kosten und sorgen für effizientere Abläufe, bei gleichzeitig drastischer Reduzierung menschlicher Interaktionen und Fehler. Was eigentlich positiv ist, stellt gleichzeitig eine große Herausforderung dar. Denn Mitarbeitende, die ihre angestammten Arbeitsplätze verlieren, müssen in neue Arbeitsfelder integriert werden. Dazu braucht es aber nicht nur die richtigen Methoden und Maßnahmen, sondern auch das Wollen und Können der Mitarbeitenden.

Organisationen müssen sich dem Ausbau digitaler Prozesse allerdings auch stellen, um den Kontakt zu Kundinnen nicht zu verlieren. Oft höre ich von Unternehmen aus dem B2B-Bereich, dass sie langjährige und enge Kontakte zu ihren Kundinnen haben, dass sie eine vertrauensvolle Zusammenarbeit pflegen und sie sich daher wenig Sorgen machen müssen. Ein großer Irrtum, denn wenn Kundinnen einmal die Vorteile einer digitalen Schnittstelle kennengelernt haben, ist die Verbindung zur Plattform eines Digital-players relevanter als der analoge Kontakt. Wie heißt es so schön: Wer nicht mit der Zeit geht, geht mit der Zeit!

MIT

MUT

DURCH

DIE

VERÄNDERUNG

III. Mit Mut durch die Veränderung

Für die digitale Transformation von Unternehmen brauchen CEOs eine gehörige Portion Zukunftsmut. Denn die Reise führt häufig ins Ungewisse und ist deutlich weniger planbar und vorhersehbar als klassische Veränderungsprozesse wie beispielsweise die Restrukturierung oder Sanierung eines Unternehmens, die Forschungsarbeit an einem inkrementellen Innovationsvorhaben, die Installation einer neuen Maschine, die Einführung eines ERP-Systems oder eines neuen Produkts sowie die Erschließung neuer Märkte.

Die digitale Transformationsreise ist nicht planbar, da zu jedem Zeitpunkt völlig veränderte Marktstrukturen auf die Unternehmen zukommen können. Erweiternd müssen die Unternehmen erst einmal ihren Startpunkt finden und die Journey antreten. Häufig investieren sie dann schon in frühen Phasen massiv Geld in den Aufbau von internen Ressourcen und Digitalkompetenzen und haben dann noch hohe Entwicklungskosten für digitale Services und Geschäftsmodelle, ohne wirklich zu wissen, ob die Entwicklungen auch wirklich validieren bzw. monetarisieren und im besten Fall skalieren. Das Build-Measure-Learn-Prinzip, das kontinuierliche Einstellen von nicht validierten Vorhaben und die nicht vorhandene Möglichkeit, einen klaren Plan à la Pflichten-Lastenheft abzuarbeiten, verlangt dem Top-Management in Unternehmen nahezu alles an Mut ab.

Viele CEOs gehen mutig ihren Weg

Greife ich meine aktuelle Cash-Cow im Produkt- und Serviceportfolio mit einer disruptiven Lösung selbst an? Reduziere ich dadurch die kurzfristige Umsatzerwartung, um dann aber durch die Innovation langfristig in eine (mögliche) Umsatzsteigerung gehen zu können? Setze ich kurzfristige Gewinnausschüttungen an die Anteilseignerinnen und auch meine eigene Bonuszahlung komplett aus, um diese Mittel in die neue notwendige Organisationsstruktur, die Weiterbildung der Mitarbeiterinnen und ins Recruiting zu investieren? Möchte ich verärgerte und verunsicherte Forschungs- und Entwicklungsingenieurinnen in meinem Unternehmen vorfinden, denen ich mitteilen muss, dass die disruptiven Geschäftsmodelle an der Kundenschnittstelle nun von agilen Entwicklerinnen und Teams mit einem Start-up-Mindset außerhalb der Kernorganisation entwickelt und getestet werden? Nehme ich in Kauf, dass der komplette Vertrieb nahezu Amok läuft, wenn ich das Vorhaben zur Umsetzung eines Kundenportals ankündige? Lasse ich es auf eine Zerreißprobe mit meiner altgedienten IT-Chefin ankommen, wenn ich ihr sage, dass sämtliche Kundenschnittstellen-Themen nicht nach ihrem altbewährten Pflichten- und Lastenheftdenken umgesetzt werden können, und sämtliche Vorhaben nun außerhalb der Unternehmens-IT umgesetzt werden müssen? Viele CEOs gehen in Teilen diesen richtigen und mutigen Weg, ohne konkret zu wissen, welches Ergebnis sie damit in den kommenden ein bis drei Jahren erzielen werden. Und ohne zu wissen, ob ihr Plan auch wirklich aufgeht.

Für große Schritte braucht es vor allem Vertrauen

Dass Mut sich auszahlt, zeigt der Schritt des Fleischherstellers Rügenwalder Mühle, auch Fleischalternativen herzustellen.

Dieses Experiment, 2014 gestartet, belohnt das Unternehmen heute mit der Marktführerschaft und einem Marktanteil von rund 40 Prozent in diesem Segment. Einfach war dieser Schritt jedoch nicht. Der Marketing- und Entwicklungschef Godo Röben setzte seine Idee gegen alle Kritik im Unternehmen um. Die Geschäftsführung des familiengeführten Unternehmens stand zwar von Anfang an hinter der Idee, mit dem Management jedoch führte Röben drei Jahre lang viele Diskussionen und musste viel Kritik einstecken. Kein Wunder, denn mit diesem Schritt griff er nicht nur das Kerngeschäft an. Er startete dieses Experiment auch mit offenem Ausgang.

Und auch die Mitarbeiterinnen – allen voran die Metzgerinnen – standen der Idee sehr kritisch gegenüber. Weil Röben sich jedoch vorab intensiv mit dem Markt und den vegetarischen Produkten auseinandergesetzt hatte, wusste er, dass der Markt für gute und leckere vegetarische Produkte vorhanden war. Mit diesem Argument überzeugte er schließlich die Metzgerinnen der Rügenwalder Mühle. Denn wenn die etwas können, dann richtig gute Produkte für Fleischesserinnen herstellen – warum also nicht auch für Vegetarierinnen, so Röbens Argument. Hilfreich waren für ihn bei der Überzeugungsarbeit aber nicht nur sein Know-how, sondern vor allem seine Betriebszugehörigkeit von über 20 Jahren. Für solch große Schritte braucht es vor allem Vertrauen. Und das hatte Röben, denn alle kannten ihn und konnten ihn entsprechend einschätzen. Eine Managerin, die erst kurze Zeit im Unternehmen gewesen wäre, hätte dieses Vorhaben so sicher nicht umsetzen können.

Ich vermisse Mut in unserem Land

Täglich kämpfe ich auf meinen Social-Media-Kanälen, auf Konferenzen, in Blogs und persönlichen Gesprächen für mehr

Mut, den wir für den notwendigen Wandel in Wirtschaft, Politik und Gesellschaft dringend brauchen. Und auch wenn sich etwas bewegt, es fehlt an vielen Stellen die Entschlossenheit, wichtige Themen rund um unsere (Aus-)Bildung, unsere Sozialsysteme, unser kapitalistisches System, die Digitalisierung, die Flüchtlingsthematik und den Klimaschutz voranzutreiben.

Ich kritisiere schon seit zehn Jahren das Bewahrertum in Deutschland und damit die in Teilen große Mutlosigkeit. Dabei geht es mir vor allem auch um den Mut, für unsere Werte ein- und gegen Hetzer-, Angstmacher- und Lügnerinnen aufzustehen. Gerade die CEOs, Influencerinnen oder Sportlerinnen müssten sich stark machen und mutig einen Gegenpol bilden. Sie alle verfügen über eine große Reichweite in der Öffentlichkeit und könnten dabei helfen, Menschen zu erreichen und sie zu motivieren, sich ihrerseits mutig zu verhalten. Warum aber stehen hier nur die wenigsten auf und verlassen ihre Komfortzone? Warum nehmen sie sich nicht ein Vorbild an Christian Streich, dem Cheftrainer des SC Freiburg, der sich öffentlich für Flüchtlinge einsetzt. An Superstar Taylor Swift, die sich klar gegen die Betrügereien von Trump positioniert. An Herbert Grönemeyer, der gegen rechte Gewalt wettert. Oder an Jürgen Klopp, der für einen verantwortungsvollen Umgang mit der Corona-Krise plädiert. Die Antwort darauf liegt in unserer „Cover your Ass"-Mentalität begründet (siehe Kapitel „Lasst uns die ‚Cover your Ass'-Mentalität beerdigen").

IMPACT

Social Impact – Wie Wirtschaft positiv wirken kann

Was haben der Lebensmittelkonzern Danone, die ökologische Suchmaschine Ecosia, der Eishersteller Ben & Jerry's und der nachhaltige Textilhersteller Patagonia gemeinsam? Sie alle sind B Corp-zertifiziert. Wem das nichts sagt: Die Auflösung folgt in diesem Kapitel. Doch warum ist mir das Thema wichtig?

Wenn es ums Scheitern geht, erzähle ich häufig die Geschichte über eines der ersten Unternehmen, einem Verpackungshersteller mit ca. 250 Mitarbeiterinnen, das ich geleitet und fast an die Wand gefahren habe. Viele der Prinzipien und Erkenntnisse, die ich in diesem Buch teile, kannte ich damals noch gar nicht oder konnte sie zumindest nicht gewinnbringend anwenden: Leadership, Kundenzentrierung, ein radikaler Fokus auf relevante Kennzahlen. All das habe ich nicht richtig oder konsequent genug umgesetzt. Wir hatten ein großartiges Produkt und keine Kunden. Das Vorhaben endete im Desaster. Aber darum soll es in diesem Kapitel gar nicht gehen.

Das Ergebnis war hervorragend, leider nur viel zu teuer

Viel wichtiger ist an dieser Stelle die Geschäftsidee, die ich damals verfolgt habe. Mein Ziel war es, eine komplett nachhaltige Verpackung auf den Markt zu bringen. Mit viel Aufwand entwickelten wir eine vollständig biologisch abbaubare Folie, die die gleichen Eigenschaften wie klassisches Verpackungsmaterial hatte, aber die Umwelt nicht belastete. Das Ergebnis war hervorragend, leider nur viel zu teuer. Dazu muss man wissen, dass das vor mehr als fünfzehn Jahren war. In einer Zeit, als Nachhaltigkeit noch kein Trendthema war. In einem hart umkämpften Markt, in dem die Einkäuferinnen um jeden Cent feilschten, hatten wir keine Chance.

Dennoch beschäftigte mich schon damals die Frage, wie man Wirtschaft positiv gestalten kann. Ein Wirtschaftsunternehmen ist im Endeffekt kein Selbstzweck. Es agiert nicht isoliert vom Rest der Welt. Ganz im Gegenteil, die Wirtschaft ist einer der wichtigsten Einflussfaktoren für die Gestaltung unserer Gesellschaft. Persönliche Weiterentwicklung, gesellschaftliche Trends und politische Entscheidungen, all das wird auch bestimmt durch die Wirtschaft – positiv wie negativ.

Wirtschaft für sich genommen ist nicht gut oder schlecht

Wenn wir heute in der Lage sind, Millionen von Daten in Echtzeit auszuwerten, um Krebszellen zu erkennen, dann haben wir das genauso der Wirtschaft zu verdanken, wie die Tatsache, dass es immer noch Waffen, Glücksspiele und viel zu viel $CO2$ in der Atmosphäre gibt. Wirtschaft für sich genommen ist nicht gut oder schlecht. Das, was wir daraus machen, hat jedoch eklatante Auswirkungen auf unsere Zukunft. Deswegen wird es Zeit, den Erfolg von Unternehmen neu zu definieren. Der alleinige Blick auf die Bilanzen greift als Gradmesser für den Wert einer Organisation zu kurz.

Es gibt viele verschiedene Initiativen, die sich mit einem nachhaltigeren Wirtschaftsbild auseinandersetzen. Zu nennen wären beispielsweise die Gemeinwohlökonomie, die Postwachstumsbewegungen, Social Corporate Responsibility, FairTrade, Bio, die Sharing Economy, gGmbHs, Genossenschaften und

Cradle-to-Cradle-Ansätze. All diese Ideen und Konzepte haben eines gemein: Sie haben das große Ganze im Blick und verlassen sich nicht auf die Bilanz eines Unternehmens als einziges Erfolgskriterium.

Jede Maßnahme wird automatisch geprüft, ob sie sich positiv auf die Bilanz auswirkt

Am Beispiel der B Corp-Zertifikate möchte ich konkreter beleuchten, was damit gemeint ist. Aus klassischer kapitalistischer Perspektive heraus ist es die Hauptaufgabe eines Wirtschaftsunternehmens, den Mehrwert für die Shareholder, also die Unternehmenseigentümer, zu erhöhen. Im Endeffekt gibt es nur einen Weg, diesem Anspruch gerecht zu werden: kontinuierliches Wachstum. Je mehr Umsatz, je mehr Gewinn ein Unternehmen macht, desto besser für die Aktionäre, Gesellschafter und Eigentümer. Solange sich das Unternehmen dabei im gesetzlichen Rahmen bewegt, sind die gesellschaftlichen Auswirkungen theoretisch nebensächlich.

Natürlich können sich Individuen innerhalb des Unternehmens für positive Zwecke einsetzen und dahingehend wirksame Entscheidungen treffen. Damit das Unternehmen aber im klassischen Sinne erfolgreich ist, müssen sich diese Aktivitäten in irgendeiner Form positiv auf die Bilanz auswirken. Sei es durch ein positives Image oder dadurch, dass sich die Kundenbindung stärkt, dass sich durch einen geringeren Ressourcenverbrauch die Kosten reduzieren oder dass bessere Arbeitsbedingungen die Mitarbeiterinnen produktiver machen. Jede Maßnahme wird automatisch dahingehend geprüft, ob sie sich direkt oder indirekt positiv auf die Bilanz auswirkt. Kein Wirtschaftsunternehmen, das im kapitalistischen Wettbewerb bestehen will, kann es sich normalerweise leisten, dauerhaft gesellschaftliche Interessen über die eigenen Wirtschaftsinteressen zu stellen.

Die globale Wirtschaft dauerhaft zum Positiven verändern

Das wirft nicht nur aus gesellschaftlicher Sicht Probleme auf. Es ist auch für mich als Gründer und Geschäftsführer ein echtes Dilemma. Wenn es hart auf hart kommt, muss ich ausschließlich im Sinne meines Unternehmens handeln. Zweitrangige Ziele wie zum Beispiel die Umsetzung einer Strategie zur Corporate Social Responsibility kann ich mir im Zweifelsfall nicht mehr leisten, wenn ich im Wettbewerb bestehen möchte. Ein Unternehmen kann sich nur dann für eine nachhaltige Supply Chain entscheiden, wenn die Kundinnen bereit sind, die Mehrkosten zu tragen. Gibt es eine Nachfrage nach einer günstigeren Alternative, wird es auch immer Anbieterinnen geben, die diesen Billigmarkt bedienen.

Die B Corp-Bewegung möchte dieser Entwicklung etwas entgegensetzen. 2012 in den USA gegründet, verfolgt sie das visionäre Ziel, die globale Wirtschaft dauerhaft zum Positiven hin zu verändern. Unter dem Slogan „Using Business as a Force for Good“ agieren mittlerweile über 3.300 Unternehmen weltweit nach den Prinzipien der sogenannten B Corporations.

Die Grundidee ist simpel. Anstatt den Shareholder Value als ultimatives Erfolgskriterium für Unternehmen zu definieren, ist das oberste Ziel der B Corps die Verbesserung des Stakeholder Value. Stakeholder sind in diesem Fall alle Interessensgruppen, die in irgendeiner Form Berührungspunkte mit der Organisation haben. Das sind in erster Linie natürlich die Mitarbeiterinnen und Kundinnen. Aber auch das direkte ökologische und ökonomische Umfeld und die Zulieferinnen werden berücksichtigt. Und nicht zuletzt natürlich auch die Shareholder.

Getrieben von ganz individuellen Motivationen und Entscheidungen

Allein die Tatsache, dass viele verschiedene Interessengruppen betrachtet werden müssen, lässt die Komplexität erahnen, die entsteht, wenn man den Erfolg von Unternehmen nach

B Corp-Maßstäben bewerten möchte. Reicht es üblicherweise, sich ein paar wenige Kennzahlen zum Umsatz, zu den Kosten und zum Wachstum anzusehen, muss man sich im Hinblick auf den Stakeholder Value noch mit ganz anderen Fragen beschäftigen. Wie ist die Energiebilanz? Welches Mitspracherecht haben die Mitarbeiterinnen? Wie werden Gewinne reinvestiert? Wo kommen die benötigten Rohstoffe her? Und so weiter.

Nun kann man natürlich zu Recht argumentieren, dass viele Unternehmen sich auch jetzt schon mit solchen Fragen beschäftigen. Aber sie tun es in der Regel nicht systematisch, sondern getrieben von ganz individuellen Motivationen und Entscheidungen der Verantwortlichen. Wenn eine Geschäftsführerin beschließt, nur nachhaltige Energiequellen zu nutzen und die Mitarbeiterinnen an allen strategischen Entscheidungen zu beteiligen, dann ist das aus Stakeholder-Sicht eine positive Sache. Aber sobald das Unternehmen in wirtschaftliche Schwierigkeiten gerät und die Geschäftsführung ausgewechselt wird, können diese Maßnahmen wieder gekippt werden.

Unternehmen geraten in die Krise, wenn sie nicht mehr ausreichend Mehrwert liefern

Menschen neigen dazu, in Krisensituationen das große Ganze aus den Augen zu verlieren, die Zügel wieder fester in die Hand zu nehmen, den Blick stärker nach innen zu richten und gesellschaftliche Kollateralschäden auszublenden. Im großen Maßstab kann man diese Entwicklungen aktuell auf der politischen Bühne beobachten. Mit Eintritt der Corona-Krise begannen viele Staaten, sich wieder in erster Linie auf sich selbst zu konzentrieren: Wichtige Kooperationen wurden eingestellt. Langfristige Konzepte auf Eis gelegt. Anstatt die Krise zu nutzen, um die Weichen für eine lebenswerte Zukunft neu zu stellen, wurden zahlreiche Ad-hoc-Maßnahmen mit kurzfristigen Auswirkungen umgesetzt und ausschließlich auf Sicht gesteuert. Das ist eine völlig nachvollziehbare Verhaltensweise, die man den politischen Akteuren nicht zum Vorwurf machen kann. Und wenn es auf politischer Ebene so läuft, warum sollte es auf wirtschaftlicher Ebene anders sein?

Wenn es einem Unternehmen wirtschaftlich schlecht geht, greifen automatisch die gleichen Mechanismen. Es ist anzunehmen, dass Unternehmen genau dann in die Krise geraten, wenn sie für eine oder mehrere Interessensgruppen nicht mehr ausreichend Mehrwert liefern. Wenn sie keine attraktiven Produkte oder Dienstleistungen liefern, dann wenden sich die Kundinnen ab. Wenn sie keine ansprechenden Arbeitsbedingungen bieten, verlieren sie die Mitarbeiterinnen. Wenn sie gegen gesellschaftliche Anforderungen verstoßen, erleiden sie einen Imageverlust oder müssen mit Sanktionen rechnen.

Interessen der Stakeholder ins Licht rücken

Und trotzdem treten in solchen Situationen klassischerweise zuallererst die Interessen der Shareholder in den Vordergrund. Alle anderen berechtigten Interessen werden ausgeblendet. Oberstes Ziel ist es, um jeden Preis zu überleben. Koste es, was es wolle. Auch wenn es zu Lasten der Interessensgruppen Mitarbeiterinnen, Umwelt, Gesellschaft geht. Die Kundinnen sind davon selten betroffen, weil der Leitsatz von der Kundin als Königin tief in der kapitalistisch geprägten DNA verwurzelt ist.

Ich bin der Überzeugung, dass wir umdenken müssen. Wenn wir eine nachhaltige, zukunftsfähige Wirtschaft und Gesellschaft haben wollen, dann dürfen die Shareholder-Interessen nicht mehr länger das alleinige Maß aller Dinge sein. Wir müssen stattdessen dringend die Interessen der Stakeholder ins Licht rücken.

Der Zweck von Organisationen war es von jeher, einen Rahmen zu bilden, in dem Menschen gemeinsam auf ein Ziel hinarbeiten können, das ein Einzelner allein nicht erreichen kann. Wenn dieses Ziel jedoch nicht allen Stakeholdern dient und schlimmstenfalls nur zu Lasten einzelner Interessengruppen erreicht werden kann, dann ist es nicht wert, ums unbedingte Überleben solcher Unternehmen zu kämpfen. Stattdessen sollten wir uns auf das Überleben unserer Gesellschaft, unserer Umwelt und unseres friedlichen Zusammenlebens fokussieren. Wenn das bedeutet, dass einzelne Organisationen im Interesse aller Stakeholder Platz machen müssen für neue, innovative und nachhaltigere Ideen und Konzepte, dann ist das kein Verlust, sondern ein heilsamer Prozess.

Welche Rolle spielt dabei das B Corp-Zertifikat?

Über einen ausführlichen Fragenkatalog wird genau dieser Mehrwert für alle Stakeholder abgefragt und sichtbar gemacht. Ein Unternehmen muss nicht auf Anhieb alle Anforderungen zu 100 Prozent erfüllen. Dennoch ist die Schwelle für den Erhalt eines solchen Zertifikats hoch genug, dass man sich ernsthaft mit den verschiedenen Interessengruppen auseinandersetzen muss. Der große Gewinn ist dabei nicht das Zertifikat an sich, sondern der Prozess auf dem Weg dahin. Ein Unternehmen, welches sich regelmäßig selbst anhand der B Corp-Kriterien überprüft, wird ganz unabhängig von individuellen Entscheidungen dauerhaft eine positive Wirksamkeit entfalten.

Wie eingangs erwähnt, stehen die B Corp-Zertifikate dabei lediglich stellvertretend für verschiedene Herangehensweisen, wie man den Erfolg von Unternehmen neu definieren kann. Auch in Deutschland findet die Bewegung Anklang. Fast vierzig deutsche Unternehmen – neben den oben bereits genannten auch international bekannte Player wie einhorn oder Startnext – sind bereits B Corp-zertifiziert. Verena Pausder, Unternehmerin und Young Gobal Leader des Weltwirtschaftsforums, hat in ihrem Buch „Das neue Land" basierend auf der B Corp-Idee das Konzept einer nachhaltigen Gesellschaftsform entworfen. Sogenannte nGmbHs sollen unter anderem den kompletten CO2-Verbrauch kompensieren, die Mitarbeiterinnen zu mindestens 15 Prozent am Unternehmen beteiligen und ein festes Spendenvolumen vorweisen. Das sind genau die visionären Ansätze, die dazu beitragen können, den Stakeholder Value eines Unternehmens zu erhöhen.

Anstatt also zu fragen, wie wir Bestehendes ein bisschen besser machen können, müssen wir uns fragen, wo wir eigentlich hinwollen? Wie soll unsere Gesellschaft in zehn Jahren aussehen?

Welche Rolle soll die Wirtschaft dabei spielen und welche Maßnahmen führen dazu, dass jede Einzelne von uns aus gesellschaftlicher Sicht positiv wirksam werden kann? Um diese Fragen beantworten zu können, brauchen wir Weltmutführer, die sich auf den Weg dahin begeben.

Weltmarktführer der inkrementellen Innovation

Gut die Hälfte der Weltmarktführer stammen aus Deutschland. Sie gehören in ihrem jeweiligen Markt zu den Top drei weltweit oder sind gar die Nummer eins in Europa. Darüber könnten wir uns jetzt freuen, wenn wir nur auf die industriellen Märkte (also B2B) schauen würden. Beim Blick auf die Verbrauchermärkte (also B2C) sieht es nicht ganz so gut aus. Und auch im B2B-Bereich können wir uns nicht auf den Lorbeeren ausruhen!

Denn sind deutsche Unternehmen bei Innovationen Spitzenreiter, geht es meist um inkrementelle Innovationen. Also Innovationen, die sich auf die Verbesserung von bestehenden Produkten und Dienstleistungen oder auf die Kostenreduzierung konzentrieren. Es geht also um die Erneuerung, auch von einzelnen Geschäftsprozessen. Bei disruptiven Innovationen, die für bestehende Industrien und Märkte gravierende Änderungen haben, weil sie Marktregeln und Nutzerverhalten komplett verändern oder sogar völlig neue Angebote schaffen, tun sich deutsche Unternehmen hingegen sehr schwer (siehe Kapitel 2 „Bitte aufwachen: Disruption ist überall!“).

Markt, Schmerzpunkte und Nutzerbedürfnisse anschauen

Weil sich Märkte radikal verändern und ambitionierte Startups, Newcomer sowie die großen Digitalplayer alles hinterfragen und erneuern, müssen deutsche Unternehmen nicht nur ihr Kerngeschäft transformieren, sondern auch disruptive Innovationen und neue digitale Geschäftsmodelle anstoßen – besser noch, ganz neue Wachstumsfelder und Märkte erschließen. Eine große Hürde dabei ist neben der deutschen Bewahrermentalität (siehe Kapitel „Überwindet das Bewahrertum“) die Ingenieurskunst in Deutschland. Das Ingenieursdenken nämlich verhindert meistens, dass Unternehmen aus der inkrementellen Innovation herausgehen und eigene Produkte und Dienstleistungen komplett neu denken oder ersetzen. Ingenieurinnen sind getrieben vom Wunsch nach Perfektion und Sicherheit und bleiben häufig über Jahre hinweg „nur“ Expertinnen ihres Faches. Weil sie das, woran sie arbeiten, in der Regel immer nur ein Stückchen besser machen wollen, sind Unternehmen meist nur in der Lage, inkrementell zu innovieren.

Einen Vorwurf kann man Ingenieurinnen hier gar nicht machen. Sie sind aufgrund ihrer Arbeitsweise meist gar nicht in der Lage, sich mit komplett neuen Märkten, Kundenbedürfnissen und Geschäftsmodellen auseinanderzusetzen. Statt sich Markt, Schmerzpunkte und Nutzerbedürfnisse anzuschauen, richten sie ihren Blick nur nach innen und sind meist im langen und bekannten Tunnel unterwegs: sie denken langfristig, fokussieren sich auf die Perfektion, konzentrieren sich auf Pflichten- und Lastenhefte, berücksichtigen dabei gesetzliche Vorgaben sowie die Assets vom eigenen Unternehmen und gehen in der Regel auch keine Risiken bei der Produktentwicklung ein.

Von VUKA zu VUKASP

Von diesem Mindset und Vorgehen aber müssen sich Unternehmen frei machen. Denn bei der digitalen Transformation ist vor allem Schnelligkeit wichtig: Neue Ideen, Services und Produkte, die weder perfekt aussehen noch perfekt funktionieren, werden direkt am Markt getestet, um zügig Erfahrungen und Daten zu sammeln. Wer jedoch erst einmal abwartet, was die Konkurrenz macht, um dann das System zu adaptieren und zu verbessern, kann schneller vom Markt sein, als er Digitalisierung schreiben kann. Und auch die Marke „Made in Germany“ hilft dabei nicht – auch wenn sie noch immer signalisiert, dass deutsche Produkte Spitzentechnologie sind und eine überdurchschnittlich hohe Qualität haben. Es braucht vielmehr Mut, Innovationskraft und den Willen, sich von bestehenden Strukturen zu lösen – inklusive der vollen Rückendeckung aus der Chefinnenetage. Vom Weltmarktführer zum Weltmutführer lautet die Devise!

Ein „gutes“ Negativbeispiel ist hier die deutsche Automobilindustrie: Ein heutiger Neuwagen wurde, wie im vorherigen Kapitel „Tesla versus Automobilindustrie“ bereits beschrieben, vor etwa sieben Jahren entwickelt. Das aber passt nicht zu dem Tempo, mit dem sich Märkte, Nutzerverhalten und -bedürfnisse verändern. Denn die Marktveränderungen, der technologische Fortschritt, der Klimawandel, die Globalisierung sowie der Wertewandel machen unsere Welt komplexer und schneller, was zu immer häufigeren Richtungswechseln führt. Wir befinden uns mitten in der VUKA-Welt, die mit den Merkmalen Volatilität, Unsicherheit, Komplexität und Ambiguität für die moderne Zeit steht. Weil der Markt sich aber immer schneller verändert und Organisationen es ihm gleichtun müssen, verändert sich die VUKA-Welt zur VUKASP-Welt. Dabei steht das S für Speed und das P für People. Die einzelne Mitarbeiterin ist der Erfolgsfaktor für den Wandel. Sie muss den „Need for Change“ sehen und sich intrinsisch motiviert und schnell anpassen (siehe Kapitel „Mensch first, Technology second“).

Wer erfolgreich agieren möchte, muss experimentieren

Die rasante Geschwindigkeit des technologischen Fortschritts bringt viel Unbeständigkeit mit sich. Wird es für Unternehmen instabiler und unberechenbarer, müssen sie über die Fähigkeit verfügen, jederzeit schnell und flexibel auf Veränderungen reagieren zu können. Hilfreich sind hier viele kleine Schritte, wie es beispielsweise Klöckner, Tesla, Thermondo, Airbnb, Netflix oder Amazon getan haben. Sie haben nämlich ihr Unternehmen, ihre Produkte und Services kontinuierlich an die sich verändernden Marktgegebenheiten angepasst. Denn globale Strukturen und Abhängigkeiten sorgen für sehr komplexe und vielschichtige Sachverhalte und Systeme. Wer hier erfolgreich agieren möchte, muss experimentieren: Welcher Schritt löst welche Reaktionen aus? Welche Impulse sind notwendig, um das System in die gewünschte Richtung zu bringen? Denn nichts ist so beständig wie die Veränderung – eine Redewendung, die man schon seit Jahrzehnten kennt, aber nie war der Wandel so schnell, Veränderungen so unvorhersehbar wie heute. Verunsichert werden Unternehmen dabei von den Widersprüchlichkeiten und alternativen Fakten, die das Treffen von Entscheidungen enorm erschweren. Das aber wird sich vermutlich nicht mehr ändern, damit werden wir alle lernen müssen, umzugehen.

Sollen komplette Geschäftsmodelle und -abläufe eines Unternehmens digitalisiert werden, greift das tief in sämtliche Prozesse des Unternehmens ein. Die deutsche Ingenieurskunst ist dabei enorm wichtig und wird auch weiterhin wichtiger Bestandteil in der DNA deutscher Unternehmen sein. Dennoch darf sie nicht als Bremse fungieren. Das heißt, deutsche Unternehmen brauchen ein neues Mindset, was neben dem der Ingenieurinnen funktioniert: Schnelligkeit vor Kontrolle, radikale Nutzerzentrierung, Design Thinking, Fake it until you make it, Prototyping, Build-Measure-Learn – alles, was Start-ups aus den USA bereits sehr lange praktizieren und was von Newcomern in Deutschland mittlerweile ebenfalls beherzigt wird.

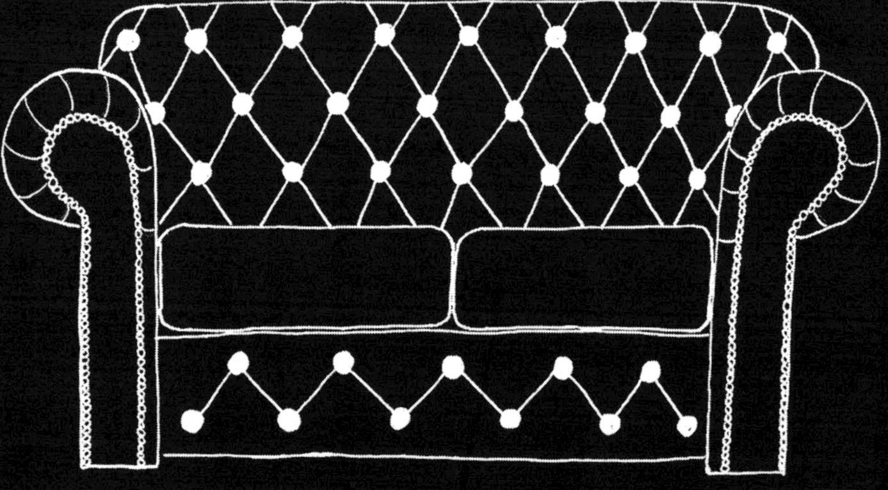

Legt eure Saturiertheit ab!

Die letzten zehn Jahre in Deutschland waren geprägt von Wachstum und Vollbeschäftigung. Der öffentliche Gesamthaushalt erzielte laut Statistischem Bundesamt 2019 einen Überschuss von 45,2 Milliarden Euro. Selbstverständlich haben viele Branchen durch die Pandemie enorm gelitten und werden auch nachhaltig mit Einbußen zu kämpfen haben. Dennoch zeigt der Blick auf die aktuelle Wirtschaftslage, wie schnell sich die Wirtschaft nach der Corona-Pandemie erholt hat. Deutschland als Nation steht gut da, auch nach der ersten Corona-Welle.

Sieht man sich in Deutschland um, schaut man in sehr viele satte und zufriedene Gesichter – viele haben sich sehr bequem eingerichtet. Dabei brauchen wir mehr denn je in Deutschland und Europa Impulsgeberinnen, mutige Erfinderinnen und Pionierinnen. Mit dieser Meinung stehe ich nicht allein da. So sagte BDI-Präsident Dieter Kempf bei unserer ChangeRider-Fahrt 2018: „Wir sind in Deutschland eine alternde und saturierte Gesellschaft. Die Chance, dass nahezu revolutionäre Impulse aus so einer Gesellschaft kommen, ist eher gering." Denn das Volk der Entdeckerinnen bleibt lieber zu Hause und sonnt sich im Wohlstand. Eine gefährliche Haltung, denn nicht alle lehnen sich so entspannt zurück: Die Chinesinnen beispielsweise investieren – und zwar weltweit. Mit ihren neuen Innovationen und dem massiven Erwerb von Immobilien machen sie die neue Seidenstraße ganz nebenbei zum größten Infrastrukturprojekt in Europa.

Als Begründung, warum wir den Chinesinnen hinterherhinken, nennen viele deutsche Unternehmen die Investitionsmilliarden, die die chinesische Regierung zur Verfügung stellt

– und die in Deutschland fehlen. Da muss man sich allerdings zwangsläufig fragen, was Unternehmen wie Volkswagen mit den zwölf Milliarden Euro Gewinn aus 2019 gemacht haben? Ferner ist fraglich, ob es wirklich die Aufgabe des Staates sein sollte, Unternehmen die Digitalisierung zu finanzieren? Stattdessen sollte die deutsche Wirtschaft raus aus ihrer Komfortzone, weniger jammern und ihre Erwartungen an den Staat herunterschrauben.

Andere Nationen ziehen erfolgreich vorbei

Im Weg steht uns vor allem auch unsere Bedenkenträger-Haltung. Will jemand etwas Neuartiges bewegen, wird schnell der Ruf laut: Das geht nicht. Das darfst du nicht. Das funktioniert nicht. 1977 dachte die deutsche Bundesregierung zum Beispiel ernsthaft darüber nach, „gefährliche Rollbretter" aufgrund eines zu hohen Unfallrisikos zu verbieten. Heute sind Skateboards aus unserem Alltag nicht mehr wegzudenken. Dass sich nicht viel geändert hat, zeigt die Diskussion um die Einführung der E-Scooter: Sie sind zu schnell und daher zu unsicher und gefährlich. Natürlich ist es wichtig, Innovationen auf ihre Sicherheit hin zu überprüfen. Doch ausbremsen sollten uns Bedenken und Diskussionen nicht. Denn während wir noch bei den „Was wäre wenn"-Fragen sind, ziehen andere Nationen erfolgreich an uns vorbei.

Ich weiß, was Saturiertheit heißt. Ich komme sowohl väterlicher- als auch mütterlicherseits aus erfolgreichen Unternehmerfamilien. Meine Kindheit war geprägt durch viele Chancen und kaum Entbehrungen, was eben auch eine gewisse Saturiertheit förderte. Spätestens als Familienvater aber fing ich an, mich intensiver mit meinem Umfeld zu beschäftigen: Wie und wen können wir als Familie unterstützen? Welche Spenden sind nachhaltig sinnvoll? Welchen Beitrag kann ich leisten, damit ich meinen Kindern eine lebenswerte Welt übergebe? Wie verhalten wir uns als Familie klimaneutral? Und als Unternehmer fragte ich mich: Was für ein Unternehmer möchte ich sein? Wie verändert sich der Markt? Wie muss ich mich bewegen, um dort langfristig aktiv und erfolgreich bleiben zu können? Vor allem aber war mir früh bewusst, dass heutige Erfolge keine Garantie für die Zukunft sind.

Der Schlüssel zu langfristigem Erfolg ist ein Mindset-Wandel in Wirtschaft, Gesellschaft und Politik

Umso erstaunter war und bin ich noch immer, wenn ich mit Unternehmerinnen über die Chancen und Risiken der Digitalisierung spreche. Denn oft höre ich als Argument dafür, dass sie sich noch nicht intensiv mit der Digitalisierung beschäftigen, dass sie immer noch übervolle Auftragsbücher und hervorragende Bilanzen vorzuweisen haben. Und treten Krisen wie die Corona-Pandemie auf, können Kosten reduziert werden. Diese bremsende Zufriedenheit wird einigen Unternehmen in absehbarer Zukunft jedoch ihr Geschäft kosten. Denn die Veränderungen schlagen mit einem noch nie da gewesenen Tempo in den Märkten auf. Beispiele aus der Vergangenheit zeigen, wie etablierte Unternehmen ins Straucheln geraten und untergehen können: Im Jahr 2000 war Siemens der führende Hersteller von Telekommunikationsgeräten. Mit der Com-Sparte machte Siemens im erfolgreichsten Jahr 2005 13 Milliarden Euro Umsatz. Doch ein Jahr später war die Com-Sparte von Siemens am Ende, wurde zerschlagen und an Nokia verkauft, nachdem der finnische Konzern selbst kurz zuvor einen Prototyp für ein neues Smartphone entwickelt hatte – mit Touchscreen und eigenen Apps. Nokia hatte die Zukunft schon längst parat,

Jahre bevor Apple mit dem iPhone um die Ecke kam. Aber der Konzern hatte damals bei Handys einen Weltmarktanteil von einem Drittel – und damit keinen Grund sich zu ändern. Und Kodak entwickelte bereits Mitte der 1970er-Jahre die digitale Kamera, setzte aber viel zu spät auf die neue Technologie. Quelle schlitterte trotz der modernsten Paketfabrik in die Pleite, weil die Geschäftsführung das Start-up Amazon mit seiner Verkaufsstrategie nicht richtig einzuschätzen wusste. Und das Traditionsunternehmen Kettler verschlief den Fitness-Trend, veränderte sein Geschäftsmodell nicht und musste 2019 nach erneuter Insolvenz alle Werke weltweit schließen.

Oder aktuell die saturierte Automobilindustrie (siehe Kapitel „Tesla versus saturierte deutsche Automobilriesen): Die deutsche Automobilindustrie verzichtet wegen Corona auf Investitionen in wichtige Zukunftstechnologien wie beispielsweise das autonome Fahren. Es fehle außerdem das nötige 5G-Netz, argumentiert die Branche. Doch in Wahrheit soll das nur den technologischen Rückstand kaschieren gegenüber Angreifern wie etwa Googles Schwesterfirma Waymo, die nun in der US-Stadt Phoenix einen Robotaxi-Dienst ohne Sicherheitsfahrer gestartet haben. Der Service hilft vor allem in der Corona-Krise, um Fahrer und Gäste zu schützen.

Ob Daimler, BWM oder VW, alle machten 2019 enorme Umsätze und fuhren satte Gewinne ein – sind also hochprofitabel am Markt. Umso mehr müssten sich diese Big Player in neue Geschäftsmodelle und -felder stürzen, die mit ihrem Kerngeschäft nicht viel zu tun haben. Denn der Schlüssel zu weiterem Unternehmenswachstum, neuen Zielgruppen und neuen Umsätzen liegt vor allem in der Entwicklung neuer digitaler Geschäftsmodelle – und das ist langfristig entscheidend, um am Markt in einer Spitzenposition bestehen zu können. Diese Gefahr wurde von den meisten Unternehmen jedoch kaum gesehen, da der Druck nicht vorhanden war – zumindest vor Corona. In Krisenzeiten die Kostenschraube stark anzuziehen, ist allerdings nicht nachhaltig. Denn die neuen Geschäftsmodelle kommen, wie die Erfolgsstory Tesla zeigt.

Dafür aber müssen sie ihr Mindset ändern: Mutig sein und Wege gehen, die unbekannt sind. Den Kontrollzwang und die Perfektion ablegen, um Produkte und Dienstleistungen, die eben noch nicht perfekt und fertig sind, schneller am Markt testen und ausprobieren zu können. Und vor allem bestehende, bislang gut funktionierende Produkte hinterfragen und von der Nutzerseite aus denken. Denn im Wandel ist der Mensch wichtiger als die Technologie.

Forschungsinvestitionen müssen steigen

Um trotz des Technologiewettrennens zwischen den USA und China mit unseren Werten bestehen zu können, müssen wir uns zu einem starken Europa zusammenschließen. Dazu gehört, unser Bildungswesen zu revolutionieren, die Arbeitswelt der Zukunft erlebbar zu machen sowie die Politik aufzufordern, schneller zu werden. Ein Blick auf die Arbeitsweise von Start-ups ist daher nicht nur für Privatunternehmen sinnvoll, sondern auch für Staatsbetriebe unerlässlich. Dass der Paukenschlag kommt und ein Wegschauen langfristig nicht funktioniert, beweisen Bewegungen wie Fridays for Future, die viele Unternehmer- und Politikerinnen aufrüttelte und zeigte, dass ein Umdenken erforderlich ist.

Die Investition in Forschung ist daher einer der wichtigsten Schritte. Doch während die deutsche Bundesregierung in die künstliche Intelligenz bis 2025 gerade einmal drei Milliarden Euro investieren will, beschlossen zumindest die

EU-Kommission und der -Rat, bis 2020 rund 20 Milliarden Euro einzusetzen. Leider lässt sich nicht darüber streiten, wie gut in Deutschland derzeit investiert wird: Volkswagen beispielsweise hatte vor fünf Jahren noch das höchste Forschungs- und Entwicklungsbudget (F&E) der Welt. Die Frage ist aber, in welche Bereiche investierte der Konzern? Beantwortet man diese Frage ketzerisch, würde man sagen: Neben neuen Diesel- und Benzinfahrzeugen vor allem in Spaltmaß und Reduzierung des durchschnittlichen Dieselverbrauchs von 5,2 l/100 km auf 4,9 l/100 km. Nachhaltiger wäre es gewesen, in neue digitale, disruptive Geschäftsmodelle und richtungsweisende Innovationen zu investieren. Wäre das Geld bereits damals in hohem Maße und auf Basis radikaler Nutzerzentrierung in Themen wie E-Mobility, autonomes Fahren, innovative Mobilitäts- oder Shared Economy-Konzepte geflossen, würde der Konzern heute (noch) besser dastehen. Mindestens aber hätte sich VW die „Schummelsoftware", um Innovationen vorzutäuschen, sparen können.

Hoffnung gibt mir allerdings der aktuell amtierende VW-CEO Diess, der den Konzern wie kaum ein anderer vor ihm in Sachen Mindset, Softwaredenken und Nutzerzentrierung mutig transformiert. Er ist auch der einzige Deutsche OEM CEO, der anerkennend auf die bisherige Arbeit und die Erfolge von Tesla schaut und diese auch als positiv bewertet. Als er im Sommer 2020 mit Elon Musk zusammenkam, war sogar Demut zu spüren. Diess verkörpert für mich das Gegenteil des Hochmutgehabes vieler anderer CEOs. Er propagiert aktuell auch als nahezu einziger deutscher Automobil-CEO den Perspektivwechsel, wonach sich das Auto in eine rollende Internet-Plattform entwickeln wird, die navigieren, informieren, unterhalten und selbstständig fahren kann. Hinzu kommt sein Statement zur Elektromobilität: Volkswagen ist elektrisch oder gar nicht. Auf einer Führungskräftetagung Anfang 2020 sagte er: „Was uns fehlt, das sind vor allem Schnelligkeit und der Mut zu kraftvollem, wenn es sein muss, radikalem Umsteuern. Wir werden ein zusätzliches Aufholprogramm brauchen, um alles Potenzial zu mobilisieren. Der Sturm geht jetzt erst los." Besser kann man es kaum formulieren. Ich würde mir mehr Führungskräfte vom Schlag eines „Herbert Diess" in Deutschland wünschen!

Monetarisiert und skaliert wird außerhalb der EU

Weil wir uns auf „Made in Germany" nicht mehr ausruhen können, müssen wir uns stärker den Risiken öffnen – angefangen beim Risikokapital. Denn nur so haben wir eine Innovationschance. Die Praxis jedoch zeigt, dass Finanzierungen in Deutschland nur bis zu einer Höhe von 500.000 Euro realistisch sind. Alles, was darüber hinaus benötigt wird, ist schwierig. Folgen große Anschlussfinanzierungen in dreistelliger Millionenhöhe und mehr, werden diese häufig von Investoren aus den USA und immer öfter auch aus China getätigt. Dann aber wandert das Geschäftsmodell samt Team meist gleich ab. Das heißt, die Grundlagenforschung findet bei uns statt, monetarisiert und skaliert wird aber außerhalb der EU – Arbeitsplätze und Steuern inklusive.

Ob Privat- oder Staatsbetrieb, ob Mitarbeiterin oder Führungskraft, wir alle müssen in Deutschland und Europa risikobereiter werden. Das heißt nicht, dass man auf jeden fahrenden Zug aufspringen muss. Oftmals aber lohnt es sich, einfach mal einzusteigen. Und wenn man selbst keine innovativen Ideen hat, sollte man das eigene Umfeld motivieren, statt immer alles zu zerreden. Denn Gründe, warum etwas nicht funktionieren kann, gibt es immer. Damit wir aber mit dem weltweiten Wettbewerb mithalten können, brauchen wir Pionier- und innovative Erfinderinnen – auch weiterhin in Deutschland und Europa.

Dafür muss die Politik eine Interessensvertretung der europäischen Bürgerinnen in der Welt werden. Und Wirtschaft sowie Gesellschaft die Bildungsvoraussetzungen für die souveräne Teilhabe an der digitalisierten Welt schaffen. Deshalb sollten wir uns nicht damit zufriedengeben, unsere Moral hochzuhalten. Denn gleichzeitig verschieben andere die wirtschaftlichen, politischen und militärischen Achsen. Wer glaubt, das ginge uns nichts an, muss einfach nur nach China schauen.

R.I.P.
COVER
YOUR
ASS

Lasst uns die „Cover your Ass"-Mentalität beerdigen

Täglich predige ich auf meinen Social-Media-Kanälen, auf Konferenzen, in Blogs und persönlichen Gesprächen, dass wir in Deutschland mehr Mut für den notwendigen Wandel in Wirtschaft, Politik und Gesellschaft brauchen. Und auch wenn sich etwas bewegt, es fehlt an vielen Stellen Entschlossenheit. Die Unternehmen und Institutionen, die mit großer Passion und großem Mut voranschreiten, stellen nämlich noch immer die Ausnahme dar (siehe Kapitel „Mit Mut durch die Veränderung")!

Um den notwendigen Wandel aktiv gestalten zu können, müssen wir unsere Komfortzone verlassen und alles infrage stellen. Ein Grund, warum sich das in Deutschland so mühsam gestaltet, sind Entscheiderinnen an großen Schalthebeln, denen der Mut (bereits für Diskussionen!) fehlt. Denn wer neue Wege geht, kann scheitern. Wer scheitert, hat versagt. Und das ist in Deutschland ein Makel.

In Gesprächen mit CEOs über die Möglichkeiten der Digitalisierung in ihren Unternehmen bekomme ich oft zu hören: „Wir würden ja gern mit mehr Tempo die Digitalisierung angehen, leider fehlt uns das Personal dafür." Oder wahlweise: „Uns fehlen die finanziellen Mittel und die Zeit." Beziehungsweise: „An unserem ländlichen Standort fehlt die technische Infrastruktur. Ohne ausreichend Bandbreite und vernünftiges Internet brauchen wir mit der Transformation gar nicht erst zu starten." In meinen Augen alles müde Ausreden, um sich nicht bewegen zu müssen! Beerdigen wir die „Cover your Ass"-Mentalität, denn sie verhindert mutige und zukunftsgerichtete Entscheidungen, lässt Menschen in ihrer Saturiertheit und Nicht-Veränderungsbereitschaft verharren.

Absicherung, die gleichzeitig für Stillstand sorgt

Wir sind eine Nation, die darauf trainiert wird, keine Fehler zu machen – was bereits in der Schule beginnt. Hier wird Wissen generalstabsmäßig in nahezu gleicher Form seit weit mehr als 70 Jahren vermittelt: Kinder lernen nach dem Bulimie-Prinzip alles auswendig, um es anschließend im Test „auszukotzen“ und danach schnell wieder zu vergessen. Raum für Träume und Kreativität, für das Ausprobieren und den berühmten „Purpose“ sowie für das Risiko gibt es wenig bis gar nicht. Stattdessen lernen sie und wir, sich dem System unterzuordnen und auf keinen Fall den Kopf aus der Deckung zu nehmen. Was nicht nur in der Schule beginnt, sondern auch in der Ausbildung, an der Hochschule sowie bei der Arbeit gilt.

Es geht um Absicherung, die gleichzeitig für Stillstand sorgt. Und dieser führt geradewegs in die Drittklassigkeit. Denn die Welt verändert sich in einem noch nie da gewesenen Tempo. Wer nicht Schritt hält und aktiv gestaltet, wird nicht nur hinterherhinken, sondern auch verlieren! Daher brauchen wir dringend eine Diskussionskultur, um Themen ansprechen und mutig kommunizieren zu können. Dafür aber müssen wir jetzt unsere Konformität aufgeben und unsere Komfortzone verlassen.

„Cover your Ass“-Position verlassen

Mut machen die CEOs in Deutschland, die den digitalen Wandel in ihrem Unternehmen vorantreiben, die durch den

Schmerz gehen und einen nachhaltigen Blick auf ihre Unternehmenskultur, ihr Geschäftsmodell und ihr Mindset haben. Entscheiderinnen, die nicht auf ihren aktuellen Vertrag, ihre Bonus-Vereinbarung und die kurzfristigen KPIs schauen, sondern den langfristigen Fortbestand ihres Unternehmens im Blick haben.

Gisbert Rühl zum Beispiel verfügt über eine Anti-„Cover your Ass"-Mentalität. Er ging in der frühen Digitalisierungsphase von Klöckner durch einen großen Schmerz. Denn Mitarbeiterinnen, Kundinnen, Aufsichtsrat, Analystinnen und Presse gingen nicht zimperlich mit jedem Rückschritt um. Der Schmerz aber hat sich gelohnt. Das Unternehmen hat in einem sehr schwierigen Marktumfeld jetzt alle Optionen, langfristig als DER Gewinner hervorzugehen.

So agieren jedoch die wenigsten Entscheiderinnen, wie ein Telefonat mit dem CEO eines führenden Möbelherstellers (Umsatz: eine Milliarde Euro) zeigt. Auf die Frage nach seiner Digitalinitiative, den Schulungen der Mitarbeiterinnen, seinem Kulturwandel etc. entgegnete er, dass sie vor sechs Monaten den größten Wettbewerber aufgekauft hätten. Die Auftragsbücher wären langfristig voll und sie mit dem Abarbeiten mehr als beschäftigt. Zwar wären die von mir genannten Themen wichtig, aber kurz- bis mittelfristig für sie nicht umsetzbar. Somit läge der Fokus aktuell auf dem Kerngeschäft. Ich verließ meine „Cover your Ass"-Position und entgegnete, dass seine Reaktion ganz zu meinem Bild von unserer saturierten Gesellschaft mit ihren saturierten CEOs passen würde. Nach einer langen Gesprächspause entgegnete er, dass ich recht hätte und ihn bei einem persönlichen Treffen doch noch einmal aufrütteln sollte.

Kampf gegen Konventionen

Mut machen auf diesem Weg Anti-„Cover your Ass"-Geschichten wie beispielsweise die, die sich in einem Konzern mit über 10.000 Mitarbeiterinnen in Deutschland abgespielt hat. Bei einem Besuch in der Zentrale trug ich wie so häufig Sneakers, Jeans und Anti-Trump-T-Shirt. Im Gespräch mit einer Marketing-Mitarbeiterin des Unternehmens kam heraus, dass sie die lockere Kleiderordnung bei etventure sehr cool fände. Sie hingegen müsse leider immer dunkle Hosenanzüge tragen und würde sich in diesen sehr unwohl fühlen. Auf meine Frage, ob sie denn schon einmal mit ihrem (männlichen) Vorgesetzten über einen lockeren Dresscode am Arbeitsplatz gesprochen hätte, entgegnete sie, dass das in dieser konservativen Branche eh nichts bringen würde.

Wer mich kennt, weiß, dass das eine Haltung ist, die ich nur sehr schwer akzeptieren kann. Daher ermutigte ich sie, das Gespräch mit ihrem Chef zu suchen, um ihm ihre Position darzulegen und über das „Warum" zu sprechen. Drei Wochen später erhielt ich eine E-Mail der Mitarbeiterin, in der sie sich für meinen Rat bedankte und ein Selfie vom Arbeitsplatz mitschickte: sie trug ein rotes T-Shirt, einen Rock und Sneakers. Sie konnte sich mit ihrem Chef darauf einigen, dass sie lediglich bei Kundenterminen den konservativen Dresscode einhalten muss und sich ansonsten legerer kleiden darf. By the way: Die Mitarbeiterin hat nur sehr wenige Tage im Monat Kundenkontakt.

Nicht immer fällt es einfach, sich gegen Konventionen zu stellen. Der Chef hätte nicht verständnisvoll reagieren können. Was wäre dann die Lösung? Die Mitarbeiterin hätte das Aufbrechen des Dresscodes im Unternehmen vorantreiben und an Tagen ohne Kundenkontakt die Kleiderordnung aktiv brechen können. Denn das Unwohlsein am Arbeitsplatz kann und sollte keine Alternative sein! Hätte sie sich nicht getraut, eine solche „Revolution“ anzuführen, hätte sie mittelfristig den Job wechseln müssen und idealerweise das Thema aktiv in der Öffentlichkeit, bei Arbeitnehmervertretern etc. ansprechen sollen.

Mutige Politikerinnen als Vorbild

Einer der mutigsten Menschen der letzten Jahre ist für mich Angela Merkel. Durch ihre Aussage im Sommer 2015, mitten in der Flüchtlingskrise, bewies sie Mut: „Deutschland ist ein starkes Land. Das Motiv, mit dem wir an diese Dinge herangehen, muss sein: Wir haben so vieles geschafft, wir schaffen das!“ Ihr Signal an die Bevölkerung: Macht euch keine Sorgen, wir kriegen den Flüchtlingsstrom gemanaged. Ihr Signal an die Menschen an den Grenzen: Kommt zu uns, bei uns seid ihr sicher.

Ich finde diese Aussage in der damals turbulenten und sehr angespannten Zeit der humanitären Katastrophe und des Notstands sehr mutig und richtig! Und obwohl Merkel nach der Bundespressekonferenz am 31.12.2015 ihre Aussage mehrfach wiederholt hat, hat sie sie später, nach den massiven Wahlverlusten, leider als Fehler bezeichnet. Ausschlaggebend dafür waren unter anderem die fehlenden Kontrollen und strukturierten Registrierungen sowie die fehlende Unterscheidung nach Wirtschafts- und Kriegsflüchtlingen, und die fehlenden Schnellverfahren zu Bleibe- und Ausweisungsentscheidungen. Dieses unstrukturierte „Nicht-Handeln“ hat letztlich den Populismus in Deutschland rund um die AfD groß gemacht. Und trotz dieser sehr traurigen Entwicklung bleibe ich dabei: Die damalige Aussage von Angela Merkel war mehr als mutig und richtig!

Ähnlich bewerte ich Markus Söders Verhalten zu Beginn der Corona-Krise. Galt der CSU-Chef vor dieser Krise noch vielen als eiskalter Karrierist, wurde er aufgrund seines Corona-Managements bei den Deutschen immer beliebter – auch bei mir. Was genau ist passiert? Er hatte gleich zu Beginn der Corona-Pandemie den richtigen Instinkt für das, was gemacht werden muss. Bayern als Bundesland ging voran, die anderen folgten. So war es auch Söder, der als erster Ministerpräsident eines Flächenlandes Kitas und Schulen schloss – während andere Bundesländer noch diskutierten. Durch seine Anti-„Cover your Ass"-Mentalität entschied er im Ernstfall schnell und mutig das Richtige (siehe Kapitel „Mit Mut durch die Veränderung").

Ran an die Core Values

Wir alle legen Wert auf einen respektvollen Umgang miteinander. Wir alle wollen von Kolleginnen, Mitarbeiterinnen und Vorgesetzten gut behandelt und gehört werden. Wie oft passiert es dennoch, dass wir uns schlecht fühlen, weil uns jemand nicht gut behandelt hat. Wie oft lassen wir Druck, Emotionen und Unzuverlässigkeiten über uns ergehen, sprechen nicht offen darüber, stehen nicht für unsere Prinzipien und Einstellungen, die sogenannten Core Values, ein (siehe Kapitel „Lasst uns die ‚Cover your Ass'-Mentalität beerdigen"). Neben dem freundlichen Miteinander sind eine Diskussionskultur sowie transparente Entscheidungen enorm wichtig. Dazu gehört auch, Vorgesetzten durch Kritik überhaupt die Chance zu geben, an ihrem Führungsstil und ihren Entscheidungen arbeiten zu können. Und werden die schön an die Wand geschriebenen Core Values im Unternehmen nicht gelebt oder sogar verletzt, müssen Mitarbeiterinnen in die Offensive gehen und aktiv für sie einstehen!

Ich kann mich noch sehr gut an einen Conference Call in großer Runde mit meinen Kolleginnen aus HR und Management erinnern, bei dem ich auf einen nicht zufriedenstellend gelösten Sachverhalt sehr emotional reagierte. Nach dem Conference Call rief mich ein HR-Mitarbeiter an und teilte mir seine Gefühle mit: er war verletzt, fand mein Verhalten unangemessen und nicht unseren etventure-Core Values entsprechend. Ich entschuldigte mich für mein unangemessenes Verhalten und teilte das auch meinen Kolleginnen aus dem Management mit. Anschließend erläuterte ich dem Mitarbeiter – nun empathisch und ohne starke Emotionen – meine Kritik an der HR-Arbeit in diesem besonderen Fall. Wir zeigten sehr schnell Verständnis füreinander und ich konnte mein Vorgesetztenverhalten nach der Build-Measure-Learn-Methodik verbessern.

Der Schlüssel zur Veränderung ist Engagement

Der HR-Kollege hat mit seiner Anti-„Cover your Ass"-Mentalität nicht nur mir geholfen, sondern auch sich selbst und unserem Unternehmen – eine Win-win-win-Situation! Hätte es kein „Win" gegeben, weil ich nicht einsichtig gewesen wäre – hätte ich also unsere Core Values als CEO selbst nicht gelebt – wäre mein Unternehmen wohl für ihn und alle seine Kolleginnen ein schlechter Arbeitsplatz!

Der Schlüssel zur Veränderung ist Engagement. Dass (fast) alles möglich ist, zeigt Greta Thunberg: Sie startete ihren Protest ganz allein mit einem Plakat – aber mit einem klaren Plan. Und setzte so weltweit (!) eine Bewegung in Gang. Sie tat das Gegenteil von „Cover your Ass" und verließ ihre Komfortzone. Noch immer agiert sie empathisch, mutig und durchsetzungsstark, jeden Tag! Was Greta kann, kann jede Einzelne auch.

Ob CEOs, Sportler-, Influencer-, Experten- oder Meinungsmacherinnen, vielen geht es leider zu oft um ihre Absicherung, die aber gleichzeitig für Stillstand sorgt. Sie haben Angst vor dem Shitstorm, der möglicherweise auch auf sie einprasseln könnte. Sie sorgen sich, dass ihre Verträge nicht verlängert werden, Bücherkäufe einbrechen, Einschaltquoten zurückgehen oder die Followerinnen-Anzahl massiv sinkt.

Konformität aufgeben und Komfortzone verlassen

Die Welt verändert sich in einem noch nie da gewesenen Tempo. Das Konsumverhalten ändert sich durch das Internet rasant. Über Social Media verbreiten sich Fake News rasend schnell. Covid-19 versetzte die Welt von heute auf morgen in Schockstarre. Die Digitalisierung und Disruption ist allgegenwärtig. Und psychopathisch anmutende Menschen wie Donald Trump bewegen sich an den Stellhebeln der Macht – um nur ein paar „welterschütternde" Beispiele zu nennen. Wer hier nicht Schritt hält, den Wandel aktiv gestaltet und sich gegen Egoistinnen, Aggressorinnen und „Fake News-Spreader" mutig zur Wehr setzt, wird verlieren!

Daher brauchen wir dringend eine Diskussionskultur, um unangenehme Themen ansprechen und offen kommunizieren zu können. Denn das ist die Basis dafür, den Wandel unter den Aspekten zu gestalten, die uns wichtig sind – im Kontext unserer Werte. Dafür müssen wir unsere Konformität aufgeben und unsere Komfortzone verlassen, wir müssen aufstehen und handeln. Persönlichkeiten aus Wirtschaft und Gesellschaft müssen ihre Vorbildfunktion ausüben und sich – um ein aktuelles Beispiel zu nennen – den Verschwörungstheoretikern und Corona-Leugnerinnen mutig und faktenbasiert entgegenstellen. Sie müssen ihnen zeigen, dass sie mit ihrem Hass und ihren Verschwörungs-theorien in Wahrheit eine kleine Minderheit sind.

404
Page not found

Scheitern gehört dazu

Jede Unternehmer-, Geschäftsführer-, Manager- oder Mitarbeiterin kann scheitern, ihre Jahresziele nicht erreichen, Innovations- und Transformationsziele verfehlen. Die Furcht davor ist hierzulande nur so stark, dass sie viele Führungskräfte und Gründerinnen ausbremst. Dabei entpuppen sich Fehlschläge oft als wertvolle Erfahrungen. Start-ups beispielsweise feiern ihre Misserfolge daher in Fuck-up Nights. Und Unternehmen wie Otto oder Kloeckner machen es ihnen mittlerweile nach. So lud Gisbert Rühl, CEO von Klöckner, einige seiner Führungskräfte zu einer Fuck-up Night außerhalb des Konzerns ein, um mit zwei externen Gästinnen in entspannter und offener Atmosphäre von eigenen Fehlern zu erzählen. Das Ziel: Zeigen, wie man aus Fehlern lernen und sich weiterentwickeln kann. Und Rühl hatte was zu erzählen. Er nämlich scheiterte grandios mit seinem ersten Webshop (siehe Kapitel „Klöckner versus Stahlbranche"). Und weil die erste Fuck-up Night ein großer Erfolg war, hat er das Format kurzerhand als regelmäßige Veranstaltung im Konzern etabliert.

Trotzdem ist das Scheitern in Deutschland nicht salonfähig. Gerade hierzulande (und insbesondere in Traditionsunternehmen) herrscht noch immer ein sehr großes Sicherheitsbedürfnis. Wer einmal gescheitert ist oder gar einen Insolvenzantrag gestellt hat, ist in Deutschland als Unternehmer-, Gründer- oder Managerin verbrannt. In den USA hingegen sind Misserfolge ein Gütekriterium für unternehmerisches Handeln. Daher erhalten oftmals nur Gründerinnen Venture Capital, wenn sie bereits aus negativen Erfahrungen gelernt haben. Ich würde mir in Deutschland bei diesem Thema weniger Selbstgefälligkeit und mehr amerikanisches Mindset wünschen. Für die Amerikanerinnen nämlich gibt es kein Scheitern, sondern nur Lernerfahrungen. Bei uns hingegen schauen viele anmaßend auf Scheitergeschichten. Ein gutes Beispiel ist hier die Berichterstattung über Tesla-Fahrzeuge, die aus unterschiedlichen Gründen brannten. Da liest man dann am nächsten Tag polemische Schlagzeilen wie: „Tesla-Fahrt endet mit Inferno" und „Ausgebrannter Tesla in Österreich wird zum hochgefährlichen Sondermüll". Natürlich ist es eine News, wenn ein Auto ausbrennt. Doch hier ist die Freude groß, dass der Disruptor Tesla vermeintlich gescheitert ist und doch irgendwie nur „Müll" vom Fließband in den USA kommt.

Der Drang nach Perfektion ist so tief in der DNA des deutschen Unternehmertums verankert, dass es wenig Sinn macht, das ändern zu wollen. Dennoch erfordern Innovationen auch immer eine gewisse Risikobereitschaft. Mit den richtigen Maßnahmen können Unternehmen daher Mut beweisen, ohne ihr funktionierendes Geschäft aufs Spiel zu setzen. Wer aber in der „Cover your Ass"-Mentalität gefangen ist, verhindert mutige zukunftsgerichtete Entscheidungen (siehe Kapitel „Lasst uns die „Cover your ass"-Mentalität beerdigen"). Die aber brauchen wir in Deutschland, um die Digitalisierung mit Ideen und Innovationen vorantreiben zu können.

Geschützter Raum für Fehler

Natürlich gehen Unternehmen große Risiken ein, wenn sie an neuen, disruptiven Geschäftsmodellen oder innovativen Produkten arbeiten. Um ihr Kerngeschäft nicht zu gefährden, sollten sie deshalb einen Raum schaffen, in dem Fehler ganz bewusst erlaubt sind. Zahlreiche Erfolgsgeschichten wie die von kloeckner.i (siehe Kapitel „Klöckner versus Stahlbranche") zeigen, dass „geschützte" Räume gerade bei Digitalisierungsprojekten zum entscheidenden Erfolgsfaktor werden kann.

Die Grundlage dafür ist eine von der Kernorganisation losgelöste Einheit wie eine Digital oder Innovation Unit, in der mit Innovationsmethoden wie Design Thinking und Lean Start-up gearbeitet wird: Ganz im Sinne des agilen Projektmanagements werden kreative Ideen und Prototypen getestet, erste Pilotprojekte umgesetzt und Feedback direkt vom Kunden eingeholt. Hier ist nicht Perfektion gefragt, sondern die schnelle Umsetzung von Innovationen und ihre Weiterentwicklung nah an der Kundin und ihren Bedürfnissen. So wird im „geschützten Raum" bereits innerhalb weniger Wochen festgestellt, welche Produkte am Markt bestehen können.

Und auch wenn neun von zehn Ideen scheitern, sie scheitern nach wenigen Tagen oder Wochen, bevor enormer Ressourcenaufwand betrieben wurde. Wichtig dabei ist: Das Scheitern gefährdet nicht das Kerngeschäft, denn es wird als Chance wahrgenommen, aus Fehlern zu lernen. Und es wird nur das in die Kernorganisation übernommen, was auch validiert und marktfähig ist. Denn im Kerngeschäft ist weiterhin Perfektion gefordert.

„Fail often, fail fast, fail cheap" – Mantra erfolgreicher Start-ups

Viele traditionelle Unternehmen und Großkonzerne arbeiten noch immer nach groß angelegten Drei- oder Fünf-Jahresplänen. Oft werden deshalb zweistellige Millionenbeträge in die Entwicklung vermeintlich perfekter Produkte oder den Aufbau von Plattformen oder Start-ups gepumpt. Ganze Abteilungen arbeiten mit Beraterinnen über Monate oder gar Jahre an Projekten, die jedoch nie in realen Szenarien getestet werden. Kann das Projekt anschließend nicht am Markt bestehen, weder Umsatz noch relevante Daten oder einen positiven Effekt auf die

Gewinn- und Verlustrechnung bringen, ist die Enttäuschung groß. Um diesen Worst Case zu vermeiden, sollten Unternehmen Projekte bereits in einer sehr frühen Phase überprüfen – und gegebenenfalls auch scheitern lassen.

Agile Arbeitsmethoden helfen dabei, in kurzen Zyklen zu denken sowie innerhalb weniger Wochen erste Ergebnisse oder Prototypen zu testen. Sind diese erfolgreich und optimierbar, wird das Projekt weiterverfolgt, andernfalls sofort abgebrochen. Wichtig: Die Daten so validieren zu können, dass auf dieser Grundlage schnell Entscheidungen getroffen werden können. „Fail often, fail fast, fail cheap", das Mantra erfolgreicher Start-ups, hilft dabei, den finanziellen und personellen Ressourcenaufwand auf ein Minimum zu reduzieren, weil nur die Projekte weiterverfolgt werden, die auch wirklich Sinn machen.

Distanz und Daten statt Bauchgefühl

Erfolgreiche Unternehmer- und Managerinnen werden oft angetrieben von einer großen Leidenschaft und Macher-Mentalität. Sie brennen für ihre Idee und glauben fest daran, dass sie erfolgreich werden kann. Das ist auch gut so, denn nur die wenigsten können sich dazu motivieren, ein Projekt zu verfolgen, das möglicherweise zum Scheitern verurteilt ist. Dennoch ist es wichtig, Ideen unvoreingenommen zu beurteilen – nicht nach Bauchgefühl, sondern anhand konkreter Daten.

Oft hilft es auch schon, nicht diejenigen mit der Umsetzung von Innovationen zu betrauen, von denen die Ideen stammen. Andernfalls kann es passieren, dass Ideengeberinnen so sehr an ihrem „Baby" hängen, dass sie es um jeden Preis realisieren wollen – auch wenn es wenig Sinn macht. Außerdem können Unternehmen Misserfolge vermeiden, indem sie schon sehr früh externe, unabhängige Expertinnen mit ins Boot holen, die objektiv bewerten können, wann und wie ein Scheitern Sinn macht (siehe Kapitel „Ideengeberinnen sind meist die schlechteren Umsetzerinnen").

Schnelles, unaufgeregtes Scheitern

Schnell und ressourcenschonend entwickeln, in realen Szenarien testen, aus Fehlern lernen und kontinuierlich besser werden: Das sind die Grundlagen der Lean Start-up-Philosophie, die mit ihrem Credo „Build-Measure-Learn" für eine Kultur des Scheiterns steht wie keine andere. Bis deutsche Mittelständler und Großkonzerne das Scheitern auch als wichtigen Bestandteil ihrer Unternehmenskultur begreifen, ist es noch ein weiter Weg. Und doch sollten sie jetzt die richtigen Weichen stellen und Freiräume schaffen, in denen schnelles, unaufgeregtes Scheitern möglich ist.

Ich weiß, was Scheitern bedeutet! Nach meinem BWL-Studium ging ich zunächst in die Beratung, bevor ich Geschäftsführer des Langerweher Kunststofffolienherstellers Schoeller Aldo (heute alesco) wurde, der Plastikfolien (unter anderem für Tiefkühlkost, Getränke-Six-Packs, Baumaterialien, Obst und Gemüse) herstellte. Dort lernte ich, was ein Innovationsdilemma ist: Ich wollte ökologisch einwandfreie Kunststoffverpackungen herstellen, doch es fiel mir schwer, die Mitarbeiterinnen und Kundinnen dafür zu motivieren: Das Material war neu, die Verkaufsstory eine komplett andere und der Markt in Teilen auch noch nicht bereit für dieses innovative Produkt. Das Vorhaben scheiterte dann nahezu komplett. Leider auch sehr spät. Näheres zum Scheitern und meinen Learnings im Kapitel „Meine Taschenmesser-Scheitergeschichte".

Fehler sollten nicht gefeiert werden

Rund 80 Prozent aller Neugründungen scheitern in Deutschland nach etwa drei Jahren. Und obwohl gerade diese Scheitergeschichten als wertvolle Erfahrungen geteilt werden sollten, schweigen hierzulande die Gescheiterten. „Ich sehe in Deutschland die Gefahr eines regelrechten Fail-Hypes. Dabei sollte es nicht um die Fehler gehen, sondern darum, was man daraus lernt. Die Botschaft sollte deshalb lauten: Fehler sind zwar nicht schlimm, sie sind aber auch nicht gut – und sollten deshalb auch nicht gefeiert werden“, so Magdalena Rogl, Head of Social Media und Corporate Communication bei Microsoft, bei unserer ChangeRider-Fahrt. Ein gutes Beispiel ist in diesem Zusammenhang die Medizin. Fehler bei der Behandlung von Patienten sind ein No-Go. Dennoch ist es in der Medizin unerlässlich, Forschung zu betreiben, um neue Medikamente und Behandlungen zu entdecken. Scheitern gehört also zum Lernkonzept.

Wir schaffen das!

Die Digitalisierung ist die vierte industrielle Revolution, sie verändert unser Wirtschaftssystem, unsere Wertschöpfung nachhaltig. Der Übergang vom analogen zum innovativen, digitalen Wirtschaftsstandort vollzieht sich in Deutschland jedoch nur mühsam. Die Gefahr: Mit einer Eintrübung der wirtschaftlichen Lage vertagen viele Unternehmen wichtige Entscheidungen und Investitionen, insbesondere auch in Mitarbeiterinnen oder neue Geschäftsmodelle. Dabei ist die digitale Transformation jetzt einer der wichtigsten Hebel, um potenzielle Umsatzrückgänge im klassischen Geschäft zu kompensieren, beziehungsweise den Wachstumskurs des Unternehmens fortzusetzen sowie die Kostenstruktur durch digitale Prozesse zu reduzieren. Wer denkt, gar nichts zu tun, sei auch eine Option, dem fehlt das umfassende Bild, mit welcher Wucht und Geschwindigkeit die digitale Transformation die Wirtschaft weiter verändern wird.

Eine große Herausforderung für Wirtschaft und Gesellschaft ist, dass die Digitalisierung enorme Auswirkungen auf Arbeitsplätze und Anforderungen an Mitarbeiterinnen und Führungskräfte hat. Auf der einen Seite wird es viele Jobs, wie wir sie heute kennen, so in wenigen Jahren nicht mehr geben. Bei der Mobilität und Logistik beispielsweise werden Lkw- und Busfahrerinnen genauso wie Zugführerinnen künftig durch das autonome Fahren abgelöst. Und selbst vor der Medizin macht die Digitalisierung nicht halt. Bereits heute sind bei der Krebsdiagnostik intelligente Maschinen den Menschen weit überlegen: Während die Radiologin mit einer Trefferquote von 50 Prozent einen Tumor erkennt, erzielt der Computer eine Quote von 90 Prozent. In jeder Branche wird es Tätigkeiten geben, die zukünftig von Maschinen verrichtet werden, sowohl in der

Produktion als auch in klassischen „White Collar"-Sektoren wie Verwaltung oder Controlling. Auf der anderen Seite werden natürlich auch zahlreiche neue Arbeitsplätze entstehen, von denen wir heute noch gar keine Ahnung haben.

Größter Nachholbedarf bei Bildung

Um den Lern- und Arbeitswelten der Zukunft gewachsen zu sein, muss sich daher auch das Lernen verändern. Dafür muss die Bildung bei der Digitalisierung einen sehr wichtigen Stellenwert einnehmen. Hier haben wir allerdings einen sehr großen Nachholbedarf. Deshalb müssen Unternehmen jetzt reagieren und ihre Mitarbeiterinnen durch Weiterbildungen oder Umschulungen auf den digitalen Wandel vorbereiten sowie ihre Organisations- und Führungsstrukturen ändern (siehe Kapitel „Mission Impossible ohne befähigte und begeisterte Mitarbeiterinnen"). Findet dieser Prozess im Unternehmen jedoch keine ganzheitliche Verankerung, verpuffen Trainings- und Lernerfolge sehr schnell wieder. Das Erfolgsrezept heißt daher: Raus aus der Kernorganisation und rein in einen geschützten Raum, wo sehr schnell digitale Geschäftsmodelle mit neuen Methoden entwickelt, getestet und umgesetzt werden können. Denn außerhalb der Kernorganisation können Mitarbeiterinnen leichter neue Methoden und Agilität leben und deren direkte Wirkung erfahren und bewerten – und so die Erfolge nutzen, um Mitarbeiterinnen zu begeistern und die Kernorganisation sukzessive zu transformieren.

Trotzdem: Wir werden es nicht schaffen, alle Menschen mitzunehmen. Einige werden durch den rasanten technologischen Wandel abgehängt. Für diese Problematik sollte Politik und Gesellschaft schon heute Lösungsansätze entwickeln. Eine dieser Möglichkeiten wird ja bereits kontrovers diskutiert: das bedingungslose Grundeinkommen. Eine andere wichtige Maßnahme ist die Restrukturierung unseres Bildungssystems: Zum einen muss die Ausbildung von Pädagoginnen neu gedacht werden. Viele Lehrerinnen sind nicht IT- und technikaffin, vielmehr sind es die Schülerinnen, die digitalaffin sind. Zum anderen muss in Schulen, Ausbildungsstätten, Hochschulen und Weiterbildungsstätten das Thema Entrepreneurship integriert sowie die Fähigkeiten Mut, Sozialkompetenz, Kommunikation, Kreativität, Teamfähigkeit und Empathie gelehrt werden – was bisher überhaupt nicht stattfindet. Das Problem ist, dass Bildung das letzte hohe Gut ist. Hier neue Dinge auszuprobieren, ist aufgrund des dezentralen Bildungssystems mit den 16 Kultusministerinnen in Deutschland sehr schwierig.

Deutschland hat die besten Voraussetzungen und muss lernen, Erfolge zu feiern

Twitter-Gewitter, Daten-Stürme, Daten-Tsunami, Troll- oder Bot-Armeen, Roboter, die mit ihrer künstlichen Intelligenz die Weltherrschaft übernehmen – oder uns mindestens die Arbeitsplätze wegnehmen: Ist in Deutschland vom digitalen Wandel die Rede, wird es schnell bedrohlich und martialisch. Statt über die positiven Aspekte der Digitalisierung zu sprechen, herrscht eine sehr stark mediale Panikmache. Deshalb habe ich die Non-Profit-Initiative Change-Rider, den „Talk im Tesla“, mit mittlerweile über zehn Millionen Views initiiert. Denn wir brauchen in und für Deutschland Pioniergeist statt Panik, Mut statt Angst, Erfolgsgeschichten statt Negativbeispiele. Und es gibt sie, die Macher- und Gestalterinnen, die bereits erfolgreich den Wandel beschreiten oder auf dem Weg dahin sind. Über ihren Weg und ihre Zukunftspläne spreche ich mit ihnen im ChangeRider. Denn es ist an der Zeit, den Menschen zu zeigen, wie die Digitalisierung ihr Leben positiv beeinflusst, und dass es sich lohnt, den Wandel aktiv zu gestalten. Die Erfolge müssen gefeiert werden! Wir brauchen wieder mehr Mut in Deutschland und Europa, denn entgegen aller Schwarzmalerei bewegt sich bereits sehr viel im positiven Sinne!

Die Umsetzung richtig anpacken

Wir haben in Deutschland die besten Voraussetzungen, den digitalen Wandel erfolgreich zu meistern: einen starken Mittelstand, Weltmarktführer, die in ihrer Branche Champions League sind, stabile Außenhandelsverflechtungen sowie ausreichend Kapital auf Unternehmensseite, um den notwendigen innovativen Wandel auch finanziell zu meistern. Darüber hinaus haben wir mit dem gemeinsamen EU-Binnenmarkt den größten Wirtschaftsraum der Welt; beste Voraussetzungen also, um großen Nationen wie China und den USA gegenüberzutreten.

So wie unsere Kanzlerin Deutschland bezüglich der Flüchtlingskrise am 31. August 2015 mit ihrer Äußerung „Wir schaffen das!“ motivieren wollte, würde ich mir wünschen, dass wir in Deutschland bezüglich der digitalen Transformation alle laut „Wir schaffen das!“ rufen. Und dass wir dann die Umsetzung richtig anpacken – denn daran haperte es 2015 auch bei der Flüchtlingskrise im Land.

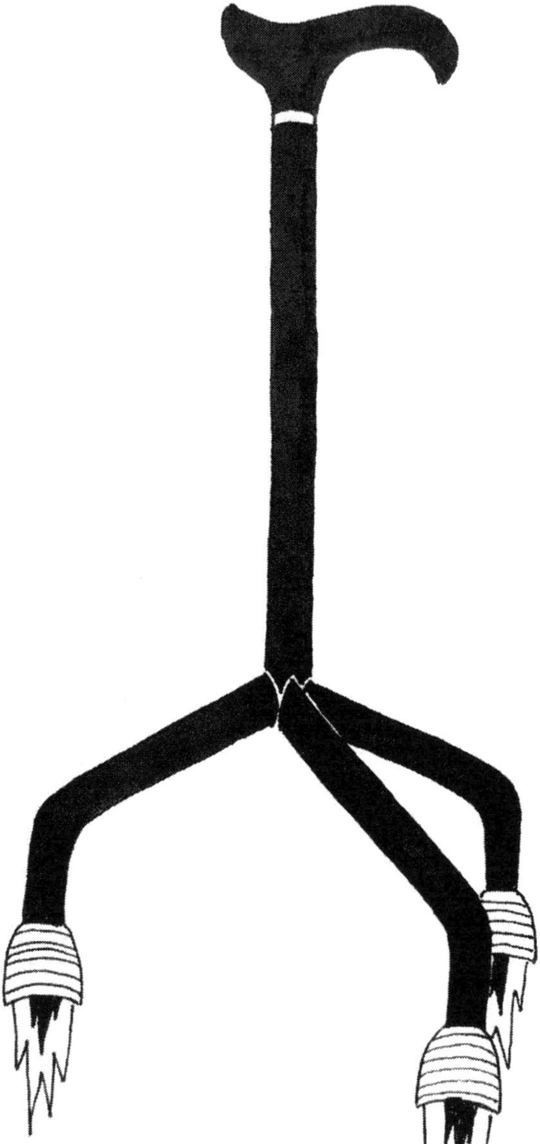

IV. Gehversuche in der digitalen Transformation

In den zehn Jahren, die es etventure jetzt gibt, haben wir mit neuen Denkweisen und Methoden den digitalen Wandel in der Wirtschaft vorangetrieben. Wir haben damit einerseits Start-ups und Corporate Ventures aufgebaut, sowie Plattformen für unterschiedliche Unternehmen entwickelt und skaliert. Andererseits haben wir Unternehmen dabei unterstützt, schnell digitale Kanäle zu bestehenden und zu neuen Kundinnen aufzubauen, neue digitale Geschäftsmodelle zu kreieren und auch durch innovative Datennutzung signifikante Kosteneinsparungen in Unternehmen zu realisieren.

Bei allen Projekten mussten unsere Kundinnen alte Kulturmuster, die sie einst erfolgreich machten, über Bord werfen. Denn um Organisationen zu verändern, digitale Innovationen anzugehen, Arbeitsmethoden anzupassen sowie neue Strukturen zu schaffen, ist ein Mindset-Change innerhalb des Unternehmens zwingend notwendig. Grundvoraussetzung für das erfolgreiche Transformieren sollte dabei aber immer der Mensch und nicht die Technik sein. Denn die digitale Transformation ist ein Change-Prozess und der funktioniert nur MIT Menschen.

Die digitale Transformation ist nie zu Ende

Die Erfolge und auch Niederlagen, welche ich in den letzten zehn Jahren in Innovationsprojekten in Mittelstand, Konzernwelt und auch bei Start-ups erzielt beziehungsweise erlitten habe, beschreibe ich in diesem Kapitel. Und trotz mancher umfangreicher und letztlich erfolgreicher Transformationen, können wir dennoch nur von Gehversuchen sprechen. Denn weder ich noch sonst wer kann behaupten, bereits eine digitale Transformation abgeschlossen zu haben. Die digitale Transformation ist nie zu Ende. Was heute transformiert ist, muss morgen bereits weiter transformiert werden, da sich unser Umfeld kontinuierlich und deutlich schneller ändert als es sich in den letzten Jahren und Jahrzehnten geändert hat.

Jeff Bezos, Gründer von Amazon, ist davon überzeugt, dass der Untergang seines Milliardenunternehmens unausweichlich ist. Bereits 2013 sagte er dem Nachrichtenmagazin „60 Minutes“: „Firmen haben eine kurze Lebensdauer ... und auch Amazon wird es eines Tages nicht mehr geben.“ 2018 mahnte er auf einer Mitarbeiterinnenversammlung: „Amazon ist nicht ‚too big to fail‘... Ich kann euch sogar versprechen, dass Amazon eines Tages scheitern wird ... Wenn ihr euch die großen Unternehmen anschaut, liegt die Lebensdauer bei 30 Jahren plus, nicht bei 100 Jahren plus.“ Sein Job sei es, diesen Tag so lange wie möglich hinauszuzögern. Amazon wurde 1994 gegründet, demnach wäre Bezos ab 2024 arbeitssuchend. Ich bin zuversichtlich, dass es ihm gelingen wird, den Tag um einige Jahre hinauszuzögern. Denn wie kaum ein anderer treibt er den Wandel des gesamten Handels und seiner Wertschöpfungs- und Lieferketten voran – aber genau darum geht es: Sich niemals auf dem Erfolg von heute auszuruhen.

HOW
WHO
WHAT
WHEN
WHY
WHERE

1. Gut vorbedacht, schon halb gemacht

Vor einigen Jahren lernte ich den damaligen CEO des Fotodienstleisters Cewe, Dr. Rolf Hollander, kennen. Eine beindruckende Persönlichkeit und ein sehr sympathischer Mensch. Er war jahrzehntelang an der Spitze von Cewe und legte eine beachtliche Transformation hin: Anfang der 2000er-Jahre, als die Digitalkameras aufkamen, stand es um Cewe nicht besonders gut. Die Oldenburgerinnen machten bis dato hauptsächlich Fotoabzüge vom Negativ. Als in nur zehn Jahren mehr als 90 Prozent des Geschäfts einbrach, digitalisierten sie konsequent und transformierten ihr Kerngeschäft. Heute erwirtschaftet das Unternehmen mit digital erstellten Fotobüchern und mehreren Online-Druckereien und Online-Services über 700 Millionen Euro jährlich, ist hochprofitabel und steht besser da denn je.

Viele Digitalisierungsinitiativen scheitern, weil zu viele Projekte gleichzeitig umgesetzt werden, die Verbindung zwischen Projekten fehlt, das Management isolierte Visionen entwickelt und von oben anordnet, konkrete Ziele komplett fehlen oder die Projekte einfach schlecht vorbereitet sind. Fehlt es dann auch noch am Mindset und an digitalen Expertinnen, die in digitalen Geschäftsmodellen denken und diese mit Methodenkompetenz umsetzen können, wird der Erfolg zur reinen Glückssache.

Klare Ziele und Rahmenbedingungen definieren

Hollander ist mit klarem Fokus und weit vor dem Zerplatzen der Dotcom-Blase den steinigen Transformationsweg gegangen.

Er hat sehr früh in Digitalkompetenzen, Mitarbeiterinnen und Technologien investiert und sich nicht von seinem Weg abbringen lassen – selbst dann nicht, als die Dotcom-Blase platzte. Neben seinem klaren Fokus hat er einen Plan entwickelt und sich an diesen gehalten: Er startete die Digitalisierung und Disruption im geschützten Raum. Die erste Digitaldruckmaschine baute er gegenüber von seinem Stammwerk in Oldenburg auf. Dort konnte in aller Ruhe getestet, gescheitert und validiert werden.

Damit Change-Prozesse funktionieren, darf die Ernsthaftigkeit und vor allem die mutige Entschlossenheit aus dem Top-Management nicht fehlen. Ferner sollten Unternehmen klare Ziele und Rahmenbedingungen definieren: Was wollen sie konkret erreichen? Mit welchem Setup und welchem Budget wollen sie es erreichen? Warum wollen sie es erreichen? Wer soll es erreichen? Wann soll es erreicht werden? Und wo beginnt der Prozess? Alles einfache Fragen, die man sich vor der digitalen Transformationsreise stellen und auch beantworten sollte. Meine Erfahrungen aber sind, dass die Projektarbeit häufig startet, ohne vorab die Hausaufgaben gemacht zu haben. Mit dem Resultat, dass Teams frustriert sind und viele Millionen Euro sinnlos ausgegeben werden. Daher gilt: Eine gute Vorbereitung ist die halbe Miete (siehe Kapitel „Digitalstrategie 2030 für die Tonne“).

20
1
18
4
13
6
10
15
2
17
3
19
7
16
8
11
14
9
12
5

Ohne Zielbild kein Erfolg

Haben Unternehmen mit der digitalen Transformation zu lange gezögert, verfallen sie häufig in eine Art blinden Aktionismus. Genau das ist aber verheerend. Ohne klares Zielbild sollten sich Unternehmen der digitalen Transformation nicht stellen. Starten Organisationen erste Digitalinitiativen ohne konkrete Ziele und Ideen, kommen sie in der Regel nicht über inkrementelle Innovationen hinaus. Der ausschließliche Blick auf das bestehende Geschäft oder gar nur auf einzelne Bereiche wie die IT, stellt lediglich ein Update dar. Das sind die Hausaufgaben, die jedes Unternehmen zu machen hat. Darüber hinaus ist es aber besonders wichtig, dass Organisationen neue digitale Geschäftsmodelle und Kanäle entwickeln, die sowohl dem technologischen Wandel als auch den sich verändernden Kundenbedürfnissen gerecht werden.

Es gibt keine Garantie, dass das heute erfolgreiche Geschäftsmodell morgen noch funktioniert

Das Kerngeschäft neu auszurichten sowie neue Wachstumsfelder zu erschließen ist sehr herausfordernd. Zum einen können die Ziele widersprüchlich sein, zum anderen ist es mit enormen Kosten bei gleichzeitigem Zeitdruck verbunden. Ein erster sinnvoller Schritt ist, die bestehenden, bisher hauptsächlich analogen Kundenschnittstellen zusätzlich digital zu besetzen. Was nämlich ausnahmslos für alle Branchen und Industrien gilt: Es gibt keine Garantie dafür, dass das heute erfolgreiche Geschäftsmodell mit den heute bestehenden Kanälen morgen noch funktioniert. In einem weiteren Schritt können Unternehmen überlegen, wie sie sich in Richtung Plattform-Ökonomie sowie in Richtung eines Ökosystemanbieters bewegen können. Den Umbruch kann dabei eine Kooperation mit einem Start-up vorantreiben. Wie die digitale Transformation das Geschäftsmodell mit bestehenden und neuen Kundinnen verändern kann, und wie Kultur und Mindset sich verändern müssen, um überhaupt disruptiv innovieren zu können, ist stark individuell.

Die drei Stufen der digitalen Transformation

Mit dem 3-Horizonte-Modell können Unternehmen die Bindung zu ihren Kundinnen stärken sowie sich den Zugang zu Neukundinnen und neuen Umsatzkanälen erschließen. Bei diesem Modell ist dabei nicht zu vernachlässigen, dass neben dem Umsatz auch die Kostenseite relevant ist. Hier ist der Digitalisierungserfolg bei LafargeHolcim hochspannend, bei dem durch die Vernetzung von dezentralen Produktionswerken und die intelligente Auswertung von Daten massiv Produktionskosten reduziert werden konnten (siehe Kapitel „Daten, Kosten und/oder Umsatz: sonst zählt fast nix“).

Nun aber zum 3-Horizonte-Modell: Horizont 1 ist die digitale Transformation des Kerngeschäfts. Unternehmen starten ihr Digitalgeschäft mit ihren bestehenden Kundinnen sowie Produkten und Services. So hat zum Beispiel Klöckner die Digitalisierung gestartet, indem das Unternehmen das Kundenportal aufbaute (inkrementelle Innovation). In Horizont 2 geht es um die Expansion des Kerngeschäfts. Unternehmen erreichen mit neuen Produkten und Services sowie digitalen statt analogen Prozessen neue Kundinnen und Kundensegmente (Transformationsinnovation). Beim Horizont 3 greifen neue Geschäftsmodelle bestehende Systeme an (disruptive Innovation). Zum Beispiel mit einem Payper-Use-Modell: Ein Unternehmen stellt sein Produkt als Dienstleistung gegen ein Serviceentgelt zur Verfügung, statt es wie bisher zu verkaufen.

Welche Maßnahmen sinnvoll sind, hängt davon ab, auf welcher Stufe der Transformation ein Unternehmen startet. Wer beispielsweise seine Kernorganisation mit einem völlig neuen Geschäftsmodell angreift (Horizont 3), startet dieses Vorhaben nicht nur außerhalb der Kernorganisation. Er wird aller Voraussicht nach auch immer außerhalb der Kernorganisation bleiben und nach der ersten Geschäftsmodell-Validierung ein externes Start-up gründen. So wie es zum Beispiel Gisbert Rühl bei Klöckner mit XOM gemacht hat. Bei Digitalvorhaben im Horizont 1 hingegen versucht man lediglich, mit bestehenden Kundinnen sowie Produkten und Services bestehende analoge Prozesse digital aufzustellen. Greifen Unternehmen dabei tief in die Organisation ein, haben sie in der Regel mit den Ängsten der Mitarbeiterinnen zu kämpfen, wie der Veränderungsprozess bei zahlreichen Kundinnen von uns, wie z.B. bei der SMSgroup, zeigte. Damit Unternehmen auf diesem Weg ihre Mitarbeiterinnen nicht verlieren, müssen sie gegensteuern. Aber vor allem muss der Start eines jeden Digitalvorhabens hinter Mauern, im geschützten Raum geschehen (siehe Kapitel „Hinter Mauern“). Was dort als Leuchtturm validiert wird, sollte dann sehr schnell in die Kernorganisation übertragen werden.

Direkt an der Kundenschnittstelle starten

Digitale Transformationsprozesse haben dann eine hohe Erfolgswahrscheinlichkeit, wenn sie direkt an der Kundenschnittstelle starten, dort den Schmerzpunkt finden und schnell die Digitallösung aufbauen. Sind Unternehmen dann auf dem Weg, die Kundenschnittstelle zu digitalisieren, folgt die interne Digitalisierung in Form von Bestellprozess, Check der

Warenverfügbarkeit, Fertigung, Disposition, Abrechnung usw. automatisch. Wird der digitale Kanal von Bestandskundinnen und/oder Neukundinnen genutzt, werden die nachgelagerten unternehmensinternen Kernprozesse ebenfalls digitalisiert. Was deutlich schneller und fokussierter erfolgt, da einerseits das Produkt von Kundinnen genutzt wird, andererseits das Unternehmen eine Kostenersparnis, relevante Datengenerierung oder eine Umsatzsteigerung erzielt.

Warum schreibe ich das überhaupt? Weil viele Unternehmen ihre digitale Transformationsreise häufig intern beginnen: Ihre IT wird „state of the art“ auf den aktuellen Stand gebracht, Prozesse angepasst, ERP- und CRM-Systeme eingeführt und vieles mehr. Fehlt aber der Kundendruck von außen, ist dieser Weg nicht nur komplex und beschwerlich, sondern auch wenig fokussiert. Daher ist es für Unternehmen sinnvoll, sowohl bei der Zieldefinition („ich möchte interne Prozesse digital abbilden und analoge Arbeitsweisen beenden“) als auch bei dem Prozess von der Kundenschnittstelle her zu denken und an dieser zu starten. So nämlich ist die Umsetzungsgeschwindigkeit und die Akzeptanz für die anstehende Veränderung in der Kernorganisation deutlich höher.

Egal wie das Zielbild aussieht, Ausgangspunkt sollte immer die Horizonte-Frage sein: Starte ich meine Digitalisierungsreise mit bestehenden Kundinnen oder Services (Horizont 1), mit neuen Kundinnen oder Services (Horizont 2) oder gehe ich ganz neue disruptive Geschäftsmodelle an (Horizont 3)? Der sicher mühsamste, aber richtige Weg für den Anfang sind Vorhaben im ersten Horizont. Sie haben eine direkte Auswirkung auf das Kerngeschäft und tragen bei erfolgreicher Umsetzung maßgeblich zur Veränderung der Unternehmenskultur, der Organisationsstruktur und des Mindsets der Mitarbeiterinnen bei.

DIGITAL
STRATEGY
2030

Digitalstrategie 2030 für die Tonne

Alle reden über die digitale Transformation, die wenigsten aber gehen sie fokussiert an. Daher ist die größte Herausforderung für Unternehmen die konkrete Umsetzung – das Doing! In aller Regel bleiben Unternehmen auf Strategiepapieren, Ideen- oder Konzeptionslandkarten sitzen, die ihnen mit ihren komplex kreierten Digitalstrategien einen klaren und geradlinigen Weg vorgaukeln, wie man 2030 noch erfolgreich am Markt ist. Diese oft 200 Seiten starken Strategiepapiere, von den großen bekannten Strategieberatungen für sechsstellige oder auch siebenstellige Euro-Beträge an Unternehmen verkauft, sind in der Praxis oft wenig hilfreich. Schlimmer noch, einmal im Unternehmen verbreitet, können sie sogar die letzten mutigen Macherinnen paralysieren.

Sie bestehen zwar aus umfangreichen internen Unternehmensanalysen von den sogenannten „Industriespezialisten“, den Unternehmensberatungen, zahlreichen Mitarbeiterinterviews sowie aus sicherer Distanz vom Schreibtisch aus erstellten Studien, Marktdaten, Trendreports und so weiter. Meist sind diese Präsentationen auch perfekt erstellt, sprachlich hervorragend ausformuliert und bilden zuweilen ein gutes Bild der aktuellen Unternehmens- und Marktsituation ab. In der Regel haben die Strategieexpertinnen auch dafür gesorgt, dass sich das Dokument für die Auftraggeberin gut liest und anfühlt.

Für die digitale Transformation aber, gerade wenn es darum geht, mit bestehenden und neuen Kundinnen das Digitalgeschäft auf- und auszubauen, sowie das eigene Geschäftsmodell zu verändern, sind sie wenig hilfreich. Über allgemeine

Megatrends sind sich die meisten Unternehmenslenker-, Berater- und Analystinnen einig. Den wichtigsten Teil der Transformation lassen die Strategiepapiere dabei gänzlich aus: Was sind die wichtigsten Ansatzpunkte, um konkrete Schmerzpunkte im Ökosystem zu lösen? Was sind die Unternehmensstärken, die gerade im zukünftigen Ökosystem eine gesicherte Marktposition ermöglichen? Wer heute meint, vorhersagen zu können, wie unsere Märkte in fünf oder zehn Jahren aussehen, ist mehr Hellseherin als Expertin. Denn wir befinden uns in einer Zeit mit einer wahnsinnig hohen Veränderungsgeschwindigkeit. Märkte verändern sich in einem noch nie da gewesenen Tempo. Grund dafür sind nicht nur große Digital-Player und Start-ups, die auf die Märkte drängen, sondern auch neue Mitbewerberinnen, die mit intelligenten Plattformansätzen von allen Seiten in das Ökosystem drängen. Zunehmende Transparenz aller Parteien, sinkende Transaktionskosten durch Plattformansätze und das sich massiv verändernde Kundenverhalten sorgen für rasante Veränderungen.

Die Masche der Strategieberater

In den letzten zehn Jahren habe ich eine Vielzahl an Strategiepapieren gesehen. Einen Klassiker möchte ich hier nicht vorenthalten: Ich war mit dem CEO eines Anbieters von Küchenutensilien zu diversen Digitalthemen im Austausch. Dabei zeigte er mir ein Strategiepapier, das er vorab von einer Unternehmensberatung erhalten hatte. Das 150 Seiten starke Pamphlet beschrieb die großen digitalen Zukunftstrends und zeigte eine 5-Jahres-Roadmap auf dem Weg zum digitalen Vorzeigeunternehmen auf: Das Unternehmen sollte eine Rezeptdatenbank inklusive Koch-Community aufbauen, dabei alle hauseigenen Produkte wie Messer, Pfannen und weitere Küchenutensilien mit IoT-Technologie ausstatten sowie einen digitalen Messerschleifservice anbieten. Der eigene Küchenshop durfte dabei natürlich auch nicht fehlen: Multi-Channel forever.

Als ich die Möglichkeit erhielt, mit den Beraterinnen zu sprechen, stellte sich heraus, dass die „Strategie- beziehungsweise Unterlagenentwicklung“ auf Sichtweisen der Industrieexpertinnen des Beratungshauses sowie auf externen Studien und Mitarbeiterinterviews der Mandantin beruhte. Diese unter Laborbedingungen gewonnenen Erkenntnisse wurden dann ergänzend mit ausgewählten Managerinnen der Mandantin in eine Roadmap überführt. Keine der Beraterinnen kam jedoch auf die Idee, die Unternehmenskundinnen in den bestehenden Märkten nach ihren konkreten Schmerzpunkten zu befragen. Die Nutzerzentrierung fehlte hier also völlig. Die Umsetzung war, wie man es aus der traditionellen Welt kennt, schön in Wasserfallablaufdiagramme gegossen – und war für die kommenden neun Jahre im Detail geplant.

So können digitale Geschäftsmodelle und Kanäle zu bestehenden und neuen Kundinnen nicht erfolgreich auf- und ausgebaut werden. Denn bei Digitalprojekten gilt es, sich konsequent an den Kundinnen und dem Markt zu orientieren, schnell zu handeln, und über konkrete Signale aus dem Ökosystem den Kurs ständig zu überprüfen und ggf. nachzuschärfen. Kundenzentrierung und Testmentalität statt Mehrjahresplanung und Programm-Management.

Die Corona-Krise hat gezeigt, wie wenig sinnvoll langfristige Planungen sind. Durch die Pandemie öffneten sich nicht nur sehr schnell digitale Chancen, viele Marktteilnehmerinnen waren plötzlich auch offen für die Digitalisierung und für einen digitalen Austausch. Und wer hätte gedacht, dass die deutsche Bundesregierung in nur zehn Wochen eine Corona-App entwickeln und auf den Markt bringen kann. Zum einen waren – im wahrsten Sinne des Wortes – klare Schmerzpunkte vorhanden, zum anderen war bei den beteiligten Entscheiderinnen der Handlungsdruck immens. Und klar, jetzt werden wieder einige sagen: die Entwicklung war viel zu teuer, die App lief nicht direkt auf allen Geräten, es gab auch Probleme bei der Messung und außerdem wären agile Start-ups viel besser für diesen Entwicklungsprozess gewesen als die Tech-Giganten SAP und Microsoft. Kann man so sehen! Ich sehe es anders, und ich feiere die Bundesregierung für dieses Vorhaben und vor allem für ihre mutige Entscheidung und Umsetzungsfähigkeit!

Den Blick für die eigene Organisation schärfen

Bevor Unternehmen sich an die Umsetzung machen bzw. externe Beraterinnen engagieren, sollten sie (zumindest rudimentär) folgende 14 Kernfragen beantworten können:

1. Wer ist die heutige und künftige Kundin?
2. Wie sieht das heutige und wie das morgige unmittelbare Ökosystem des Unternehmens und der Kundin aus?
3. Welche Märkte und Regionen will man mit der digitalen Initiative erreichen?
4. Wie sieht der Digitalisierungshorizont aus?
5. Welche vernetzten Wertschöpfungspotenziale setzt die Lösung frei?
6. Welche alternativen Lösungen entwickeln die Mitbewerber-, aber auch Substitutsanbieter?

7. In welche Technologien investieren relevante Investorinnen und an welcher Stelle des Ökosystems bzw. der Wertschöpfungskette?

8. Welche wichtigen Hypothesen haben die stärksten Start-ups im Unternehmensumfeld?

9. Welche Auswirkungen hat es auf das Unternehmen, wenn diese Hypothesen eintreten?

10. Gibt es bereits Digitalisierungserfolge und warum waren diese erfolgreich?

11. Welche Start-ups existieren im Ökosystem?

12. Wie wirkt sich die Digitalisierungsoffensive konkret auf die übergeordneten Unternehmensziele aus?

13. Wer soll die Digitalisierungsinitiative konkret umsetzen?

14. Wie wird der Innovationstrichter gesteuert und die Umsetzung der Initiativen gewährleistet?

Damit das „Doing“ zügig starten kann, sollten Unternehmen für die Beantwortung der Fragen wenige Wochen aufwenden. Und gestartet werden muss natürlich direkt am Markt, nämlich bei den bestehenden oder auch neu zu gewinnenden Kundinnen sowie den wesentlichen Teilnehmerinnen des Ökosystems. Dafür müssen die konkreten Bedürfnisse und Schmerzpunkte jedoch verstanden werden, denn das ist der Startpunkt für jede Aktivität. Außerdem müssen Trends klar im Ökosystem verortet werden – welche Trends sind bereits bei den Kundinnen angekommen? Auf welche Veränderungen stellen sich die Kundinnen ein? Danach erfolgt die hypothesengetriebene

Produkt- und Serviceumsetzung am Markt bzw. die Skalierung sowie die Mindset-Veränderung in der Kernorganisation.

Interne Digitalisierungsmaßnahmen brauchen einen langfristigen Plan!

Die zehn erfolgreichen etventure-Jahre mit meinen Kundinnen haben mir gezeigt, dass es keinen 5- bis 10-Jahres-Strategieplan für die Transformation geben kann. Was jedoch nicht heißt, dass man generell ohne mittelfristige Planung auskommt. Wer intern digitalisieren und zum Beispiel eine neue ERP-Software implementieren möchte, kommt um klassische Wasserfallablaufpläne und langfristige Planungen in Sachen Mitarbeiterschulungen, Hardware-Anschaffungen und Prozessänderungen nicht herum. Allerdings bitte erst, nachdem man seine Nutzerinnen eingebunden hat. So nämlich stellt man sicher, dass man nicht mit dem neuen System in der alten Welt hängen bleibt, sondern eine Systemänderung auch wirklich sinnvoll ist und die wahren Schmerzpunkte löst.

Wer erfolgreich transformieren möchte, sollte sich die Erfolgsrezepte der digitalen Player zu eigen machen: Schnelligkeit, Daten-Kompetenz und unbedingte Kunden- bzw. Nutzerzentrierung. Denn wem es gelingt, alte mit neuen Stärken zu verbinden, wird auch im digitalen Zeitalter erfolgreich sein.

DATEN
KOSTEN
UMSATZ

Daten, Kosten und/oder Umsatz: sonst zählt fast nix

Sehr viele Digitalprojekte, die ich in den letzten Jahren gesehen habe, berücksichtigten nicht die Aspekte Daten, Kosten und Umsatz. Ganz im Gegenteil, da wurden massive technische Plattformen von großen IT-Teams entwickelt, auf den Markt geworfen, aber nicht von Kundinnen genutzt. Dementsprechend erzielten sie auch keine substanziellen Umsätze.

Digitale Projekte, die anhand des vorher definierten Zielbildes starten (siehe Kapitel „Ohne Zielbild kein Erfolg"), sollten sich jedoch generell auf Daten, Kosten und/oder Umsatz auswirken. Das heißt, setzen Organisationen Digitalprojekte um, müssen relevante Daten generiert werden, um mit diesen bessere Entscheidungen treffen, Innovationen entwickeln, neue Umsatzkanäle definieren, Kosten reduzieren oder eben Umsätze steigern zu können.

Denn Innovationen in der Informationstechnologie wie Big Data, IoT, Cloud treiben die digitale Transformation nicht nur rasant voran, sie beeinflussen Unternehmen vor allem auch bezüglich ihrer Prozesse und Strukturen sowie ihrer Strategie und Kultur. Für einen echten Wettbewerbsvorteil müssen Unternehmen, die durch die digitale Transformation entstandenen Datenmengen nicht nur interpretieren und filtern, um sie sinnvoll nutzen zu können. Die Datenmengen müssen vor allem auch auf ein konkretes Umsatz- oder Kostenziel einzahlen und konkrete Probleme im Unternehmen oder am Markt lösen.

Der Umsatz muss einen relevanten Impact in der Kernorganisation haben

Da Kundinnen durch digitale Kanäle wesentlich schneller erreicht werden, muss der Digitalumsatz mittel- bis langfristig höhere Wachstumsraten erzielen als das analoge Geschäft. Häufig sehe ich bei Digitalvorhaben, dass diese einen Umsatz von wenigen Zehntausend Euro im Monat erzielen. Diese Zahl ist dann inakzeptabel, wenn die Kernorganisation einen monatlichen Umsatz im zweistelligen Millionenbereich erreicht und das Digitalangebot seit langer Zeit auf dem Markt ist. Hier beäugt die Kernorganisation das neue Angebot nicht nur zu recht kritisch, sondern nimmt es auch nicht ernst. Relevanz sieht anders aus!

Es ist also nicht nur wichtig, Digitalvorhaben in Richtung Umsatz, Kosten und Daten auszurichten. Die Ersparnisse oder der Umsatz müssen zudem einen relevanten Impact in der Kernorganisation haben. Bei dem Stahlhändler Klöckner zum Beispiel bringt die Digitalisierung nicht nur einen Mehrumsatz und höhere Margen, sondern vor allem auch erhebliche Produktivitätsgewinne und eine Kostenreduktion: Zu Beginn der Corona-Krise stiegen die Verkäufe über das Internet überproportional schnell, da Wettbewerber häufig nicht lieferfähig waren. Zudem konnte das Unternehmen durch den Einsatz von KI und automatisierter Prozesse in der Kernorganisation massive Kosten einsparen.

Kosten runter, Klimaschutz rauf

Ein beeindruckendes Beispiel für das Digitalisierungsziel der Kostenreduktion ist eine Initiative, die wir mit dem weltweit führenden Baumaterialhersteller LafargeHolcim umgesetzt haben. Eine Branche, die einen massiven Impact auf unsere Umwelt hat: Die Zementherstellung verursacht jüngsten Schätzungen zufolge acht Prozent der weltweiten CO2-Emissionen. Zum Vergleich: Deutschland hat einen Anteil von 2,2 Prozent am globalen CO2-Ausstoss. Zudem ist Zement nach Wasser die zweithäufigst gebrauchte Substanz auf der Erde. Und von der im Jahr 2050 benötigten Infrastruktur müssen noch 60 Prozent gebaut werden. Daher ist die Baustoffbranche ein immenser Hebel, um unsere Zukunft so nachhaltig und lebenswert wie möglich zu gestalten. Selbst geringe Effizienzgewinne haben hier einen erheblichen Effekt. Da müsste doch mit der Digitalisierung etwas zu verbessern sein.

LafargeHolcim hat weltweit 270 Zementwerke in 80 Ländern. Zement wird lokal hergestellt, also dort, wo er verbraucht wird. Die Verantwortlichkeiten innerhalb der Kernorganisation sind somit dezentral organisiert. Das Unternehmen hatte allerdings zu Projektbeginn das Glück der Tüchtigen, denn sie haben bereits vor 15 Jahren begonnen, in ihren Werken systematisch Daten zu sammeln: Die Anlagen sind mit umfangreicher Sensorik ausgestattet, die unter anderem die CO2-Emissionen, die Zementstärke und die Produktionsrate messen. Der Datenschatz ist also riesig, wurde aber bis dato kaum genutzt. Und wenn überhaupt, nur dezentral in den einzelnen Werken ausgewertet. Die große Herausforderung bestand darin, die gewonnen Daten der dezentralen Werke zusammenzuführen, und durch die Datenanalyse und Ableitung von Optimierungsmaßnahmen die Produktion so kosteneffizient und umweltfreundlich wie nur möglich zu gestalten.

Mitarbeiterinnen in die digitale Veränderung zu zwingen, ist nicht sinnvoll

Das kann beispielsweise über eine weitere Automatisierung in der Produktion, bessere Transparenz oder einen Vergleich der Werke auf operativer Ebene erfolgen. Der Hebel ist dabei immens: Eine höhere Ressourceneffizienz beispielsweise hätte eine Maximierung des Outputs in der Produktion sowie eine Minimierung des Inputs bezogen auf Rohstoffe, Energie und Zeit zur Folge. Und damit einhergehend eine massive Reduzierung der Treibhausgase.

Nach einer Explorations-, Empathie- und Ideations-Phase ging es in die Umsetzung. Anknüpfend an die Ausgangslage (dezentrale Daten und Verantwortlichkeiten, sowie massive ungenutzte Effizienzpotenziale), sollte eine zentrale Digitallösung entwickelt werden. Gemeinsam mit dem Lafarge-Holcim-Team riefen wir mit unserem radikal nutzerzentrierten Ansatz das Performance And Collaboration Tool (PACT) ins Leben, das alle relevanten Produktionsdaten der unterschiedlichen Werke aggregiert und anschaulich für die Nutzerin darstellt. Hierbei spielte die Nutzerzentrierung eine entscheidende Rolle. Denn im Konsumentengeschäft (wie z.B. bei Zalando) – also dort, wo Nutzerzentrierung am weitesten verbreitet ist – ist man bereits sehr glücklich, wenn man zehn bis 15 Prozent seiner Zielgruppe überzeugen kann. Bei LafargeHolcim, mit seinen weltweiten Werken, müssen 100 Prozent (!) der relevanten Nutzerinnen von der Lösung überzeugt sein, um die Effizienzpotenziale voll nutzen zu können. Natürlich kann man seine Mitarbeiterinnen auch „zwingen", eine Lösung wie zum Beispiel die Einführung neuer ERP-Systeme anzuwenden. Ein solches Vorgehen aber wird nicht nachhaltig funktionieren.

Wie haben wir es also geschafft, wirklich alle Nutzerinnen mitzunehmen?

Wir haben nicht nur versucht, Prozesse zu analysieren, sondern auch echte Probleme der Nutzerinnen in der alltäglichen Arbeitssituation zu verstehen. Dabei gibt es immer wieder Überraschungen. Zum Beispiel stellten wir fest, dass es Nutzerinnen mit Seh- und Farbschwäche gibt. Ohne Fakten-Check sagte man mir, dass es statistisch gesehen etwa acht Prozent aller Menschen seien. Die Folge war, dass die Visualisierung und Lesbarkeit auch für Menschen mit Seh- und Farbschwäche angepasst wurde. Auch haben wir uns gefragt, welche Digitallösungen die Nutzerinnen (auch privat) am liebsten verwenden. Hier fanden wir heraus, dass Excel ihre Lieblingsapplikation ist, denn sie bevorzugen Struktur vor Schönheit. Daher haben wir auch hier unser Design angepasst, uns von dem „zu modernen" Design mit viel Weißfläche und Animationen verabschiedet und auf eine stark strukturierte Informationsdarstellung fokussiert.

Natürlich brachte das PACT-System auch massive technische Fortschritte mit sich, die dann wiederum wesentliche Schmerzpunkte lösten. Auch hier ging es bei der Entwicklung des Systems wieder darum, in kleinen Schritten vorzugehen. Das System ist nun heute in der Lage, die Daten von verschiedensten Quellen zusammenzuführen sowie einfach und verständlich darzustellen. Auch können alle produktionsrelevanten Daten einfach überblickt werden (Output, Emissionen, Health & Safety etc.). Ferner ermöglicht das Tool eine optimale datenbasierte Entscheidungsfindung: Beispielsweise gibt es pro Kennzahl drei frei definierbare Ober- und Untergrenzen. Die Werksleiterinnen können also frei bestimmen, welche Logik für welche Grenzwertüberschreitung gelten soll (zum Beispiel Beobachten versus Intervenieren). Zudem ermöglicht das Tool auch ein effizientes Maßnahmen-Management: Bisher wurden Maßnahmen (welche pro Schicht auf Basis der Messwerte abgeleitet werden) oft in irgendwelchen Offline-Listen niedergeschrieben und verfolgt. Was auch ich noch gut aus meiner Mittelstandszeit bei meinem Kunststoffverarbeiter alesco kenne. Nun können sie digital im Tool verfolgt und damit automatisch an die nächste Schicht übergeben werden.

Auf die Effekte kommt es an

Obwohl LafargeHolcim auch vor unserem Projektstart dabei war, übergreifende (Produktions-) Standards zu etablieren und auf die Werke auszurollen, gab es natürlich immer wieder Widerstände bei der Belegschaft. Mit PACT wurde nun eine Lösung gefunden, welche die Akzeptanz für die neuen Standards (diese werden auch im Tool abgebildet) schafft, indem es den Nutzerinnen direkten Mehrwert in der täglichen Anwendung bietet. So ist beispielsweise für die täglichen Produktionsmeetings nur noch ein Bruchteil der Vorbereitung notwendig (fünf statt 30 bis 60 Minuten). Auch benötigt das gesamte Team nur noch etwa die Hälfte der Zeit für das tägliche Meeting. Was die Akzeptanz für neue Digitallösungen im Allgemeinen bei LafargeHolcim deutlich erhöht hat. Es wurde eine digitale Basis mit direktem Nutzermehrwert geschaffen, auf welcher man nun die großen Effizienzhebel aufsetzen kann.

Wie ist der Status heute? PACT wurde bereits in über 100 Werken weltweit ausgerollt und ist das digitale Leuchtturmprojekt bei LafargeHolcim. Alleine 2019 wurde die Lösung in 50 Werken (also in einem Werk pro Woche) ausgerollt, was eine wahnsinnig hohe Roll-out-Geschwindigkeit ist. Mit PACT wurde eine Digitallösung geschaffen, die durch die Werke täglich genutzt wird. Ergänzend entwickeln wir aktuell eine digitale Plattform

(„Connected Factory"), welche als interner App-Store verstanden werden kann, mit PACT als erster sogenannter „Killer Applikation". Im Vergleich mit dem Apple-Universum ist das so etwas wie die Mail-App oder die Calendar-App.

Aufbauend auf dieser Basis und der Traktion bzw. aktiven Nutzung in den Werken können nun weitere Lösungen auf die Plattform geschaltet werden, welche die Effizienz im großen Maßstab hebeln können (zum Beispiel in den Bereichen Predictive Maintenance, Predictive Quality und Advanced Automation). Hierzu gibt es bereits erste Lösungen, die von internen LafargeHolcim-Teams entwickelt wurden: Die Anwendung CEMQ (Predictive Quality Lösung für die Vorhersage der Zementstärke – zentrale Qualitäts-KPI in der Zementherstellung), die eine potenzielle CO2-Reduktion von drei Millionen Tonnen erzielen kann. Das entspricht dem gesamtdeutschen CO2-Ausstoß von 1,5 Tagen! Auch bringt das Ganze immense Kosteneinsparungen mit sich. Kurzfristig, aber vor allem auch mittelfristig, denn die verpflichtend zu erwerbenden CO2-Zertifikate zur Kompensation der Emissionen in Deutschland werden ab 2022 von 25 Euro auf 55 Euro die Tonne im Jahr 2025 steigen. Bei einer Einsparung von drei Millionen Tonnen CO2 sind das dank dieser Digitallösung insgesamt 90 Millionen Euro weniger, die LafargeHolcim ab 2025 in CO2-Zertifikate investieren muss. Man sieht daher sehr deutlich, dass das Digitalisierungsbudget eigentlich hier kaum eine Rolle spielt. Auf die Effekte kommt es an. Und hier ist das Potenzial riesig!

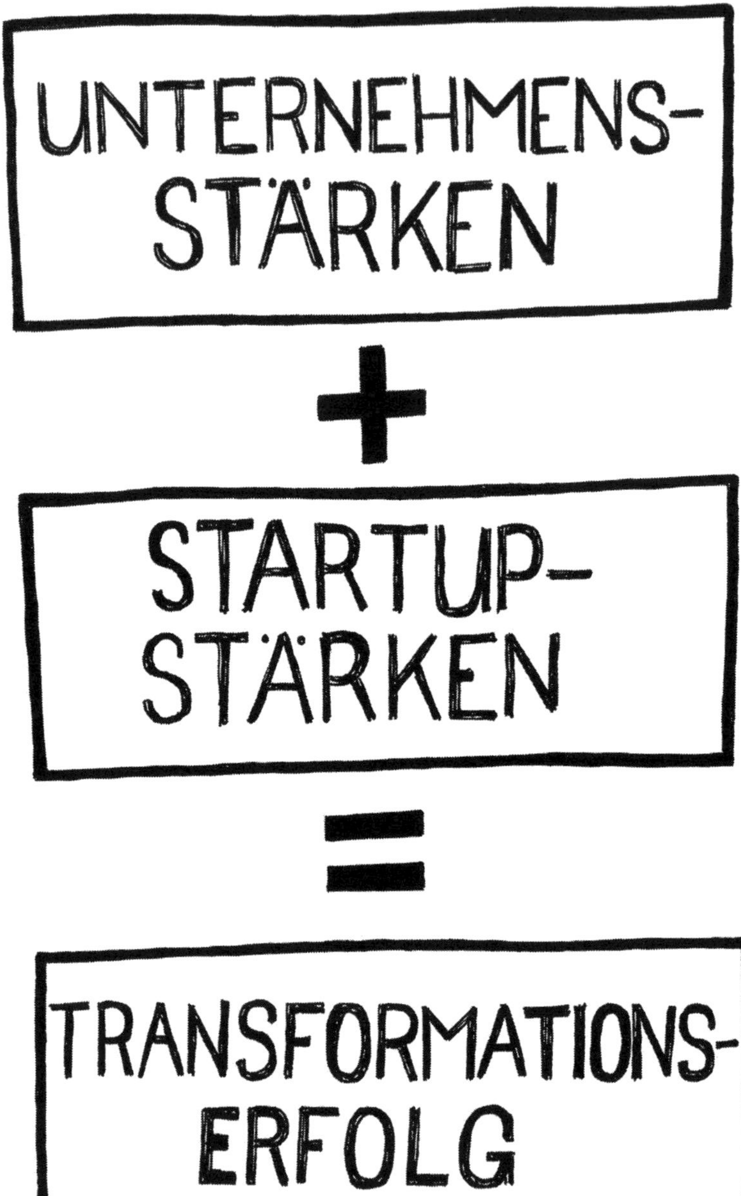
UNTERNEHMENS-STÄRKEN
+
STARTUP-STÄRKEN
=
TRANSFORMATIONS-ERFOLG

Baut Start-up-Stärken auf

Die Digitalisierung ist in vollem Gange und hat alle Branchen im Griff. Und weil sich die Märkte immer schneller verändern und immer mehr Disruptoren auftreten, müssen Organisationen wesentlich schneller reagieren als bei jeder anderen Veränderung in der Vergangenheit. Mit unserer bisherigen in deutschen Unternehmen vorherrschenden Arbeitsweise, getrieben von Perfektionismus, langfristigen Strategien, Sicherheitsdenken, Bewahrertum und des typisch deutschen Ingenieursdenken, werden wir die digitale Transformation allerdings nicht meistern. Um mit der Geschwindigkeit, die auf den Märkten gefordert wird, und dem sich schnell verändernden Kundenverhalten Schritt halten zu können, müssen wir einerseits unser Mindset und unsere Innovationsmethodik ändern; andererseits neben dem langfristigen inkrementellen Innovations- und Entwicklungspfad auch den disruptiven Pfad einschlagen.

Relevant ist aber nicht nur der Blick auf die sich verändernde Welt, und warum sie sich verändert. Enorm wichtig ist auch der Blick auf die Konkurrenz von morgen (siehe Kapitel „Bitte aufwachen: Die Disruption ist überall“). Denn die besteht nicht mehr nur aus den traditionellen Wettbewerberinnen, sondern auch aus den großen digitalen Gigantinnen wie Google, Amazon, Facebook, Microsoft, IBM oder SAP: Sie besetzen immer häufiger die Kundenschnittstellen, gehen aus ihrem ursprünglichen Kerngeschäft raus und steigen immer mehr in das B2B-Industriegeschäft ein. Und auch die agilen Start- und Grown-ups wie Uber, Airbnb, N26, Thermondo, Contorion oder FieldView werden mehr und mehr zur Konkurrenz. Denn sie alle bringen besondere Stärken mit. Sie investieren hohe Summen in risikoreiche Innovationsprojekte. Gleichzeitig verfügen sie über eine große Bereitschaft zu scheitern. Denn sie wissen, dass bis zu 90 Prozent der Ideen, Features und Geschäftsmodelle, die sie entwickeln und testen wollen, nicht funktionieren werden. Ferner sind sie bereit, ihr Geschäftsmodell in frühen wie auch späten Phasen ständig zu verändern. Im Gegensatz zu den digitalen Giganten verfolgen Start-ups jedoch in der Regel keinen detaillierten, langfristigen Plan. Sie müssen vielmehr darauf fokussiert sein, schnell voranzukommen, um die nächste Finanzierungsrunde zu sichern.

Schmerzpunkte schnell lösen

Eine weitere Stärke von digitalen Giganten und agilen Start-ups ist ihre extreme Test-Mentalität: Ideen werden in mehreren Sprints prototypisch am Markt getestet, weiterentwickelt und nach der Validierung schnell skaliert. In jeder Phase ist die Bereitschaft hoch, Ideen, Services und Produkte den Learnings aus dem letzten Sprint anzupassen; oder sie eben einzustellen, wenn die Datenlage keine Validierung hergibt. Bevor sie aber überhaupt über Geschäftsmodelle, Monetarisierung oder Skalierung nachdenken, beschäftigt sie sich mit den Schmerzpunkten der Zielgruppe. Denn eine radikale Nutzerzentrierung ist essenziell für den Erfolg – allerdings auch eine sehr große Herausforderung. Und auch wenn der Fokus auf die Kundin für viele traditionelle Unternehmen noch immer herausfordernd ist, kommt es mehr denn je darauf an, die Schmerzpunkte der Zielgruppe schnell zu lösen.

Und da sind wir bei der nächsten Stärke, nämlich der Schnelligkeit, die ganz klar vor der von den traditionellen Unternehmen geliebten Kontrolle steht. Kontrolle ist für deutsche Unternehmen mit ihren Kostenstellen, Controlling-Gesprächen, Soll-Ist-Abweichungen und Reportings etwas, was sie nur sehr schwer loslassen können. Dennoch muss ihr Ziel sein, viel schneller zu innovieren – auch unter massiver Unsicherheit. Lange Innovationszyklen und das Arbeiten nach Pflichten- und Lastenheft sollten dabei komplett tabu sein. Digitale Lösungen und Produkte müssen auch im inperfekten Zustand innerhalb von wenigen Tagen entwickelt und live an den Kundinnen getestet werden. Manche Start-ups handeln nach dem Motto: „Nur wenn man sich für seinen digitalen Service in einer frühen Phase schämt, hat man alles richtig gemacht."

Das Erfolgsrezept liegt also darin, in jeder Entwicklungsphase festzustellen, ob der Schmerzpunkt der Nutzerin auch wirklich gelöst wurde und sie den digitalen Service oder das digitale Produkt auch wirklich kontinuierlich nutzt. Und natürlich werden alle Entscheidungen auf Basis von Daten getroffen. Bauchgefühle waren gestern. Die harten Daten entscheiden darüber, ob ein Vorhaben weiterentwickelt, verändert oder eingestellt wird.

Nicht zuletzt leben die digitalen Giganten und die agilen Start-ups eine langfristige Radikalität. Das heißt, sie setzen nicht kurz- oder mittelfristig auf ein bestimmtes Umsatzziel – so, wie es viele traditionelle Unternehmen tun. Sie schauen vielmehr nach der ersten Validierung darauf, ob der Service oder das Produkt von den Kundinnen angenommen wird. Ob sie nach der ersten Nutzung überhaupt wiederkommt und die Lösung regelmäßig nutzt. Und ist die Kundenbasis dann erst einmal in der Breite aufgebaut, kommen die Modelle rund um die Monetarisierung dazu.

Die Uber-Waschmaschine

Mit welchen Zukunftsideen sich Industrieunternehmen beschäftigen, wurde mir vor zwei Jahren bewusst, als mich Dr.

Reinhard Zinkann, geschäftsführender Gesellschafter von Miele, nach einem Vortrag fragte, ob ich schon etwas von Uber Laundry gehört habe. In ein paar Jahren nämlich – so Zinkann – werden meine Frau und ich vier Uber Laundry-Säcke für weiße, schwarze, bunte und feine Wäsche zu Hause haben. Steht die Wäsche an, füllen wir diese Säcke entsprechend mit unserer Schmutzwäsche und bestellen per App ein Uber Laundry-Fahrzeug (Self Driving versteht sich). Das Fahrzeug fährt vor, der Kofferraum öffnet sich, wir werfen die Säcke rein und während der Fahrt wird die Wäsche gewaschen. Nach zwei Stunden erhalten wir eine Nachricht auf unser Handy, dass der Uber Laundry-Wagen vor der Tür steht und die Wäsche fertig ist. Und ganz ökonomisch hat das Fahrzeug während dieser zwei Stunden andere Fahrten erledigt. Auch wenn solche Geschäftsmodelle noch der fernen Zukunft angehören, beschäftigen müssen sich traditionelle Unternehmen wie Miele damit bereits heute. Denn es zeigt, wie die digitalen Player wie Uber Märkte disrupten, indem sie undenkbare Geschäftsmodelle andenken und angehen.

Es ist für die Zukunft unserer Wirtschaft essenziell wichtig, dass sich traditionelle Unternehmen nicht nur die Stärken der agilen Start-ups und der digitalen Giganten anschauen, sondern sie auch selber aufbauen und entwickeln. Und sie dann mit ihren ureigenen Stärken verbinden, die die großen Digital-Player und agilen Start-ups nicht haben: Assets, Know-how, Markenwert, einen breiten Kundenstamm in ihrer Branche, Distribution, Reichweite, motivierte und erfahrene Mitarbeiterinnen, die das Geschäft seit Jahrzehnten kennen, sowie ein solides Kundenvertrauen in Marke und Unternehmen. Und weil die digitalen Giganten häufig mit Misstrauen zu kämpfen haben (Stichwort Datenkrake) und Start-ups in der Gründungsphase mit Einkauf, Bonität, fehlenden Referenzen und vielem mehr, sind traditionelle Unternehmen bestens für die digitale Transformation gerüstet – vorausgesetzt, sie verbinden die Stärken der „alten“ mit denen der „neuen“ Welt.

Vom Start-up-Mindset lernen

In den ersten etventure-Jahren haben wir nicht nur unseren Geschäftsbereich Corporate Innovation aufgebaut, sondern auch in einer Art Inkubatormodell Start-up-Ideen entwickelt, validiert und skaliert. Eines meiner Lieblingsprojekte, von dem viele andere Start-ups und auch Mittelständler und Konzerne lernen können, war die Idee rund um das heutige Start-up mobileJob.

Hintergrund war, dass wir ein Digitalmodell im HR-Bereich gesucht haben. Als wir uns den Markt anschauten, stellten wir fest, dass es große Potenziale im Bereich gewerblicher Fachkräfte (oder neudeutsch Blue Collar Worker) gab. Blue Collar Mitarbeiterinnen sind meist in Produktionsbetrieben als Industriearbeiter- oder Handwerkerinnen beschäftigt. Wir stellten fest, dass anders als White Collar Mitarbeiterinnen, die im Büro-, Handels- und Dienstleistungssektor oder ähnlichen Berufen tätig sind, die Blue Collar Mitarbeiterinnen in beruflichen Netzwerken unterrepräsentiert waren. Angestellte White Collar Mitarbeiterinnen tummelten sich unter anderem auf Xing oder LinkedIn. Eine Jobplattform für Arbeiterinnen gab es jedoch nicht. Spannend, dachten wir, und stürzten uns auf die Zielgruppe.

Radikale Nutzerzentrierung im Fokus

Zunächst führten wir Interviews, um die Schmerzpunkte herauszufinden: Wir starteten mit den Personalverantwortlichen in den Unternehmen und erfuhren, dass es aufgrund des Fachkräftemangels sehr schwierig war, an geeignetes Personal zu kommen. Die HR-Mitarbeiterinnen beschrieben ihre Bewerbungsprozesse, die uns sehr klassisch erschienen: Sie schalteten vakante Stellen als klassische Stellenanzeigen in Lokalzeitungen, auf Monster, Stepstone oder bei vergleichbaren Internetangeboten. Die Bewerbungsunterlagen gingen größtenteils als klassische Print-Bewerbungsmappe mit Anschreiben, Zeugnissen und Lebenslauf bei den Unternehmen ein.

Im nächsten Schritt befragten wir die Fachabteilungen. Ein Lagerleiter, der auf der Suche nach einer Lagermitarbeiterin oder Gabelstaplerfahrerin war, sagte uns, dass ihn der klassische Bewerbungsweg nerven würde. Das Verfahren sei viel zu kompliziert. Die Anschreiben würde er sich eh nicht durchlesen, da ihn eigentlich nur fünf Fragen interessierten:

1. Wer war der vorherige Arbeitgeber?
2. Wie lange hat sie dort bis wann gearbeitet?
3. Ist die Kandidatin gewillt, auch in der Nachtschicht zu arbeiten?
4. Hat die Kandidatin einen Führerschein, um jederzeit zum Betrieb kommen zu können (unabhängig von den öffentlichen Verkehrsmitteln)?
5. Besitzt die Kandidatin einen Gabelstaplerführerschein?

Eine positive Antwort auf diese fünf Fragen wäre bereits mehr als die halbe Miete. Alles Weitere könne man dann in einem kurzen Gespräch klären.

Die nächsten Interviews führten wir mit Kandidatinnen. Die Schmerzpunkte waren schnell klar: Teilweise fehlten zu Hause Computer und Drucker. Manchmal fehlten Deutschkenntnisse, dann wurde die Nachbarin zur Rechtschreibkorrektur und Formulierung der Anschreiben hinzugezogen. Häufig war es auch einfach Angst oder Bequemlichkeit, die die Kandidatinnen von einer Bewerbung abhielten. Es gab viele Hürden, die zum Teil nichts mit den angebotenen Jobbeschreibungen zu tun hatten.

Done is better than perfect

Der mobileJob-Founder Steffen Manes und unser Team überlegten sich daher eine „digitale" Lösung für den Blue Collar Markt, bei der die fünf bis sieben Fragen einfach per App gestellt und beantwortet werden konnten. Diese Idee testeten sie dann bei potenziellen Bewerberinnen, stellten jedoch schnell fest, dass die meisten noch kein Smartphone mit einem Flat-Datentarif hatten. Auch gab es wenig Interesse, sich eine Recruiting-App herunterzuladen. Außerdem wäre die technische Umsetzung einer solchen App in dieser frühen Phase viel zu komplex gewesen.

Inspiriert von einem Zeitungsbericht aus Brasilien, entschied man sich für die gute alte SMS. Der Vorteil lag auf der Hand: Ein Handy zum Verschicken von Kurznachrichten hatte im Prinzip jeder. Die Fragen sollten also an die Kandidatinnen per SMS einzeln gesendet werden. Sobald eine Antwort reinkam, schickte unser Team die nächste Frage raus. Ein schöner Nebeneffekt: Der aufwendige Registrierungsprozess entfiel, da wir über die Telefonnummer automatisch eine eindeutige Identifizierung und den direkten Kommunikationskanal hatten.

Die schnelle Rückmeldung war für Kandidatinnen eine ungewohnte und positive Erfahrung

Nun mussten wir überlegen, wo wir die Idee am besten testen könnten. Gute Optionen schienen uns Bäckereien und Gastronomiebetriebe zu sein, die noch ganz klassisch mit einem weißen DIN-A4-Blatt im Schaufenster auf offene Stellen hinwiesen. Um zu prüfen, ob unsere Idee funktionierte, beschlossen wir, neben das DIN-A4-Blatt ein Plakat zu hängen mit der Aufschrift: „Bewirb Dich einfach mit dem Jobcode *Gastro* per SMS unter der Nummer …". Nach einigen Anläufen erklärten sich ein neu eröffnetes Restaurant sowie eine Bäckerei bereit, den Service zu testen. Wir kauften zwei Prepaid-Handys, druckten die jeweilige Nummer auf Plakate und hängten diese ins Schaufenster – und warteten dann auf die ersten SMS.

Lange mussten wir nicht warten, denn die Laufkundschaft schaute in die Schaufenster, sah die Plakate, zückte bei Jobinteresse ihr Handy, gab die Nummer sowie den Jobcode ein und kurze Zeit später klingelte bei dem mobile-Job-Gründer das Handy. Der antwortete prompt mit dem vorbereiteten Begrüßungstext: „Hallo liebe(r) Bewerber(in), vielen Dank für Ihr Interesse an dem 450-Euro-Aushilfsjob bei der Bäckerei Schmitz. Würden Sie mir bitte Ihren Namen mitteilen? Beste Grüße, Ihr Bäckerei-Schmitz-Team." Diese Art der schnellen Rückmeldung war für die Kandidatinnen eine ganz ungewohnte und sehr positive Erfahrung, wie wir im Nachhinein erfuhren. Und das führte unter anderem dazu, dass die allermeisten nicht nur zügig auf die erste Frage antworteten, sondern den gesamten Prozess bis zum Ende durchführten.

Beeindruckendes Ergebnis nach wenigen Wochen

Während dieser ersten Tests, in denen alles manuell ablief, hatte das Gründerteam um Steffen Manes viel zu tippen. Schritt für Schritt versuchte man, die Prozesse effizienter zu gestalten. Texte wurden vorgeschrieben und als Vorlage gespeichert, um sie schnell nach dem Copy-Paste-Prinzip einzusetzen. Die eingegangenen Bewerbungen wurden für eine kleine Auswertung in Excel-Tabellen übertragen. Nach den ersten drei Wochen stand das beeindruckende Ergebnis dieses ersten Testdurchlaufs fest: Im Durchschnitt hatten sich in einer Woche zehnmal so viele Bewerberinnen über den SMS-Dienst beworben wie über die weißen Blätter in den Schaufenstern. Ein toller Erfolg!

Das Team präsentierte die Ergebnisse und die Auftraggeber waren begeistert. Sie bekamen deutlich mehr und passendere Kandidatinnen als durch ihre bisherigen Aktivitäten. Die besten wurden ausgewählt und zu Vorstellungsterminen eingeladen. Auch hier machte sich der SMS-Service bezahlt. Die üblicherweise hohen No-Show-Raten in diesem Bereich konnten durch eine einfache Erinnerungs-SMS drastisch reduziert werden. Alle Kandidatinnen, die nicht ausgewählt wurden, erhielten eine Absage-SMS, was ebenfalls positiv aufgenommen wurde. Unter dem Strich konnten alle offenen Stellen innerhalb dieser drei Wochen über den innovativen SMS-Service von mobileJob besetzt werden.

Und die Perfektion kommt doch

Mittlerweile ist mobileJob einer der Marktführer in Deutschland für mobiles Recruiting im Blue Collar Bereich mit über 3.500 Unternehmenskunden, die die mobile Lösung mitunter regelmäßig für ihre Personalsuche einsetzen. Das SMS-System wurde durch einen mit Facebook und anderen sozialen Medien verknüpften Messaging-Service ersetzt. Aber die Ursprungsidee, fünf schnelle Fragen statt langwierige Bewerbungsprozesse, blieb als Grundlage für alle künftigen Weiterentwicklungen erhalten.

Das Konzept: ein Unternehmen beauftragt mobileJob mit dem Recruitingprozess für einen festgelegten Zeitraum vergleichbar mit der Schaltung einer Anzeige in einer Tageszeitung, wofür ein fixer Betrag fällig wird. mobileJob konzipiert nun die Anzeige und schaltet diese beispielsweise mit einem datenbasierten Targeting auf Facebook. Die Kandidatinnen sehen die Anzeige, klicken auf Bewerben, werden zum mobilen Bewerbungsprozess weitergeleitet, beantworten die fünf bis acht Fragen und die Bewerbung ist nach 90 Sekunden abgeschlossen.

Wie findet mobileJob geeignete Kandidatinnen?

Über die Jahre ist ein enormer Datenschatz mit Persönlichkeitsprofilen entstanden. Ein Beispiel: Ein REWE-Supermarkt in Hamburg-Altona sucht eine Floristin. mobileJob weiß genau, welche Eigenschaften potenzielle Kandidatinnen bei Facebook aufweisen: ungefähres Alter, Wohnort, Seiten, die sie abonniert haben und so weiter. Die Anzeigen werden entsprechend zielgruppenspezifisch aufbereitet und ausgespielt. Das funktioniert für die Verkäuferin in Hamburg genauso wie für die Stellwerksleiterin der Deutschen Bahn in Nürnberg. Ein beeindruckendes datenbasiertes Geschäftsmodell, welches mit einer einfachen SMS-Lösung und einem Testingvolumen von wenigen Hundert Euro für die Plakate sowie den Prepaid-Handys gestartet wurde.

Dieser Start-up-Case vereint all das, was Unternehmen von Start-ups lernen müssen: radikale Nutzerzentrierung und datenbasiertes Arbeiten, schnellste Umsetzung und ein „Done is better than perfect"-Mindset. Auch kann man sehr deutlich erkennen, dass so ein Mindset nur in einem geschützten Raum entwickelt werden kann.

AXOOM
XOM MATERIALS
amazon
PREDIX
Airbnb
Booking.com
Xometry
ADAMOS
CheMondis
...

Denkt wie Plattformplayer

Plattformunternehmen zählen zu den Profiteurinnen der Corona-Krise, denn ihr Wettbewerbsvorsprung ist während der Pandemie weiter gewachsen. Damit die deutsche Wirtschaft aufholen kann, müssen die Unternehmen hierzulande die Logiken von plattformbasierter vernetzter Wertschöpfung und Geschäftsmodellen verstehen und sich die Stärken der Plattformplayer zu eigen machen.

„Viele deutsche Unternehmen – auch kleine und mittlere – haben eine riesige Chance, für ihre Branche etwas aufzubauen, das Weltklasse ist", appellierte Chemondis-CEO Sebastian Brenner bei einer etventure-Veranstaltung an deutsche Unternehmenslenkerinnen. Als Tochter des Chemiekonzerns Lanxess ist Chemondis zum führenden B2B-Online-Marktplatz für Chemikalien in Europa geworden. Ein Beispiel, das zeigt, dass es sich lohnt, die digitale Plattformreise zu starten. „Ich denke, es ist jetzt an der Zeit, dies umzusetzen, denn wenn wir es jetzt nicht tun, wird es jemand anderes tun", so Brenner.

Erfolgreicher als traditionelle Unternehmen

Die Corona-Pandemie wirkt aktuell wie ein Turbo-Booster der Digitalisierung; sie zeigt die Herausforderungen, vor denen viele Unternehmen stehen. Die Themen reichen dabei von mangelnder digitaler Infrastruktur (um das Homeoffice vernünftig abbilden zu können), bis hin zur existenziellen Gefährdung des Kerngeschäftes (wenn digitale Kundenschnittstellen im Vertrieb fehlen). Doch es gibt auch Unternehmen, die sich bereits früh neu aufgestellt haben. Dazu gehört beispielsweise der Stahlhändler Klöckner (siehe Kapitel „Klöckner versus

Stahlbranche"), der zu Beginn der Corona-Krise innerhalb kürzester Zeit sehr viele Entscheidungen treffen musste, um dafür zu sorgen, dass das Unternehmen weiterhin lieferfähig blieb, was es aufgrund seiner digitalen Fähigkeiten sehr gut hinbekommen hat. Während viele Wettbewerber nicht lieferfähig waren, stiegen bei Klöckner die Verkäufe gerade zu Beginn der Krise überproportional.

CEO Gisbert Rühl treibt bereits seit Jahren die Transformation des Stahlhändlers zu einem Plattformunternehmen voran und erzielt über digitale Kanäle bereits heute Umsätze in Milliardenhöhe: „Wir alle mussten erkennen, dass Plattformunternehmen erfolgreicher als traditionelle Unternehmen sind. Sie wachsen schneller, sind effizienter und haben niedrigere variable Kosten", sagte er mir in einem ChangeRider-Interview.

Selbst zum Disruptor der eigenen Branche werden

Das Beispiel zeigt auch, es ist ein kontinuierlicher Transformationsprozess: Von der ersten digitalen Kundenschnittstelle, über den Ausbau digitaler Kanäle und Services sowie einem internen Kulturwandel bis hin zu Rühls eigentlichem Ziel, mit Klöckner ein Amazon des Stahls aufzubauen. Denn er hat früh erkannt, dass sich jederzeit ein Plattformplayer von außen zwischen Klöckner und seine Kundinnen drängen kann – um dann mit digitalen Geschäftsmodellen den Markt zu orchestrieren. Ihm war klar, dass sein Unternehmen die Kundenschnittstellen verlieren würde, wenn er sie nicht selbst digital besetzt. „Wenn der Kunde sich eine Plattform wünscht, über die er alle Stahl- und Metallprodukte beziehen kann, dann wird es so etwas zwangsläufig geben. Besser also, man startet es direkt selbst und partizipiert daran." Womit sein Entschluss klar war: Er wollte selbst zum Disruptor der eigenen Branche werden.

Traditionell geht es im B2B-Bereich um operationale Exzellenz. Im Tagesgeschäft stehen Themen wie Effizienz und Prozesse im Fokus. Während bei vielen traditionellen Unternehmen die Kundensicht eine Innensicht bleibt, haben die führenden Plattformunternehmen jedoch maximale Nutzerzentriertheit perfektioniert. Denn kundenzentrierte Strategien werden auch die komplizierte Landschaft der B2B-Beziehungen grundlegend verändern. Immer da zu sein, wo die Kundin ist, wird in einem sich verschärfenden globalen Wettbewerb zunehmend überlebenswichtig. Vor allem weil sich außerhalb der eigenen Unternehmensgrenzen die wichtigsten Potenziale befinden.

Durch den Zusammenschluss mit Partnerinnen wachsen Plattformunternehmen schneller

Digitale Plattformen vernetzen Anbieter und Nachfrager auf Basis der passenden Technologie. Indem Partner wertstiftend eingebunden werden, die den Austausch unterstützen und zusätzliche Dienstleistungen bereitstellen (etwa Zulieferer, Zahlungsanbieter, Logistiker), dienen sie als Instrument, um das komplexe dynamische System aus Kundenbedürfnissen und passenden Angeboten zu orchestrieren und abzuwickeln.

Durch den Zusammenschluss mit Partnern wachsen Plattformunternehmen schneller, weil sie auf Ressourcen zugreifen, die sie nicht besitzen. Daher können sie für ihre Kundinnen Produkte und Services noch individualisierter, personalisierter und flexibler anbieten und eine optimale Customer Journey schaffen. Durch die digital vernetzte Wertschöpfung erhält die Kundin alles aus einer Hand. Dies steigert nicht nur die Wertigkeit des eigenen Angebots. Gleichzeitig sorgt die Transparenz und Effizienz von Plattformen dafür, dass Transaktionskosten sinken. Hier verbergen sich auch die fundamentalen

Unterschiede gegenüber einem Onlineshop, der eher das klassische Einzelhandelsgeschäft widerspiegelt, über den Produkte von einer einzigen Händlerin vermarktet und verkauft werden.

Durch die digital vernetzte Wertschöpfung erhält die Kundin alles aus einer Hand

Den Onlineshop einfach in eine Industrieplattform umwandeln und schon ist man erfolgreich? Ganz so einfach ist es nicht! Denn Unternehmen haben häufig auch mit internen Widerständen zu kämpfen, etwa wenn Vertriebsmitarbeiterinnen Kundinnen keine digitale Lösung anbieten wollen, auf der auch Produkte der Konkurrenz verfügbar sind. Auch tappen sie viel zu häufig in die Falle, die Dinge gleich ganz groß und langwierig aufzuziehen. Es geht vielmehr darum, klein anzufangen und vor allem von der Kundin und deren Bedürfnissen her zu denken. Die Grundvoraussetzung auf dem Weg zum Plattformplayer ist es, digitale Schnittstellen zur Kundin aufzubauen und – so banal es auch klingen mag – die Kundinnen gerade im traditionellen B2B-Bereich an digitale Interaktion zu gewöhnen, um darüber Sales zu generieren.

Dies setzt einen grundlegenden Kulturwandel in der Kernorganisation voraus. Denn wenn sowohl der Vertrieb als auch die Einkäuferin auf Kundenseite Angst haben, ihren Job durch Digitalisierung zu verlieren, dann werden selbst die besten B2B-Webshops und Plattformmodelle scheitern. Mitarbeiterinnen müssen daher von Beginn an eingebunden, weitergebildet und mit neuen Innovationsmethoden vertraut gemacht werden. Die digitalen Lösungen müssen auch ihre Schmerzpunkte lösen. Funktionieren wird es nur, wenn der Wandel vom Top-Management getrieben wird.

Mit einem geschützten Raum starten

Wie lässt sich gefahrlos und vor allen Dingen schnell starten, ohne dass das Kerngeschäft leidet oder interne Widerstände den Fortschritt ausbremsen? Die Antwort lautet sehr häufig: in einem geschützten Raum. Geschäftsmodelle oder digitale Services, die dort erfolgreich getestet und validiert wurden, können von der Kernorganisation übernommen oder ausgegründet werden (siehe Kapitel „Hinter Mauern").

Klöckner hat zuerst eine Digitaleinheit aufgebaut, die einerseits völlig frei von der Zentrale in Duisburg agieren konnte, aber andererseits nicht – und hier liegt der Unterschied zu den allermeisten Digitallaboren hierzulande – jahrelang experimentieren sollte. Es sollten möglichst schnell handfeste Geschäftsmodelle geliefert werden, die Schritt für Schritt in die Kernorganisation in Duisburg übertragen werden konnten.

Die richtige Rolle definieren und entwickeln

Auf diese Weise konnte nach drei Monaten ein Kontraktportal online gehen, mit dessen Hilfe Kundinnen ihre Stahl-Bestellungen organisierten. Es war der initiale Schritt, den analogen Kundenstamm zu digitalisieren. Kundinnen war es nun möglich, ihre Kontrakte besser nachzuvollziehen, Anfragen zu stellen oder Kontrakte zu erneuern. Die Verhandlungen liefen noch über den Vertrieb, nur die Abrufe wurden automatisiert, ebenso wie die Schnittstelle zum Lager. Klöckner war es nun möglich, den eigenen Lagerbestand zu optimieren und damit bessere Vorhersagen zu treffen sowie eine bessere Preisstabilität zu garantieren. Das Portal wurde zu einem digitalen Marktplatz für den Stahlmarkt, mit dem das Unternehmen heute Umsätze in Milliardenhöhe erzielt.

Um sich innerhalb des Zeitalters der vernetzten Wertschöpfung zukunftssicher aufzustellen, brauchen Unternehmen auch ein strategisches Plattformkonzept. Das heißt, die Einschätzung der Entwicklung von Branchen und Märkten sowie ein tiefes Verständnis über potenziell relevante Ökosysteme und ihre Handlungsoptionen in diesen: Welche Synergien und Marktchancen gibt es, die eigenen Fähigkeiten und Unternehmenswerte mit den Kundenwünschen zu vereinen? Dabei sprechen digitale Expertinnen häufig davon, die richtige Rolle zu definieren und zu entwickeln. Sie betonen, dass nicht jeder eine Plattform betreiben, also Orchestrator sein muss, da auch die Rollen als Partner (zum Beispiel als Finanzdienstleister) oder Produzent, die über die Plattform einen zusätzlichen digitalen Vertriebskanal erhält, nachhaltige Unternehmensperspektiven sind. Das Wichtigste: aktiv am Geschehen teilnehmen.

Entwicklung in drei Phasen

Zusammenfassend kann die Entwicklung in drei strukturierten Phasen angegangen werden. Um herauszufinden, was das fürs Unternehmen passende Zielmodell ist, sollten Entscheiderinnen im ersten Schritt – der Definitionsphase – beleuchten, wie sich Markt und Wertschöpfung verändern und dabei die eigenen Optionen evaluieren: Welche Positionierung im Umgang mit Plattformen passt zum Unternehmen? Welche Anpassungen von Geschäftsmodell und Services sind für die neuen Gegebenheiten erforderlich? Hierbei ist es essenziell, nicht nur die direkten Wettbewerber zu betrachten, sondern ebenso aufstrebende Start-ups und branchenfremde Unternehmen, die in den Markt drängen könnten. Die Kontrolle über die Kundenschnittstelle muss geprüft und mithilfe digitaler Services und Geschäftsmodelle abgesichert oder angegriffen werden. Und schließlich müssen die notwendigen Kooperationen, die für den Aufbau der Plattform relevant sind, definiert werden. Manche Elemente der digitalen Geschäftsmodelle sollten in Eigenregie aufgebaut werden, manche erfolgen besser in Partnerschaften.

In der folgenden Phase, der Gestaltungsphase, wird eine mögliche Plattformidee als Startpunkt gefunden, iterativ weiterentwickelt und geschärft: Treffe ich mit der Idee wirklich ein Kundenbedürfnis und schaffe einen Mehrwert für beide Plattformseiten? Durch Marktinterviews und kleine Live-Tests mit einer begrenzten Zielgruppe wird getestet, ob der Markt sowohl auf der Lieferanten- als auch auf der Kundenseite die Plattform wirklich braucht, annimmt und nutzt. Erst wenn in dieser Phase die Datenbasis stimmt, folgt die eigentliche Umsetzungsphase. Hier muss der Fokus bei der eigentlichen Entwicklung der Plattform weiterhin klar auf der radikalen Nutzerzentrierung liegen (siehe Kapitel „Keine Großprojekte ohne Nutzerzentrierung“).

Notwendige Kooperationen definieren

Der Fokus wird also auch bei der Umsetzung nicht auf der klassischen Pflichten- und Lastenheftumsetzung à la Wasserfallprinzip liegen. In dieser Phase ist es wichtig, auch weiterhin die unterschiedlichen Marketing-Kanäle zur Ansprache der Lieferanten und auch Kundinnen zu testen. Auch bei reinen Online-Plattformmodellen erfolgt die Ansprache gerade im B2B-Bereich häufig noch offline durch postalische Mailings, über Messen, durch die Vertriebsmannschaft, den technischen Außendienst oder auch den telefonischen Verkauf.

Ein erfolgreiches Beispiel aus dem Markt ist Motum by RepairFix, eine Plattform für After-Sales-Services im Automobilbereich, die ein international führender Lackhersteller als neue Gesellschaft ausgegründet hat. Das Ziel: Eine höhere Auslastung der Werkstätten im Netzwerk des Chemiekonzerns und somit eine starke Kundenbindung und letztlich eine Absatzsteigerung der Lack-Verkäufe. Auch Motum by RepairFix startete mit einer einfachen App für die effiziente Abwicklung von Lackschäden zwischen Werkstätten und Autofahrerinnen – also mit der Digitalisierung einer bestehenden analogen Kundenbeziehung.

Neue Kundengruppen erschließen

Damit wirkte das Unternehmen proaktiv einem Verdrängungswettbewerb entgegen und ermöglichte gleichzeitig Upselling durch das Angebot zusätzlicher wertschöpfender Leistungen. Mit den digitalen Produkten vernetzt RepairFix heute alle wesentlichen Parteien im Automotive Aftersales-Markt und erleichtert so die Prozesse rund um die Schadens- und Service-Anforderungen – auch für Flottenbetreiber und neue Mobilitätsanbieter. Das Unternehmen hat so neue Kundengruppen erschlossen, machte sich unabhängiger vom transaktionalen Verkauf von Chemikalien und rüstete sich mit einem unabhängigen Plattformgeschäftsmodell im B2B-Bereich für die Zukunft. Nach und nach bilden Plattformmodelle mit ergänzenden Produkten branchenübergreifend ein Gesamt-(Öko-)System und können so ein breites Spektrum von Kundenbedürfnissen befriedigen. Den weiteren Ausbau sowie das Zusammenspiel von Anbieterinnen, Nachfragerinnen und weiteren Partnerinnen optimieren die Plattformbetreiberinnen.

Entschlossenheit ist wichtiger denn je

Der Blick auf die deutsche Unternehmenslandschaft zeigt, dass es bereits einige mutige Unternehmenslenkerinnen gibt. Dabei ist ein digitalisiertes Unternehmen in vielen Bereichen zukunftsfähig aufgestellt und damit auch stabiler in der Krise. Um die Chancen zu nutzen, die Digitalisierung und insbesondere Plattformen bieten, fehlt es in der Breite jedoch an Entschlossenheit. Diese Entschlossenheit ist allerdings wichtiger denn je. Denn während im B2C-Bereich die sogenannte erste Halbzeit bereits entschieden wurde und branchenfremde Unternehmen, Start-ups und Tech-Konzerne aus dem Silicon Valley einzelne Branchen geradezu überrollt haben, gilt es im B2B-Bereich, auf den eigenen Stärken aufzubauen. Hiesige Unternehmen kennen ihre Industrien wie keine andere, besitzen ein gewachsenes Beziehungsnetzwerk innerhalb ihrer Wertschöpfungsketten und können ihre Reputation und vor allem ihre Kundenbasis nutzen – um die zweite Halbzeit zu gewinnen.

Den Übergang zu einem digital gesteuerten Geschäftsmodell zu schaffen ist nicht nur wichtig, um sich im Wettbewerb abzugrenzen, es ist überlebensnotwendig. Ob nun als Betreiber einer Plattform, die dem Unternehmen hilft, sich dichter an der Endkundin zu positionieren, oder durch die partnerschaftliche Vernetzung im Ökosystem mit bestehenden Plattformen. Es gilt, mit einer intelligenten Plattform- und Ökosystem-Strategie sowie einer mutigen Umsetzung im Markt zu bestehen und weiterzuwachsen.

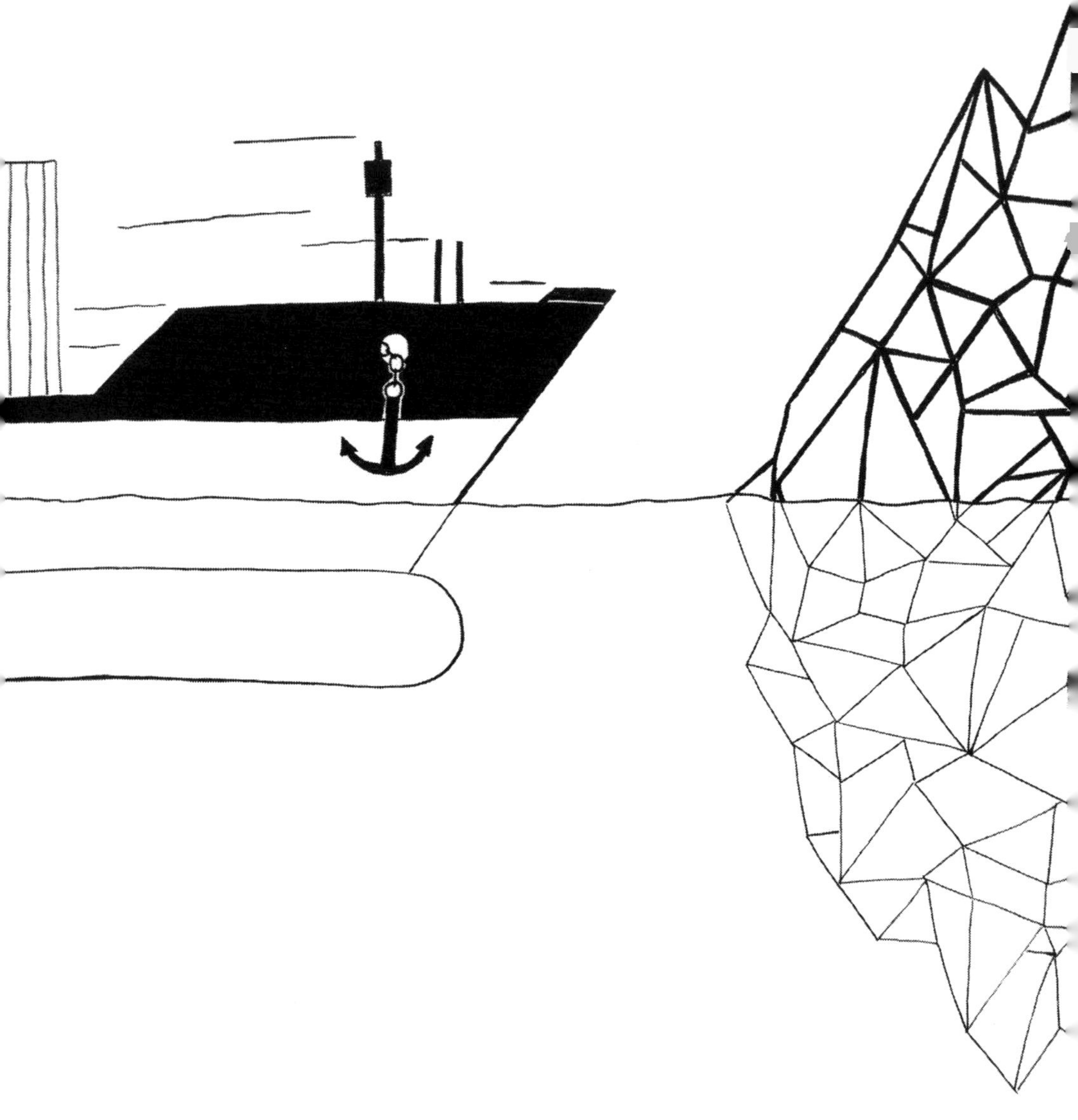

Tschüss Industrietanker, hallo Ökosystemanbieter

Ob großer Industrietanker oder Mittelständler, um die Herausforderungen der digitalen Transformation meistern zu können, müssen sie sich zu Ökosystemanbietern wandeln. Und weil sich die Wertschöpfung weg von der stark linearen hin zu einer vernetzten Form bewegt, spielen Ökosysteme eine zentrale Rolle.

Die alte Welt, in der erst mit Geschmacksmustern und Produkten auf den Markt gegangen wird, wenn Patente angemeldet sind, alles selber und im Geheimen gemacht wird und Start-ups und Digitalplayer als Gefahr angesehen werden, passt nicht mehr in die heutige Zeit. In der nämlich beherrschen große Tech-Unternehmen wie Amazon und Google den Markt und selbst Start-ups greifen immer häufiger die B2B-Domänen unserer Weltmarktführer an. Um hier ein Gegengewicht bilden zu können, müssen traditionelle Unternehmen radikal umdenken und sich „Verbündete" suchen. Das können Kooperationen mit Start-ups, mit Unternehmen aus anderen und der eigenen Branche sowie mit Forschungsinstituten und Hochschulen sein.

Zusammenarbeit mit agilen Start-ups und Digitalplayern

Ich kenne die „alte" Welt sehr gut, denn bereits in jungen Jahren habe ich bei VIEGA, dem Unternehmen meines Großvaters, viele Praktika gemacht und häufig in den Ferien gejobbt. Und dort herrschte eine sehr strenge Geheimhaltungskultur: Als mein Großvater mir einmal die Produktion zeigte, fielen mir Kratzstellen an fast allen Fertigungsmaschinen auf; und zwar immer an der gleichen Stelle. Darauf angesprochen erzählte er, dass er grundsätzlich die Logos der Maschinenhersteller abkratzen lassen würde. Die Konkurrenz sollte schließlich nicht erfahren, mit welchen Maschinen VIEGA seine Produkte fertigte. Denn weil er nicht alleiniger Anbieter von Rohren, Steckverbindungen, Fittings und Ähnlichem war, sollte alles streng geheim bleiben. Mit dieser „ich mache fast alles im Geheimen und Alleine-Mentalität“ hat er VIEGA zum Weltmarktführer mit über 3.000 Mitarbeiterinnen aufgebaut. Ich bin mir aber unsicher, ob er das Unternehmen, wenn er denn noch leben würde, mit diesem Mindset auch noch zukünftig erfolgreich führen könnte.

Für den Zusammenschluss mit Marktbegleitern brauchen Organisationen Mut, der ihnen leider häufig fehlt. Sie kommen jedoch um eine Vernetzung (auch mit Wettbewerberinnen) nicht herum. Denn agile Start-ups und Digitalplayer strömen auf ihre Märkte und bringen Innovationen und Arbeitsmethoden mit, über die traditionelle Unternehmen selbst nicht verfügen. Die wiederum bringen Know-how, Vertriebsstruktur und Geld mit. Für innovative, disruptive Lösungen kann daher eine Verbindung für beide Seiten sehr nützlich sein. Ein Mittelständler beispielsweise muss für die Nutzung einer digitalen Personallösung nicht zwangsläufig ein teures und komplexes ERP-Systemmodul erwerben, wovon sie eh 90 Prozent der Features nicht benötigt. Sie kann auch auf die externe digitale Lösung eines Start-ups setzen, die über eine Standard-Schnittstelle die Daten ins ERP-System gibt, bzw. sich relevante Daten zieht. Solche Lösungen sind meist ohne großen Implementierungs- und Anpassungsaufwand am selben Tag realisierbar sowie im kleinen Rahmen zu testen.

Sich den „Verbündeten" öffnen

Eine digitale Vermögensverwaltung zum Beispiel arbeitet bei der erstmaligen Registrierung und der Identitätsbestätigung (die per Videokonferenz mit einer Servicemitarbeiterin erfolgt) mit der White-Label-Lösung eines Start-ups und nicht mit dem umständlichen Post-Ident-Verfahren. Das hat dafür „einfach" die Vermögensverwaltung in ihren Registrierungsprozess integriert. Hätte die Vermögensverwaltung diese Legitimation selbst entwickelt, hätten sie vermutlich nicht nur mehrere Millionen Euro ausgegeben, sondern auch mit einer Entwicklungszeit von mehr als eineinhalb Jahren rechnen müssen.

Für ein umfassendes Verständnis von Markt und Trends sind traditionelle Unternehmen nicht nur auf die richtigen Innovationspartner, Start-ups, Experten und Netzwerke angewiesen. Sie müssen für eine erfolgreiche Transformation auch ihr Mindset ändern: Statt auf langfristige Entwicklungszyklen und Geheimhaltung zu setzen, sollten sie sich für eine gemeinsame digitale Lösung ihren „Verbündeten" öffnen und bereits in der frühen Entwicklungsphase offen über ihre Ideen sprechen. Um notwendiges Feedback einsammeln und wichtige Daten generieren zu können, ist es notwendig, auch mit nicht ausgereiften Produkten auf den Markt zu gehen. Eine Vorgehensweise, bei der sich bei vielen deutschen traditionellen Unternehmenslenkerinnen und Ingenieurinnen die Haare sträuben.

MARKE

?

Die Traditionsmarke, der Erfolgsgarant von gestern

Deutschland ist ein Land der starken Marken. Viele dieser Unternehmen haben sich ihren Erfolg über Jahrzehnte hart erarbeitet. Ausruhen können sie sich darauf aber nicht, denn Zuverlässigkeit und ein aggressives Marketing von Markenartikeln reicht heute nicht mehr aus. Durch die digitale Transformation steht auch die Markenführung vor grundlegenden Änderungen und Herausforderungen. Das heißt, Unternehmen müssen heute viel stärker an ihrer Innovationskraft arbeiten. Denn das, was auf Marken einwirkt, ist wesentlich vielschichtiger geworden.

Heute prägen das Bild einer Marke neben der Kommunikation über die und mit der Marke vor allem auch die Erlebnisse, die Kundinnen mit dem Produkt haben. Ist es einfach in der Handhabung und löst es die Schmerzpunkte der Konsumentinnen oder auch B2B-Kunden, erhält das Produkt positive Bewertungen in der Breite, was für die Markenbildung immer wichtiger wird. Aber auch das verantwortungsvolle Handeln von Unternehmen bezüglich der Umwelt (Stichwort Nachhaltigkeit) und der Mitarbeiterinnen (Stichwort Unternehmenskultur) hat immer stärker auch Auswirkungen auf die Marke.

Was passiert, wenn ein Management nicht auf veränderte Wünsche der Kundinnen reagiert, zeigen Unternehmenspleiten wie Nokia, Quelle, Schlecker, Grundig und Kodak, um nur einige zu nennen. Um das stimmige Markenbild zu gefährden, reicht heute bereits ein schlechter Service: Wer Kundinnen bei Reklamationen oder Rückgaben schlecht behandelt, mit einer Aussage oder einem Werbeslogan Wertvorstellungen verletzt, muss in B2C-Märkten mit einem Shitstorm in sozialen Medien rechnen. Diese Gefahr eines Markenschadens war vor zehn, 15 Jahren noch kein Thema, da Kundinnen ihrer Wut nicht direkt und schnell über die sozialen Netzwerke Luft machen konnten.

Während man früher enorme Budgets benötigte, um Marken aufzubauen und langfristig am Markt zu halten (TV-, Print-, Kino-, Fassaden-, Hörfunk- und Plakat-Werbung verursachten enorme Kosten), ist dies heute über Social Media und Digitalkanäle nicht nur einfacher, sondern auch wesentlich schneller möglich. Und da die Transparenz und Schnelligkeit der sozialen Medien unbekannten Marken zum Erfolg verhilft, müssen alte Marken auf der Hut sein und ebenfalls diese Kanäle bespielen und mit ihren Kundinnen interagieren. Vor allem aber müssen sie die richtigen Produkte und Services auf den Markt bringen – auch wenn das bedeutet, etablierte Prozesse neu zu denken.

Fahrzeuge im Abo-Modell

Der Umbruch des Automobilmarkts beispielsweise hat auch enorme Auswirkungen auf deutsche Automarken. Während früher ganze Familiengenerationen einer Automarke treu blieben, sind heute andere Kriterien entscheidend. Das alte Geschäftsmodell, Fahrzeuge zu produzieren, zur dezentralen Niederlassung zu verfrachten und mit viel Werbebudget (bei VW betrug das Mediabudget 2018 mehr als 1,5 Milliarden Euro) zu verkaufen, funktioniert immer weniger. Konsumentinnen sind nicht mehr darauf angewiesen, ins Autohaus zu gehen, um sich ein Fahrzeug zu kaufen. Neue Automobilplayer aus China beispielsweise greifen die Weltmärkte nicht nur ohne Showroom und Niederlassungsstruktur in Deutschland an. Sie bieten Elektrofahrzeuge zudem zu einem unschlagbar günstigen Preis von 10.000 Euro an. Und auch bei Tesla können Kundinnen ihr

Fahrzeug direkt online konfigurieren und bestellen. Undenkbar für deutsche Markenhersteller, die nicht nur besonders stolz auf ihre Variantenvielfalt sind (Stichwort: deutsche Ingenieurskunst), sondern das Konfigurieren und Bestellen eines Fahrzeugs auch (bewusst) unnötig schwer machen. Auch neue Auto-Abo-Modelle wie Sixt+ bereiten der Branche zusätzlich Kopfschmerzen und reduzieren die Verkaufszahlen der OEMs. Mit Sixt+ können Fahrzeuge im Abo-Modell mit allem Drum und Dran auf Monatsbasis gemietet werden. Dann stehen ganz flexibel im Sommer das Cabrio und im Winter der SUV zur Verfügung. Andere Fahrzeuge von anderen Herstellern können also so auch mal schnell getestet werden. Die Kundin muss dabei nur noch tanken. Und dann kommt natürlich noch die minutengenaue On-Demand-Lösung der Carsharing-Anbieter in den Großstädten hinzu, die auch einen Einfluss auf die Verkaufszahlen der großen Automobilhersteller hat und bei der die Fahrzeugmarke auch mehr oder weniger egal ist.

Markenaffinität der Deutschen

Und ein weiterer Nachteil bereitet den deutschen Automobilherstellern Bauchschmerzen – sollte es zumindest: Die Kundenschnittstelle besetzt aktuell noch in der Regel das dezentrale Autohaus, welches in den meisten Fällen von einer eigenständigen Unternehmerin geführt wird. Die Kundendaten liegen also dort und nicht beim Automobilhersteller. Wollen diese nun schnell auf ein Plattformmodell oder digitale Services setzen, ist das nicht möglich, denn dazu fehlt ihnen (noch) der direkte Kundenkanal. Es geht also auch darum, wie die Kundenschnittstelle aus Automobilherstellersicht direkt besetzt und die Geschäftsmodelle geändert werden können. Und weil sich auch hier das deutsche Konsum- und Nutzerverhalten massiv ändert, ist eine starke Marke kein Erfolgsgarant.

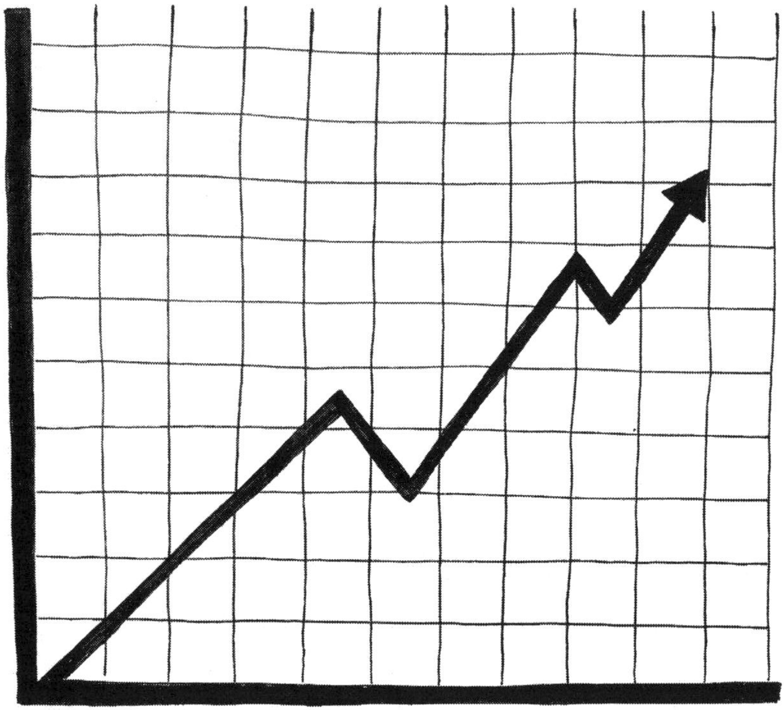

The trend should be your friend

Der Wandel durch die Digitalisierung ist allgegenwärtig, die einzige Konstante ist die Veränderung. Dabei birgt der Wandel Risiken und Chancen. Damit aus dem Risiko eine Chance werden kann, müssen Unternehmen ihre Produkte und Services sowie den Markt stets im Blick haben. Wer dabei Trends nicht frühzeitig erkennt, diese versteht und in innovative Produkte oder Dienstleistungen überführt, geht unter. Dass das schneller passieren kann als gedacht, zeigen Beispiele wie Neckermann, Nokia oder zuletzt Kettler, die entscheidende Trends nicht rechtzeitig sahen bzw. nicht rechtzeitig umsetzten (siehe Kapitel „Peloton versus Kettler").

Auch sind Trends multidimensional. Das heißt, viele Trends, die auf den ersten Blick nicht die eigene Branche betreffen, haben trotzdem eine Relevanz. Nehmen wir das autonome Fahren: setzt es sich durch, werden beispielsweise bei langen Lkw-Fahrten die Truckstops und Ruhezeiten komplett wegfallen und somit die Gastronomiebereiche in den Autobahn-Raststätten massiv verändern. Daher sollten Organisationen Trends eine hohe Aufmerksamkeit schenken: Es gibt die sogenannten Megatrends, die alle Bereiche der Politik, Gesellschaft und Wirtschaft langfristig und global prägen – und sich gegenseitig beeinflussen. Der Megatrend New Work beispielsweise wird maßgeblich durch die zunehmende digitale Vernetzung – dem Megatrend Konnektivität – geprägt. Der Megatrend Urbanisierung hängt mit dem Megatrend Mobilität zusammen. Und es gibt die Trends, die das Unternehmensumfeld und die Branche berühren und Auswirkungen auf Lieferanten, Anwenderinnen, Kundinnen, Kundinnen von Kundinnen, Verwaltung sowie Konkurrenten haben.

Die Trendforschung ist ein wichtiger Erfolgsfaktor im Innovationsmanagement

Dieser Herausforderung müssen Unternehmen sich stellen. Sie müssen sich damit beschäftigen, welche konkreten Auswirkungen (Mega-)Trends auf ihre Organisation, ihr Geschäft, ihre Branche und ihre Kundinnen haben. Und welche großen Veränderungen dadurch entstehen. Eine Schokoladenhersteller beispielsweise sollte sich nicht nur mit der eigenen Branche und im Wettbewerb auskennen, sondern sich vor allem auch mit den Megatrends Gesundheit und Neo-Ökologie beschäftigen. Dabei sind die Themen Milchkonsum in Verbindung mit Nahrungsmittelunverträglichkeiten und Zuckereinsatz sowie ein steigendes Gesundheitsbewusstsein wichtig. Nicht nur die Digitalkanäle und die digitalen Services müssen somit ständig verändert und angepasst werden, sondern – wie im Fall des Schokoladenherstellers – auch das jahrzehntelang bewährte Produktportfolio.

Deshalb gehört für Organisationen die Auseinandersetzung mit Trends zu den wichtigsten Innovationsaufgaben. Denn sie sind die Grundlage für Innovationsstrategien, innovative Produkte, Services und Geschäftsmodelle sowie für zukünftige Ausrichtungen. Wer sich dem nicht stellt oder sich auf falsche Trends fokussiert, kann durch eine Disruption überrascht werden – oder von Krisen wie der Corona-Pandemie.

Die digitale Transformation kann man nicht kaufen

Viele CEOs machen es sich einfach, gehen auf Akquisetour und kaufen sich bei Start-ups ein. Sie hoffen, so eine digitale Transformation starten zu können und schnell zu lernen, digitale Kanäle aufzubauen, sowie das Mindset ihrer Mitarbeiterinnen und die Unternehmenskultur in der Kernorganisation zu ändern. Ein absoluter Trugschluss, denn für eine erfolgreiche digitale Transformation lautet die Devise: selber machen!

Die Zusammenarbeit mit Start-ups liegt voll im Trend. Es gibt kaum einen Konzern, der heutzutage nicht zumindest an ein paar Start-ups beteiligt ist oder gar ein eigenes Accelerator- oder Inkubator-Programm aufgesetzt hat. Und auch im Mittelstand gewinnt die Kooperation mit Start-ups an Beliebtheit. Prinzipiell auch eine gute Idee. Die Unternehmen können von Start-up-Methoden lernen sowie sich neue Arbeitsweisen aneignen, Talente für das eigene Unternehmen finden, Zugang zu neuen Technologien und neuen Märkten erhalten oder ganz neue Zielgruppen über digitale Wege erreichen. Oder sie können – wenn der Fokus ausschließlich auf dem Investment liegt – einen finanziellen Anteil an einem späteren Exit- oder Gewinnerfolg der Gründungen haben.

All diese Aspekte stellen einen klaren Vorteil dar und sind starke Gründe für ein Start-up-Engagement. Was Unternehmen mit einer Start-up-Kooperation aber definitiv nicht erreichen werden: die digitale Transformation ihrer Kernorganisation. Denn die erledigt sich eben nicht, indem man zur Brieftasche greift und ein paar Start-ups kauft – in der Hoffnung, der Funke von Innovation und Digitalisierung werde schon überspringen.

Wenn Start-ups zu Tode geliebt werden

Wer glaubt, mithilfe von Start-up-Kooperationen die eigene digitale Transformation meistern zu können, stellt zu hohe Erwartungen an eine solche Zusammenarbeit. Erwartungen, die nur enttäuscht werden können. Damit eine Zusammenarbeit mit Start-ups einen Mehrwert generiert – und zwar für beide Seiten (!) – müssen Unternehmen sich klare und vor allem realistische Ziele setzen: Was möchte ich überhaupt mit der Kooperation erreichen? Was bringe ich als Unternehmen ein, und was das Start-up? Wie können wir schnell am Markt miteinander Business machen, ohne dass wir zwölf Monate für die Vertragsgestaltung brauchen? Wer ist in meinem Unternehmen eine entscheidungsfähige Ansprechpartnerin, um die Kooperation erfolgreich umzusetzen? Und wie konkret gestalte ich die Zusammenarbeit überhaupt? Geschwindigkeit ist hier wichtig, denn Start-ups haben für lange Vertrags- und Kooperationsvereinbarungen weder die Zeit noch die Kapazitäten und das Geld.

Leider steht bei vielen Unternehmen nicht die Kooperation mit einem Start-up im Vordergrund, sondern vielmehr der Akquisitionsweg: Top-Management oder Gesellschafter möchten das Intellectual Property und das Team besitzen bzw. die völlige Kontrolle über sie haben. Vor allem dieses Akquisitions-Setup ist aber häufig der Grund für ein frühes Scheitern. Denn oft versuchen Unternehmen Start-ups zu integrieren, um so die Nähe zum Kerngeschäft herstellen zu können. Mit dem Effekt, dass sie die Start-ups regelrecht mit ihren Strukturen und Prozessen, ihren langen Entscheidungswegen sowie ihren Compliance- und Datenschutz-Richtlinien zu Tode „lieben". Statt die eigene digitale Transformation der Kernorganisation zu beschleunigen, passiert genau das Gegenteil: Die DNA der Start-ups wird zerstört, Gründer- und Mitarbeiterinnen wandern ab, hohe Akquisitionsbeträge werden abgeschrieben – am Ende verlieren beide Seiten.

Das Feigenblatt der Unternehmen

Für einige Unternehmen stellen Start-up-Kooperationen oder -Beteiligungen eine Art Feigenblatt dar. Nach dem Motto: Seht her, wir machen jetzt etwas mit Start-ups, werden innovativ und digital. Die Chefetage zeigt, dass sie das Thema erkannt hat und aktiv wird. Gleichzeitig ist das Vorgehen bequem und tut niemandem weh, das Kerngeschäft muss ja nicht angefasst werden. Diese Initiativen kratzen allerdings nur an der Oberfläche. Und während man sich mit der Start-up-Kooperation beschäftigt, bleiben die tatsächlich wichtigen Aufgaben wie der Aufbau eines digitalen Neugeschäfts, die digitale Transformation der Kernorganisation sowie die Befähigung der Mitarbeiterinnen auf der Strecke. Ein gefährlicher Umstand, wenn man bedenkt, wie schnell sich der digitale Wandel vollzieht.

Wenn es bei der digitalen Transformation um die Frage „Make or Buy" geht, ist deshalb die klare Antwort: Make! Kein Unternehmen – und wenn es noch so viel Budget für die Digitalisierung bereitstellt – kann sich die digitale Transformation komplett kaufen. Damit dieser Change-Prozess gelingt, muss man selbst aktiv werden und sich „die Hände schmutzig machen". Und das fängt ganz oben in der Chefetage an, mit einer CEO, die verstehen muss, worum es bei der Digitalisierung geht; und die diesen Wandel (auch gegen interne Widerstände) entschlossen vorantreibt. Und selbstverständlich sollten Unternehmen auf diesem Weg durch die digitale Transformation externe digitale Lösungen nutzen und mit Start-ups kooperieren. Denn durch die Integration dieser innovativen Lösungen von Drittanbietern sparen Unternehmen Geld und vor allen Dingen Zeit.

Alles sollte man dann doch nicht selbst machen (siehe Kapitel „Tschüss Industrietanker, hallo Ökosystemanbieter“).

Die Digitalisierung ist nicht nur eine Frage der Technologie

Der Transformationserfolg wird erhöht, indem man Digitalprojekte fernab des Kerngeschäfts entwickelt und diese ersten erfolgreichen Leuchtturmprojekte nutzt, um die Transformation in der gesamten Organisation zu befeuern. Und indem man versteht, dass die Digitalisierung nicht nur eine Frage der Technologie ist, sondern ebenso sehr die Menschen betrifft. Entsprechend braucht es neben der digitalen Weiterbildung und Learning by Doing, einen Wandel der gesamten Unternehmenskultur.

Eine gewaltige Aufgabe, vor der jedoch jedes Unternehmen steht. Wer wegschaut oder die Aufgabe delegiert, wird diese Herausforderung nicht lösen, sondern die Probleme nur verstärken. Und auch wenn die Zusammenarbeit mit Start-ups nicht der Schlüssel zum Erfolg ist – ein Baustein auf dem Weg zur erfolgreichen digitalen Transformation können Start-ups in jedem Fall sein.

MENSCH
FIRST

TECHNOLOGY
SECOND

2. Mensch first, Technology second

Viele wichtige Technologien sind in Deutschland entstanden. Wir sind nicht nur innovationsstark, wir sind auch ein Land der Technikunternehmen. Und weil jede die nächste große digitale Entwicklung nicht verpassen will, stehen viele Unternehmen und ihre IT- und F&E-Abteilungen unter Druck. Statt sich aber die Schmerzpunkte von Kundinnen, Lieferanten und Mitarbeiterinnen anzuschauen, verfallen viele Organisationen in einen blinden Aktionismus, wie ich häufig nach Gesprächen mit CEOs feststelle, die einfach mal so ein Plattformprojekt für den Verkauf von Einzelteilen, Chemieprodukten oder Maschinenteilen starten. Nur um dabei zu sein, eine Geschichte erzählen zu können oder um ihr Gewissen zu beruhigen. Und auch wenn Technologien wichtig sind (wir müssen die richtigen einsetzen, um überhaupt durch die Transformation zu kommen), muss der Mensch dabei im Zentrum stehen. Denn die digitale Transformation lässt sich nur mit und für die Menschen bewältigen. Daher müssen wir technisches Know-how mit den Menschen verknüpfen.

Um Unternehmen erfolgreich digital zu transformieren, müssen Mitarbeiterinnen „live" sehen, dass digitale Services und Produkte funktionieren. Dann nämlich verlassen sie auch ihre Bewahrermentalität und werden Teil des Wandels. Man sollte ihnen also genau aufzeigen, dass es Vorteile mit sich bringt, durch den Veränderungsprozess zu gehen sowie alte Arbeits- und Verhaltensweisen über Bord zu werfen und sich neuen zu öffnen. Denn einen Transformationserfolg erreichen Unternehmen nur, wenn ihre Mitarbeiterinnen intrinsisch motiviert sind, mit einem neuen Mindset durch den Wandel zu gehen.

Viele Unternehmenslenkerinnen, die ich über die Jahre kennenlernen durfte, haben die digitale Transformation ihren Mitarbeiterinnen „par ordre du mufti“ verordnet. In diesen Unternehmen ist in Bezug auf echte messbare Digitalisierungsergebnisse, einen Kulturwandel oder Mindset Change wenig passiert. Mitarbeiterinnen wurde die neue Technik einfach übergestülpt, ohne sie vorher vernünftig zu schulen. Dieser einseitige Blick auf die Technologie schafft jedoch massive Widerstände statt Akzeptanz. Und obwohl Mensch und Technik sich ergänzen sollen, arbeiten sie mehr gegen- als miteinander. Nicht selten haben sich bei diesen gescheiterten Vorhaben externe Beraterinnen eine goldene Nase verdient, Mitarbeiterinnen mit riesigen Schulungsprogrammen und Change-Konzepten überfordert und sie von ihrer eigentlichen Arbeit abgehalten. Auch habe ich viele Unternehmen kennengelernt, die für hohe Millionenbeträge komplexe Digitallösungen oder Plattformen entwickelten, aber selbst nach Jahren der Markteinführung noch keinen (wesentlichen) Umsatz generierten.

Meine ERP-Systemeinführung mit 23 Modulen

Auch ich habe hier als Geschäftsführer eines mittelständischen Kunststoffproduzenten mein Lehrgeld zahlen müssen. Als ich vor etwa 16 Jahren in dem Unternehmen mit mehr als 250 Mitarbeiterinnen meine Tätigkeit begann, war kein richtiges ERP-System vorhanden. Es herrschte Zettelwirtschaft pur: Nadeldrucker druckten die Auftragsbestätigungen auf sechsfarbigem Durchschlagspapier. Der „Firmenserver“ war etwas größer als mein acht Quadratmeter großes Homeoffice in München und hatte eine sage und schreibe 20 MB Festplatte. Herzlich willkommen in der Steinzeit.

Es war für mich sonnenklar, dass wir ein modernes ERP-System einführen mussten. Ich schaute mir den Markt an, tauschte mich mit drei Anbieterinnen aus und entschied mich nach der Abstimmung mit meinem IT-Leiter und zwei weiteren Management-Kollegen (unsere Frauenquote im Management betrug damals wahnsinnige null Prozent) für eine Lösung. Kostenpunkt ca. 300.000 Euro. Es wurde ein umfangreicher Implementierungsplan erstellt und ein Management-Team arbeitete zusammen mit einigen Fachabteilungen an den Spezifikationen und am Pflichten-/Lastenheft. Von 26 verfügbaren Modulen (Lagermodul, Modul für die Arbeitsvorbereitung, Einkaufsmodul etc.) entschieden wir uns für den Kauf und die Implementierung von 23 Modulen. Und was soll ich sagen: die Implementierung war ein Desaster. Die Widerstände von Mitarbeiterinnen, Betriebsrat und in Teilen auch aus dem Management waren auf der Tagesordnung. Die Kritik: Das System würde nicht passen. Unter dem Strich haben wir unnötig viel Geld ausgegeben, viele gute Mitarbeiterinnen auf dem Implementierungsweg verloren sowie massive Vertrauens- und Reibungsverluste im Team gehabt. Als ich 12 Monate nach der Einführung des ERP-Systems meinen EDV-Leiter fragte, wie viele Module denn nun aktiv seien, antwortete er drei. 20 Module waren nicht aktiv und blieben auch weiterhin lange ungenutzt.

Ich hätte nach den Schmerzpunkten fragen müssen

Meine Learnings: Ich habe die Mitarbeiterinnen, die das System später hätten nutzen sollen, nicht eingebunden. Ich hätte nach ihren Schmerzpunkten fragen müssen und anhand dieser in einem Bereich des Unternehmens anfangen müssen, ein Modul, das schnell implementiert werden kann, mit einigen wenigen Mitarbeiterinnen zu testen. Um uns bei diesem

Mammut-Projekt in kleinen Schritten vorarbeiten zu können, hätten wir gelernt, Maßnahmen abgeleitet sowie weiterentwickelt. Natürlich hätten wir dann irgendwann auch richtig Fahrt aufnehmen müssen und die Implementierungsgeschwindigkeit massiv erhöhen müssen. Allerdings mit einer klaren Integration der Mitarbeiterinnen, einer sehr guten Kommunikation und einem ausgezeichneten Schulungsplan.

Erfolgsfaktor Mensch

Um erfolgreich digital zu transformieren, eine schnelle und reibungslose Umsetzung der neuen Technologien zu gewährleisten, das eigene Geschäftsmodell zu ändern bzw. mit neuen digitalen Services und Geschäftsmodellen neue und bestehende Kundinnen zu erreichen, müssen Organisationen ihre Mitarbeiterinnen in den Vordergrund stellen. Sie müssen ihre Herzen erreichen und ihnen zeigen, dass es sich lohnt, sich zu ändern. Wird das Zusammenwirken von Mensch, Technik und Organisation als Ganzes neu definiert und organisiert, klappt es auch mit der digitalen Transformation.

In den nachfolgenden Kapiteln zeige ich, wie man mit den Menschen und um sie herum eine Unternehmensstruktur und -kultur schafft, die das alte, bewährte und aktuell erfolgreiche Geschäft nicht gefährdet. Wie Unternehmen befähigt werden, „rattenschnell" ein neues digitales Geschäft aufzubauen bzw. bestehende und neue Kundinnen schnell digital erreichen zu können. Und wie die bewahrende Kernorganisation langsam aber sicher auf die digitale Transformationsreise gehen kann.

CORE
VALUES

Auf verlorenem Posten ohne Prinzipien und Einstellungen

Ich werde oft gefragt, was den Erfolg von etventure ausmacht. Wie wir es geschafft haben, trotz der sich durch die Digitalisierung ständig verändernden Marktbedingungen und Kundenbedürfnisse, dem Wechsel der Gesellschafterin (Übernahme aller Anteile durch EY im Jahre 2017) und dem dynamischen Umfeld von Digitalagenturen und -beratungen, das Unternehmen zehn Jahre erfolgreich zu führen und auch erfolgreich zu transformieren. Meine Antwort ist dann immer: Unser Erfolg beruht auf einer Mischung aus Start-up-Spirit, Umsetzungsstärke, Flexibilität und Geschwindigkeit sowie unserem starken Zusammenhalt im Team. Ein zentrales Element der etventure-Unternehmenskultur sind hierbei unsere Core Values, unsere sieben Prinzipien und Überzeugungen: Handson-Mentalität, Kreativität, methodisches Arbeiten, Mut, Energiereichtum, höchste Ambitionen sowie ein respektvoller Umgang miteinander. Diese Prinzipien wurden vom etventure-Leadership Board entwickelt, welches aus sieben Mitarbeiterinnen unterschiedlichster Bereiche und mir besteht, und auf einer Ebene mit der Geschäftsführung etventure leitet.

Wer sich fragt, warum ich diesem Punkt ein ganzes Kapitel in meinem Buch widme, dem sei eines versichert: Core Values sind die Basis für alle Veränderungen in und um Unternehmen. Ohne sie werden Unternehmen langfristig nicht bestehen können und den Wandel nicht überleben. Mit Unternehmen meine ich übrigens alle Unternehmensformen: egal ob Start-ups, kleine, mittlere oder große Mittelständler sowie natürlich auch multinationale Großkonzerne. Alle werden, unter anderem aufgrund der digitalen Transformation und der sich ständig verändernden Marktbedingungen, einen massiven Wandel durchlaufen. Und dieser Wandel wird nicht von Technologien getrieben, sondern von Menschen. Diese Menschen müssen innerhalb gewisser Leitplanken, den Core Values, arbeiten sowie aktive Gestalterinnen werden.

Core Values zeigen, wofür man steht

Dabei sollten die Core Values nicht als Werte verstanden werden. Die nämlich haben einen strebenden und werbenden Aspekt, der gleichzeitig eine moralische und ethische Dimension hat. Unsere sieben Prinzipien und Überzeugungen hingegen zeigen auf, wofür wir stehen, wie wir arbeiten und was etventure ausmacht. Gleichzeitig geben sie die Richtung vor, in die wir uns gemeinsam entwickeln. Ich zeige meinem Team mit den Core Values also, wie wir alle (miteinander) arbeiten sollen – auch und gerade, wenn das Management nicht anwesend ist.

Damit wir im Entstehungsprozess sicherstellen konnten, dass wir uns daran orientieren, was uns heute ausmacht, sind wir auf eine „Mars-Mission" gegangen – und haben uns dafür einen psychologischen Trick zunutze gemacht: Der Mensch neigt dazu, bei anderen die Stärken zu erkennen, über die er selbst verfügt. Um diese zu ergründen, ist es hilfreich, sich auf ein Gedankenspiel einzulassen. Unsere Frage war daher: Wen schicken wir auf eine Mission zum Mars, um den Marsianerinnen zu berichten, was etventure ausmacht? Dafür musste jeder aus dem Leadership Board fünf Mitarbeiterinnen benennen, die etventure mit allen Facetten vertreten.

Nachdem jeder fünf Personen benannt hatte, einigten wir uns in einer Diskussionsrunde auf eine „Truppe" – was ein enorm dynamischer Gruppenprozess war. Denn es ging nicht um die

Personen selbst, sondern um ihre Überzeugungen. Eben darum, was die wichtigsten Charaktereigenschaften sind, die diese Personen im Unternehmen repräsentieren und warum. Am Ende stellten wir fest, dass diese Eigenschaften zu 80 Prozent unseren eigenen entsprachen – schlussendlich die wichtigsten etventure-Prinzipien.

Core Values sollten unveränderlich und unumstößlich sein

Der aus meiner Sicht häufigste Fehler ist, wenn Unternehmen solche Prozesse später „aufweichen", neue Core Values aufnehmen oder aussortieren, weil einzelne Mitarbeiterinnen sich damit nicht identifizieren können. Das stuft die Bedeutsamkeit enorm herab, zerstört die gesamte Glaubwürdigkeit und weckt den Anschein eines „Wunschkonzerts". Vielmehr sollte der Prozess dazu dienen, Mitarbeiterinnen einen festen Rahmen zu geben, an dem sie sich orientieren können – warum Core Values auch unveränderlich und unumstößlich sein sollten. Denn es geht um Integrität und darum, zu dem zu stehen, was man sagt.

Und auch wenn alle Core Values gleich wichtig sind, kann es in den verschiedenen Arbeitsbereichen zu unterschiedlichen Abstufungen kommen. Daher könnte man auch meinen, dass die Kreativität bei Grafikdesign- und Marketingmitarbeiterinnen eine zentralere Rolle spielt als bei Kolleginnen anderer Bereiche. Das ist aber falsch, denn Kreativität hilft generell, Dinge anders zu betrachten und umzusetzen – zum Beispiel bei der Erstellung neuer Auswahlprozesse in der Personalabteilung. So war es auch unser Recruiting, das unsere Prinzipien und Einstellungen als Erstes aufnahm, um Bewerberinnen anhand der sieben Kriterien einordnen und ihnen den etventure-Spirit näherbringen zu können.

Core Values ins tägliche Miteinander einbauen

Wichtig für den erfolgreichen Umgang ist, dass sich alle im Unternehmen – auch die Entscheiderinnen – mit den Prinzipien und Einstellungen aktiv auseinandersetzen, danach handeln sowie aufmerksam darauf achten, dass sie auch gelebt werden. Ich erhielt zum Beispiel aufgrund einer misslungenen Kommunikation ein kritisches Feedback. Dieses ehrliche und respektvolle Feedback war nicht nur für zukünftige Situationen wichtig, sondern auch eine gute Unterstützung für unsere Feedbackkultur. Ich bekam so auch die Möglichkeit, mich direkt entschuldigen zu können. Daher ist die positive Kommunikation – neben dem respektvollen Umgang als Core Value – ein starker Bestandteil der etventure-DNA.

Und dennoch verlief der Start unserer Core Values zunächst etwas schleppend. Wir machten das Team zwar mit verschiedenen Grafiken und Postern auf unsere Core Values aufmerksam, sorgten so aber nicht für genügend Klarheit. Denn vielen war nicht auf Anhieb deutlich, was die sieben Prinzipien und Überzeugungen für sie in der Praxis bedeuteten. Daher ließen wir als nächsten Schritt unsere Core Values in unsere Feedbackgespräche einfließen. Auch nahm ich mir viel Zeit, um Core Values bei den Mitarbeiterinnen identifizieren sowie konkrete Beispiele nennen zu können – was rückblickend ein sehr sinnvoller Schritt war. Und weil immer wieder die Frage aufkam, wie wir die Core Values ins tägliche Miteinander einbauen können, verschickte ich zu Beginn noch täglich Feedback-Mails an einige Mitarbeiterinnen.

Seit Januar 2020 arbeiten wir mit unserer Core-Value-App. Die Idee kam aus dem Team und wurde innerhalb weniger Tage mit viel Energie umgesetzt. Mit dieser App können sich jetzt alle gegenseitig schnell und einfach für einen oder mehrere Core

Values nominieren. So werden unsere Prinzipien und Einstellungen nicht nur konkreter, wir können sie auch besser leben und verinnerlichen. Und allein die Tatsache, dass das Team in kürzester Zeit eigenständig, ohne auf Freigaben und Budgetgenehmigung zu warten, eine App entwickelt hat, ist für mich der gelebte Core Value: Sie haben das Bedürfnis, die Core Values noch konkreter anwenden zu können, erkannt und gehandelt. Das ist handson, energiereich, methodisch und ambitioniert!

In den ersten zwei Monaten verzeichneten wir über die App rund 1.500 Core Value-Nominierungen, was ein sehr guter Wert ist! Ich selbst nutze die App regelmäßig und bin sehr begeistert, wie unkompliziert und innerhalb weniger Minuten eine Nominierung möglich ist. Und weil unsere Core Values so schnell und einfach in unser tägliches Miteinander eingebaut werden können, werden die Mitarbeiterinnen nicht nur zeitnah für ihre Leistungen wertgeschätzt, sie erhalten diese auch von Personen, die sonst kein Feedback geben würden. Außerdem sieht das etventure-Leadership Board so, dass die Prinzipien sowie Einstellungen gelebt werden; und erfährt zudem anhand der Daten, in welchen Bereichen unsere Core Values besonders gut ausgeprägt sind und wo noch nicht.

Core Values sind in der Corona-Zeit besonders wichtig

Wir leben in einer VUCA-Welt (Volatility, Uncertainty, Complexity, Ambiguity), in der Unternehmen nur dann bestehen können, wenn sie flexibel sind und lernen, auf viele schnell wechselnde Einflüsse entsprechend zu reagieren – die Corona-Pandemie hat das auf sehr krasse Weise gezeigt. Für etventure jedoch stellte diese Krise keine große Herausforderung dar. Denn unsere Core Values halfen uns in der schwierigen

Zeit mit „Physical oder Social Distancing" trotzdem unseren etventure-Spirit beizubehalten, selbstständig zu arbeiten und aufeinander zu vertrauen. Obwohl alle im Homeoffice waren, hatten alle das gleiche Verständnis von unserer Entwicklung und Richtung. Denn unsere Core Values zeigen den „Status quo" unseres Unternehmens, sie stellen unsere aktuellen Stärken und Kompetenzen dar – nicht irgendein hypothetisches Zukunftsbild.

Und weil Mut, Energiereichtum und eine Handson-Mentalität etventure ausmachen, entwickelten wir in dieser Zeit die Web-App „COVIDPulse", die dabei unterstützt, die Dunkelziffer der COVID-19-Infizierten zu reduzieren – mit bundesweit und anonym erhobenen Daten zur Erfassung von Quarantänefällen. Auch führten wir alle Kundenprojekte sehr erfolgreich remote weiter und launchten problemlos eine neue Website, mit der wir Unternehmen zeigen, wie sie erfolgreich eine Remote-Arbeitskultur etablieren können. Nicht zu vergessen: Das Team hat das Leadership Board bei seinem Führungskurs durch diese herausfordernde Lage mit größtem Verständnis und größter Flexibilität unterstützt, um etventure über diese Zeit hinaus zu stärken.

Ein großer Dank gilt hier Nikolai Ladanyi, Gründer von scale up und lieber Freund, der uns bei etventure sehr unterstützte, das Core-Value-Denken fest in unserer DNA zu implementieren.

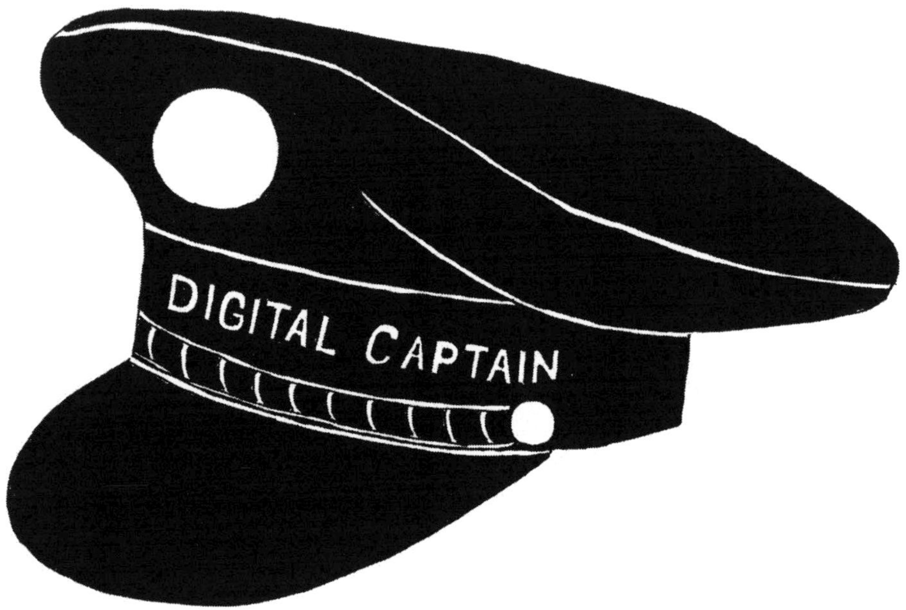
DIGITAL CAPTAIN

Die Transformation der CEO zum Digital-Captain

Die digitale Transformation funktioniert nur, wenn die CEO auf dem Driver Seat Platz nimmt! Denn trotz der Chief Digital Officer (CDO) im Unternehmen sollte sie die Umsetzung der Digitalstrategie nicht delegieren (siehe Kapitel „Chief Digital Officer, Digitaltalente & Teambuilding"), sondern auch aktiv antreiben. Dafür muss sie die Digitalstrategie allerdings verstehen. Das heißt jedoch nicht, dass sie zur technischen Expertin oder gar Programmiererin werden muss. Vielmehr muss sie die Umsetzungsmethodik, die Struktur, die zur Umsetzung benötigt wird, sowie vor allem das zwingend benötigte Start-up-Mindset Schritt für Schritt verstehen und verinnerlichen.

Ich habe in den letzten zehn Jahren sehr viele Digitalprojekte scheitern sehen. Ursachen waren dabei oft, dass die CEO die digitale Transformation nicht verstanden, nicht mutig agiert und geführt hat. Oder mit Blockaden aus dem Führungsboard zu kämpfen hatte, diese aber nicht mutig und mit aller Entschiedenheit beseitigt hat. Stellt sich jemand aus dem Gesellschafterkreis oder dem Top-Management gegen die digitale Transformation, bewahrt und mauert, muss eine CEO aktiv werden und eingreifen. Kommt ein starker Gegenwind aus dem Management in Zeiten, in denen erste Digitalerfolge nachweislich erbracht wurden, muss die CEO Führungskräfte knallhart ersetzen (siehe Kapitel „Überwindet das Bewahrertum"). Daher braucht es für eine erfolgreiche digitale Transformation im Unternehmen eine mutige digitale Kapitänin auf der Brücke.

Horizont erweitern und Wissen aufbauen

Kein leichtes Unterfangen, denn erfolgreiche Unternehmenslenkerinnen blicken auf eine erfolgreiche Vergangenheit zurück. Gemeinsam mit ihrem Management haben sie nach altbewährten Managementmethoden nicht nur viele Krisen gemeistert, sondern die Organisationen auch zu Spitzenleistungen geführt. Ein wichtiger Baustein zum Digital-Captain ist jedoch die Veränderung des eigenen Mindsets. Denn bei der Reise durch die digitale Transformation gilt, auch neue Methoden und Denkweisen zu erlernen, sich von anderen Menschen inspirieren zu lassen, sowie Trends in der eigenen Branche und auch anderen Branchen zu beobachten. Ob sie dafür die berühmte Silicon-Valley-Tour machen, die Start-up-Szene in Berlin, Digitalplayer wie Microsoft und Amazon oder Zentren wie das UnternehmerTUM in München besuchen, oder Digitaleinheiten und Co-Creation-Räume wie kloeckner.i, SMS digital oder den Maschinenraum von Viessmann kennenlernen, ist nebensächlich. Wichtig ist, sie erweitern Schritt für Schritt ihren Horizont, bauen ihr Wissen auf und erfahren, was in der digitalen Transformation funktioniert und was nicht.

Einer der wichtigsten Punkte bei der Transformation einer CEO zur Digital-Kapitänin ist die eigene Learning Journey, die die CEO selbst aktiv durchlaufen muss. Ob Schulung, Tests, Workshops oder Befragungen mit Mitarbeiterinnen, Kundinnen oder Lieferantinnen, CEOs sollten unbedingt an den verschiedenen Entwicklungsstufen der Digitalisierung im Unternehmen teilnehmen. Gisbert Rühl, CEO von Klöckner, beispielsweise war bei den ersten Befragungen der Kundinnen dabei und erfuhr so aus erster Hand, was die Schmerzpunkte am Markt waren. Und auch Weiterbildungsmaßnahmen wie zum Beispiel die der Singularity University in den USA können für CEOs durchaus sinnvoll sein. Mit solchen Wochenprogrammen informiert man sich über aktuelle Trends in anderen Branchen nicht nur in der Breite, sondern kommt auch mit anderen CEOs, Unternehmerinnen und Gründerinnen zusammen, arbeitet gemeinsam an Case Studies und erweitert so enorm seinen Horizont und sein Netzwerk.

Die „neue" Welt erwartet von CEOs eine direktere und kontinuierlichere Kommunikation

Weil gerade wegen der zunehmenden Digitalisierung die Face-to-Face-Kommunikation immer wichtiger wird, muss eine CEO regelmäßig mit ihrer Belegschaft in Kontakt treten. Eine große Herausforderung für Konzerne und Mittelständler, die noch immer stark hierarchisch geführt werden. Die CEO-Kommunikation darf nicht wie bisher ausschließlich per Quartalsbericht und Jahresansprache stattfinden, und von Personalabteilungen und mittlerem Management geführt werden. Die „neue" Welt erwartet von ihrer CEO eine direktere und kontinuierlichere Kommunikation. Dazu gehört, die Kommunikation aktiv selbst zu übernehmen und sich entsprechende Formate zu überlegen, wie man regelmäßig wöchentlich, mindestens aber monatlich, mit seinen Mitarbeitenden in Kontakt tritt.

Die professionelle Kommunikationsmaschinerie mit großen Kamerateams, professioneller Technik und langem Storyboard muss dafür jedoch nicht angeschmissen werden. Ein Kurzvideo von bis zu zehn Minuten, mit dem Handy oder Tablet aufgenommen, reicht vollkommen aus, da es weniger auf den Perfektionismus ankommt, vielmehr auf die Botschaft. Ein Paradebeispiel ist hier wieder einmal Gisbert Rühl: Zu Beginn der Digitalisierung im Unternehmen drehte er mehrmals im Monat mit dem Tablet Videos für seine Mitarbeiterinnen. Er sprach dabei über die aktuelle Situation und hielt auch ausgedruckte Charts in die

Kamera. Für eine Führungskraft, die vorher mit perfekt vorbereiteten Unterlagen auf perfekt organisierten Bilanzpressekonferenzen und Analystenveranstaltungen sprach, eine große Transformation! So aber konnte er seinen Mitarbeiterinnen direkt die Methodik „Done is better than perfect" näherbringen und mit großer Authentizität voranschreiten: eben „Walk the Talk"!

Kommunikation ist keine Einbahnstraße

Und weil Kommunikation keine Einbahnstraße ist, brauchen Organisationen entsprechende Tools wie zum Beispiel Slack, Yammer oder Microsoft Teams, wo Mitarbeiterinnen und Führungskräfte untereinander und miteinander jederzeit kommunizieren können. Das heißt, auch Mitarbeiterinnen sollten den Kontakt zu ihrer CEO suchen. Denn findet die Kommunikation direkt zwischen CEO und Mitarbeiterinnen statt, bricht das Hierarchiedenken auf, was bei der digitalen Transformation enorm wichtig ist.

Um Hürden ausmachen und verstehen zu können, sollten Führungskräfte nah an ihren Teams sein. So nämlich sind sie jederzeit ansprechbar und können mit Rat und Tat zur Seite stehen. Das Verstehen ist deshalb wichtig, weil je weiter man im Digitalisierungsprozess ist, desto mehr greift es die bewahrende Kernorganisation an. Und desto stärker kommen Ängste und Bedenken hoch. Als CEO muss man sich den Bedenkenträgerinnen stellen und sie mit Fakten und Antworten an Bord holen.

Die Zeit des Marketing-Jargons ist vorbei

Neben der internen muss sich auch die externe Kommunikation massiv verändern. Auch hier ist die CEO massiv gefordert, denn vor allem der Mittelstand agiert nach außen noch immer sehr zurückhaltend über PR- und Marketingabteilungen. Die Zeit des Marketing-Jargons aber ist vorbei. Heute müssen CEOs authentisch und selbstbewusst kommunizieren können. Dazu gehört auch die Kommunikation auf öffentlichen Veranstaltungen über den Fortschritt und das Scheitern der Transformationsreise. Das nämlich zahlt sich zum einen für die Unternehmensmarke und beim Recruiting aus. Zum anderen kommen so auch Kontakte zu Start-ups, Digital-Expertinnen und jungen Talenten zustande. Ferner gehört zum Auftritt einer CEO eine starke Web-Präsenz. Vor allem über Blogs auf der Unternehmenswebsite sowie eigene Profile auf LinkedIn und Twitter können sie hier über unternehmenseigene, tagesaktuelle oder persönliche Themen informieren und Stellung beziehen. Sind CEOs auf Social Media aktiv, hat das erhebliche Vorteile für das Unternehmen, denn es wirkt sich enorm auf Glaubwürdigkeit, Vertrauen, Vision und Recruiting aus. Sie sollten nur darauf achten, dass sie ihre Accounts auch selber pflegen und managen, und es nicht an die PR- oder Kommunikationsabteilung outsourcen. Und weil Kontinuität bei der digitalen Transformation enorm wichtig ist, sollten CEOs sich mindestens einen Tag pro Woche den Digitalthemen widmen.

Dabei kann neben einem Medientraining auch eine Mentorin für eine CEO sehr hilfreich sein, die diesen Weg bereits gegangen ist, mit der sie sich kontinuierlich austauschen kann und die aufgrund ihrer Erfahrungen sagen kann, was funktioniert und wo Hürden lauern. Dabei sollte sie nicht aus der „alten" Beraterwelt kommen, da dort häufig noch alte Denkweisen verankert sind, was den digitalen Transformationsprozessen und den modernen Kommunikationsformen widerspricht.

Wer viel ausprobiert, scheitert auch – das gehört dazu!

Auf keinen Fall dürfen CEOs Angst vor Niederlagen haben. Wer viel ausprobiert, scheitert auch – das gehört dazu! Und auch wenn das Scheitern nicht positiv ist, muss eine Scheiterkultur etabliert werden. Dazu gehört, dass auch CEOs über ihre Scheitergeschichten sprechen. Hilfreich können hierbei Formate wie eine Fuckup-Night sein, wo konkret über ein gescheitertes Projekt gesprochen wird. Um der Belegschaft die Scheu vor solchen Formaten zu nehmen, ist es ratsam, wenn die CEOs zum Start den Anfang machen. Auch wenn das für viele ein ungewöhnlicher Weg ist, da sie bisher eher im Verborgenen scheiterten.

Entscheidungen in der digitalen Transformation sind immer auch Entscheidungen unter Unsicherheit. CEOs müssen sich dessen bewusst sein. Die Bundesregierung hat in der Corona-Krise mit einigen Landeschefs trotz der enormen Unsicherheit sehr starkes Leadership gezeigt. Sie haben sehr schnell entschieden, hervorragend kommuniziert und dabei auch Fehler gemacht. Das lässt sich nicht verhindern. Solche Anforderungen kommen auch mehr und mehr auf CEOs zu. Denn das Umfeld in der digitalen Transformation ist extrem unsicher: Es müssen Budgets in Millionenhöhe freigegeben werden, ohne die Schmerzpunkte am Markt zu kennen. Produkte müssen erst noch getestet werden und man ist fern von einer Skalierbarkeit. Es geht um die Summe aller Entscheidungen oder wie mir Unternehmerlegende Heinz Dürr im ChangeRider sagte: „Wissen Sie, wenn über 50 Prozent Ihrer Entscheidungen richtig sind, reicht das völlig aus. Dann sind Sie ein erfolgreicher Unternehmer."

Auf der Digitalreise ist eben niemals klar, wo sie enden wird. Daher ist eine langfristige Roadmap völlig sinnlos (siehe

Kapitel „Digitalstrategie 2030 für die Tonne“). Selbst die heutige kurzfristige Planung kann sich nächste Woche wieder ändern. Diese Managemententscheidungen müssen sehr schnell und unter höchster Unsicherheit getroffen und den Mitarbeiterinnen kommuniziert werden. Ein Missverständnis, das Führungskräfte oft daran hindert, dies zu tun, ist, dass sie glauben, auf alles eine Antwort haben zu müssen. Dabei ist es natürlich völlig legitim, zu sagen, das Problem wurde erkannt, aber man arbeitet noch an einer Lösung. Businesspläne und Return on Investment-Rechnungen der „alten“ Welt helfen hier nicht weiter.

CDO
TALENTE
&
TEAM

Chief Digital Officer, Digitaltalente & Teambuilding

Die digitale Transformation verändert die Arbeitswelt, in der technologisches Know-how und interdisziplinäre Projektarbeit in den Fokus rücken. Dafür brauchen Organisationen neben Führungskräften auch Digital Natives (siehe Kapitel „Digital Natives sind nicht besser“), die mit Teamfähigkeit und digitalen Kompetenzen vorangehen. Sie brauchen Mitarbeiterinnen, die unternehmerisch denken können, nicht traditionell arbeiten wollen und nicht ausschließlich auf Sicherheit bedacht sind. Die trotz großer Unsicherheit sehr gute Leistungen erbringen und Entscheidungen treffen können. Und die neben ihrem fachlichen Know-how über Skills wie Teamfähigkeit, Kreativität, Mut, Sozialkompetenz und Empathie verfügen (siehe Kapitel „Mensch first, Technology second“).

Neben einer starken CEO braucht es dafür vor allem auch eine starke CDO, die die digitale Transformation plant, managt und begleitet. Sie führt das digitale Team in der Kernorganisation oder im geschützten Raum, baut Brücken vom geschützten Raum in die Kernorganisation, betreibt ein starkes Stakeholdermanagement und ist nah an der CEO. Um mit Kundinnen, Mitarbeiterinnen und im Gesellschafterkreis hervorragend zusammenarbeiten zu können, muss sie über ein sehr breites Skill-Set verfügen. Das Allerwichtigste jedoch ist, dass sie eine Start-up-Mentalität mitbringt und idealerweise bereits in einem Start-up-Umfeld gearbeitet hat. Sie sollte Themen wie Design Thinking, Lean Start-up und Scaling beherrschen; Vertriebserfahrungen sind unabdingbar. Und idealerweise kann sie auch auf eigene Scheitergeschichten zurückblicken.

CDOs müssen die Corporate-Welt kennen

Viele Unternehmen machen beim Aufbau von Digitalteams den Fehler, dass sie die CDO aus der Start-up-Welt holen. Dann aber fehlen ihr Erfahrungen aus der Corporate-Welt, die sie dringend für ihren Job benötigt. Das neue Digitale muss tief in der Kernorganisation verankert werden. Dazu aber muss sie wissen, wie Mittelständler und Konzerne funktionieren. Wie mit der „Cover your Ass"-Politik und dem Bewahrertum umzugehen ist, welches mit disruptiven Veränderungen auf Kriegsfuß steht. Und wie man politischen Spielchen, Hierarchieebenen und den Ängsten der Mitarbeiterinnen empathisch und passioniert begegnen kann. Ferner muss sie über klassisches Berater-Know-how verfügen. Das heißt, Sachverhalte schnell verstehen und analysieren sowie gute Konzepte erstellen, präsentieren und verkaufen können.

Diese eierlegende Wollmilchsau zu finden, ist eine große Herausforderung. Eine Idealbesetzung ist eine Person, die aus der Kernorganisation kommt, dort geschätzt wird und tief vernetzt ist. Kennt sie sich zudem noch mit der Kundenschnittstelle aus, weil sie über Vertriebserfahrungen verfügt, ist sie eine hervorragende Kandidatin. Klöckner hatte das Glück, in Tim Milde genau diese Person gefunden zu haben. In Zusammenarbeit mit Alexander Franke, damals bei etventure für Klöckner zuständig, führte er als Digitalchef kloeckner.i. Zusammen brachten sie die Corporate-, Start-up- und Berater-Skills mit, um kloeckner.i aufzubauen. Mittlerweile ist Milde Geschäftsführer von XOM, der unabhängigen Plattform von Klöckner. Ein gutes Beispiel dafür, wie es funktionieren kann, wenn man einen Top-Manager aus der Kernorganisation nimmt und diesen als Digitalchef einsetzt und aufbaut. Milde war bei Klöckner sehr stark im Vertrieb eingebunden, kannte sich hervorragend auf dem Stahlmarkt aus, war vom Mindset her aber nicht festgelegt.

Er war sehr offen und bereit für die Herausforderung, Klöckner schnell und zielsicher durch die Veränderung zu bringen.

Wie findet man die richtigen Digitaltalente?

Digitaltalente erreicht man nicht über klassische Recruiting-Wege. Hinzu kommt, dass sich mittlerweile die Unternehmen bei potenziellen Kandidatinnen bewerben müssen, nicht umgekehrt. Daher müssen CDOs mit einem innovativen Recruiting auf Bewerbersuche gehen. Sie konkurrieren bei der Suche mit internationalen Beratungen, Start-ups und Digitalplayern, die enorme finanzielle Möglichkeiten haben und häufig auch sehr ansprechende Unternehmensziele und ein modernes Unternehmensumfeld bieten.

Um Digitaltalente auf sich aufmerksam zu machen, müssen Mittelständler und Konzerne sehr gut nach außen kommunizieren. Für Digitaltalente ist relevant, dass sie nicht in der Linie arbeiten müssen, unternehmerisch denken und handeln können und Fehler machen dürfen. Daher müssen CEO und CDO aufzeigen, dass sie es ernst mit der Transformation meinen und entsprechend Budget und Raum zur Verfügung stellen, damit sich neben der bestehenden eine neue Unternehmenskultur entwickeln kann. Auch muss ihnen klar sein, dass Digitaltalente eine vollkommen andere Unternehmenskultur als die in der Kernorganisation benötigen. In Digitalprojekten muss schnell entschieden werden und Fehler dürfen kein Problem darstellen. Auch kommuniziert und arbeitet man hier mit vollkommen anderen Tools als in der Kernorganisation. Und weil Sicherheit und hohes Gehalt allein Digitaltalente nicht überzeugen, muss vor allem der Purpose des Unternehmens stimmen und tief verankert sein: Was ist die Mission des Unternehmens, was ist der Wertbeitrag für die Gesellschaft und wo soll es hingehen?

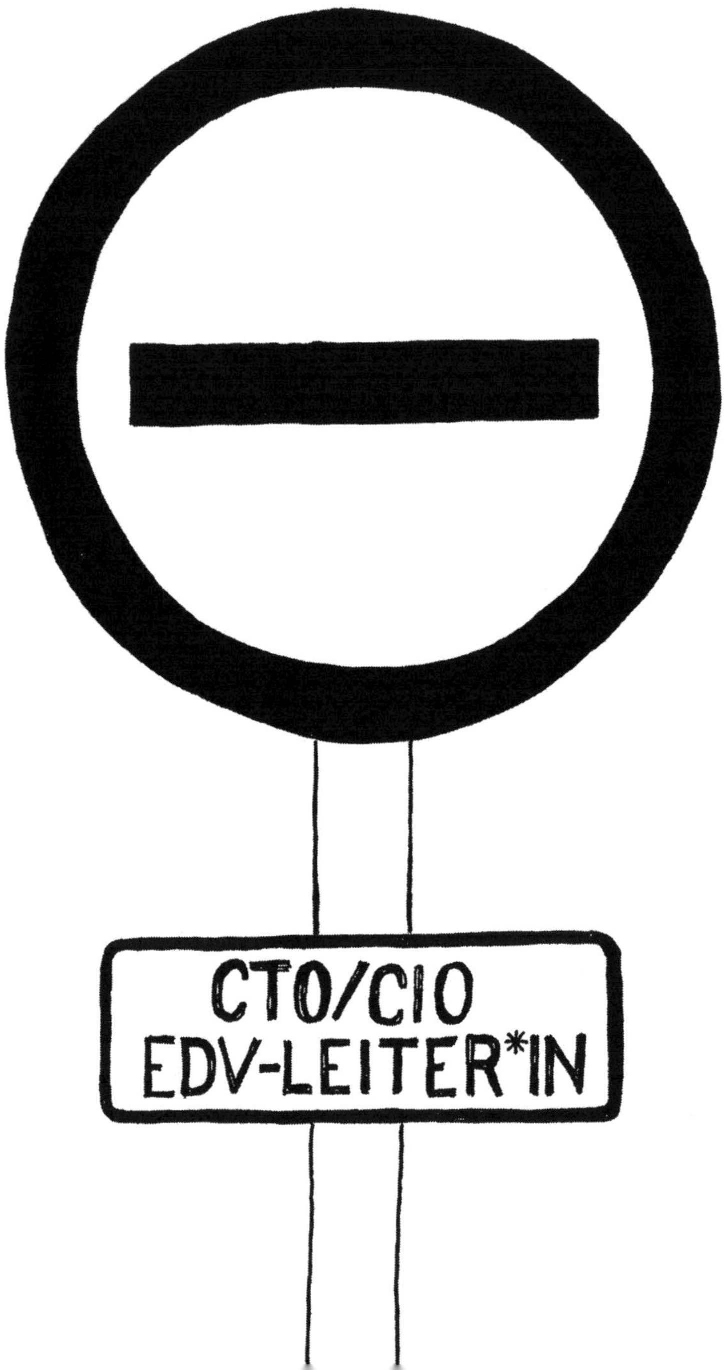
CTO/CIO
EDV-LEITER*IN

Tschüss CTO, CIO und EDV-Leiterin

Geht es um den Aufbau neuer Geschäftsmodelle und neuer Digitalkanäle zu bestehenden und neuen Kundinnen, sind in der frühen Phase dieser Vorhaben die Chief Technology Officers (CTO), die Chief Information Officers (CIO) und die EDV-Leiterinnen in einer Kernorganisation vorerst überflüssig. Die nämlich sorgen in der Regel dafür, dass innerhalb der Organisation die IT-Systeme das ganze Jahr über 24/7 reibungslos laufen und Corporate Governance, Datenschutz- und Compliance-Regeln funktionieren. Ihre Arbeit ist dementsprechend geprägt von Perfektion; Fehler und Scheitern ausgeschlossen. Dieses Mindset, das für die Kernorganisation enorm wichtig ist, ist bei digitalen Transformationsprozessen in der frühen Phase ein massives Hindernis. Hier nämlich gilt, auch unausgereifte Produkte zu testen und zu launchen – und dabei ein Scheitern in Kauf zu nehmen. Das heißt, extrem schnell zu handeln, was gleichzeitig auch bedeutet, auf große Abstimmungsrunden mit Führungskräften zu verzichten und unter größter Unsicherheit, Services und Produkte zu launchen, für die man sich mit dem auf Perfektionismus geeichten Ingenieursdenken schämen würde.

Was im geschützten Raum möglich ist, ist in Kernorganisationen schier unmöglich

In der frühen Phase von Digitalprojekten rund um die Kundenschnittstelle ist es wichtig, dass jeder für seinen Bereich verantwortlich bleibt. Die CDO treibt mit ihrem Team das Digitalvorhaben voran, die CTO, CIO oder EDV-Leiterin das inkrementelle IT-Geschehen in der Kernorganisation. Was im geschützten Raum möglich ist – nämlich Digitalprojekte zu testen und auszuprobieren – ist in Kernorganisationen mit ihrer perfektionistischen Arbeitsweise schier unmöglich. Dort kann das Testing- und Lean Start-up-Mindset sogar gefährlich werden. Unvorstellbar, dass eine ERP-Einführung nach dem Motto „Done is better than perfect" implementiert wird und bei einer solchen Einführung nur fünf Prozent der Mitarbeiterinnen mit dem System – was immer noch ruckelt – arbeiten können, und 95 Prozent plötzlich keinen Zugriff mehr haben. In einem solchem Fall kann der Insolvenzantrag schon einmal vorbereitet werden, da die Arbeitsfähigkeit im erfolgreichen Kerngeschäft nicht mehr gewährleistet ist. Das digitale Start-up-Mindset einer CDO ist somit für die Kernorganisation ungeeignet. Daher müssen bei Projekten in der Kernorganisation andere Prioritäten gesetzt werden.

Security, Compliance, Perfektion und Datenschutz sind auch in Digitalprojekten unerlässlich

Selbstverständlich brauchen Unternehmen für eine erfolgreiche digitale Transformation auch CIO, CTO und EDV-Leiterin. Sie kommen dazu, wenn erste Digitalvorhaben aus dem geschützten Raum in die Kernorganisation transferiert werden (siehe Kapitel „Hinter Mauern" und „Die Perfektion kommt doch"). Denn dann ist Perfektion gefragt; halb fertige, fehlerbehaftete Lösungen sind strengstens verboten. Sicherheit, Compliance, Corporate Governance und Datenschutz rücken in der Prioritätenliste nun ganz nach oben.

OLD REALITY
NEW REALITY
BEWAHRERTUM

Überwindet das Bewahrertum

Unternehmen, die seit Jahrzehnten, wenn nicht gar seit Jahrhunderten erfolgreich am Markt sind, strotzen vor Selbstbewusstsein. Sie können von vielen Krisen und teilweise auch Weltkriegen berichten, die ihre Unternehmen erfolgreich überstanden haben. Ob Globalisierung, das Platzen der Dotcom-Blase, die Immobilienkrise in den USA, sie haben bisher immer erfolgreich standgehalten. Führt man mit diesen Eigentümer- und Geschäftsführerinnen Gespräche über die Digitalisierung, sind sie positiv gestimmt, auch dieses „Ereignis" erfolgreich zu stemmen. Druck, ins digitale Neuland aufzubrechen, verspüren jedoch die wenigsten. So zumindest war meine Beobachtung des deutschen Wirtschaftsgeschehens noch zu Beginn des Jahres 2020 – vor Corona.

Ich kann dieses Selbstbewusstsein verstehen. Wir sind bei etventure ähnlich geprägt. Wir haben das Unternehmen 2010 gegründet, waren bereits im zweiten Jahr profitabel und haben in den ersten Jahren ein enormes Wachstum von bis zu 400 Prozent (pro Jahr) erzielt. Wir gelten als die Digitalpioniere in Deutschland – hochgelobt von Presse und Kundinnen. Mit Klöckner zum Beispiel haben wir den größten B2B-Transformationsprozess in Deutschland erfolgreich gemeistert. Wir können selbstbewusst sein, denn wir sind enorm erfolgreich.

Der heutige Erfolg ist kein Garant für die Zukunft

Würde jetzt jemand kommen und uns sagen: „So wie ihr die Digitalisierung angeht, ist das total oldschool, ihr müsst es neu denken und anders machen", würden wir auch auf unsere etventure-Erfolgsstory verweisen und fragen, warum wir daran etwas ändern sollten. Das zeigt, auch ich bin tief im Inneren eigentlich ein Bewahrer. Ich würde sogar so weit gehen und sagen, die 200 etventure-Mitarbeiterinnen, mit einem Durchschnittsalter von Anfang 30, sind ebenfalls im Herzen alle Bewahrerinnen. Wie sie arbeiten und leben, wollen sie bewahren – eben weil bisher alles erfolgreich läuft. Auch wenn wir heute sehr erfolgreich sind – Märkte und Zeiten ändern sich rasant. Und mit ihnen muss sich auch etventure verändern. Ebenso die erfolgreichen Unternehmen in Deutschland, denn der heutige Erfolg ist kein Garant für den zukünftigen.

Die digitale Transformation gelingt jedoch nur, wenn Menschen Veränderung als Chance sehen und nicht als Bedrohung. Dass das Gros Veränderungen als Risiko ansieht und ihnen in der Regel verhalten begegnet, ist nicht verwunderlich. Werden Arbeitsprozesse durch die Digitalisierung ergänzt oder gar ersetzt, empfinden solchen Mitarbeiterinnen diese Veränderung erst einmal als negativ, wenn nicht sogar als Bedrohung. Wir neigen also nicht nur zum Bewahrertum, weil wir erfolgreich und dementsprechend bequem sind, sondern auch, weil Veränderungen Ängste auslösen. Die Lösung kann daher nur sein, den Menschen anhand von Daten zu zeigen, welche positiven Auswirkungen die Digitalisierung hat. Dann nämlich öffnen sie sich neuen Vorgehensweisen, entwickeln das nötige Mindset für die Veränderungen und nehmen an Trainings teil. Eine Vertriebsmitarbeiterin zum Beispiel lässt sich nur überzeugen, wenn sie merkt, dass sie durch eine Online-Plattform Zeit spart, ihr Geschäft gewinnt oder sie zu Anfang weiterhin die Provision bei einem Online-Kauf ihrer Kundinnen erhält.

Mitarbeiterinnen müssen Konsequenzen tragen

Die Bewahrermentalität ist aber nicht nur negativ. Ganz im Gegenteil, es gibt ja etwas zu bewahren, nämlich das profitable Geschäft mit funktionierenden Prozessen. Weil die Digitalisierung aber ein Ereignis ist, das nicht mehr weggeht, müssen sich Unternehmen und Menschen dem stellen – auch wenn sie sich nicht verändern wollen. Dafür müssen aber nicht gleich die gesamte Organisation von heute auf morgen umgekrempelt und existierende Kanäle angegriffen werden – ohne eigentlich zu wissen, ob es funktioniert. Vielmehr muss die Organisation erkennen, was wie verändert werden muss.

Der Schlüssel zum Erfolg liegt hier außerhalb der Kernorganisation, wenn eine handvoll kreativer Köpfe, außerhalb der starren Firmenregeln und ohne das sonst übliche Perfektionsstreben, in einem geschützten Raum anfängt zu arbeiten. Dort können sich die Traditionsunternehmen die Erfolgsrezepte der digitalen Player – nämlich Schnelligkeit, Daten-Kompetenz und kundenzentrierte Methodik – zu eigen machen. Im Fall Klöckner hat diese Rolle die Digitaleinheit SMS digital in Düsseldorf übernommen. Hier war es möglich, auch Produkte und Services auf den Markt zu bringen, die noch nicht ganz fertig waren oder noch nicht einmal existierten. Etwas, das für die Kernorganisation undenkbar ist. Nach ein paar Monaten, wenn sich erste Erfolge zeigen, muss das Projekt jedoch schnell in die Mutterorganisation gepflanzt werden.

Behält hingegen ein Management seine Bewahrermentalität bei, obwohl es weiß, dass die Veränderung für die Organisation unumgänglich ist und dass Kundinnen die Veränderung wollen und die Mitarbeiterinnen sie vorantreiben, muss es – hart formuliert – seines Amtes enthoben werden. Denn wer wichtige Veränderungen blockiert, gefährdet die Zukunft der

Organisation. Weil Gisbert Rühl wusste, dass sich die Arbeitsprozesse bei Klöckner verändern werden, hat er bereits vor Jahren die Digital Academy gegründet. Um eben auf diesem Weg die Mitarbeiterinnen nicht zu verlieren, bot er ihnen an, sich während der Arbeitszeit fortzubilden. Die Mitarbeiterinnen, die nun diese Möglichkeit in den letzten Jahren nicht wahrgenommen haben, müssen jetzt mit den Konsequenzen leben und gehen. Noch 2020 baut Klöckner 15 Prozent der Stellen ab, was etwa 1.200 Mitarbeiterinnen betreffen wird.

Hinter Mauern

Die digitale Transformation scheitert in deutschen Unternehmen vor allem an internen Hürden und Widerständen. Eines der größten Hemmnisse dabei ist das von mir viel zitierte Bewahrertum: Wenn an Strukturen und Prozessen festgehalten wird, welche Neuerungen und Veränderungen massiv hemmen, anstatt sie zu fördern. Wenn im Geheimen entwickelt, Ideen und Produkte vor Markttests patentiert, nach Pflichten-Lastenheft gearbeitet und vermarktet wird. Wenn Budgets in langen Zyklen von drei Jahren geplant und Produkte erst zur Perfektion gebracht, ehe sie überhaupt den Kundinnen gezeigt werden. Wer wettbewerbsfähig bleiben will, muss jedoch den Mut haben, aus gewohnten Denk- und Arbeitsweisen auszubrechen, von Grund auf neu zu denken und die Disruption nicht zu scheuen, sondern selbst herbeizuführen, was am besten im geschützten Raum erfolgt. Das sind die Grundvoraussetzungen für eine erfolgreiche digitale Transformation.

Für diese Meinung bekomme ich bei Panel-Diskussionen oder bei Gesprächen in der Wirtschaft immer wieder Gegenwind: „Man muss die digitale Transformation von innen treiben. Schließlich betrifft sie ja auch die Kernorganisation." Oder: „Wir sind doch Weltmarktführer geworden, in dem wir die innovativen Themen von innen heraus getrieben haben. Und so soll es auch bleiben." Das mag für die bisherige Innovationsreise und für ein valides Zukunftsmodell bezogen auf inkrementelle Veränderungen oder reine Produktinnovationen alles richtig sein. Bei der digitalen Transformation aber ist der Weg ein anderer, denn kein Unternehmen hat es bislang geschafft, sich von innen heraus digital zu transformieren – der Weg war immer über einen geschützten Raum.

Idealerweise befinden sich Digitaleinheiten nicht auf dem eigenen Firmengelände

Inkrementelle Innovationsprojekte, interne IT-Projekte wie die Einführung eines ERP-Systems oder eines CRMs können ganz klassisch innerhalb der Kernorganisationen entwickelt werden. Geht es hingegen um den Aufbau neuer Geschäftsmodelle mit bestehenden und neuen Kundinnen oder um die Einführung neuer digitaler Kanäle, kann der Weg niemals in der bewahrenden Kernorganisation beginnen. Neue Geschäftsmodelle sowie sämtliche Digitalthemen, die für Kundinnen oder die Kundinnen von Kundinnen entwickelt werden sollen, müssen im geschützten Raum bearbeitet werden. Dabei befindet sich eine solche Unit idealerweise nicht auf dem eigenen Firmengelände, sondern mindestens auf der anderen Straßenseite. Besser noch an einem Ort wie zum Beispiel Berlin oder in einer anderen deutschen Großstadt, wo auch Digitaltalente zur Verfügung stehen und ein Zugang zu digitalen und Start-up-Ökosystemen besteht (siehe Kapitel „Co-Creating the Future“). Viele Unternehmen machen am Anfang den Fehler, dass sie für eine solche Unit direkt eine Tochtergesellschaft mit eigener Legacy, Geschäftsführung und komplexen Finanzierungskonstrukten installieren. Das kostet unnötig viel Zeit. Ich empfehle vielmehr, die Unit ohne rechtlichen Rahmen zu starten, und erst über juristische Strukturen nachzudenken, wenn erste Erfolge erzielt wurden, die Entwicklung sich also bewährt hat und in der Kernorganisation akzeptiert wurde.

In Digitaleinheiten gelten andere „Gesetze“ als in der Kernorganisation

Stempeluhren, Zeiterfassungen, starre Arbeitszeiten und eine Beschränkung von Software- oder Cloud-Systemen müssen in

Digitaleinheiten tabu sein! Deshalb sollte die CEO, oder wenn vorhanden die CDO, nicht nur ihre schützende Hand über die Einheit halten, sondern sich auch um die personelle Ausstattung der Digitaleinheit kümmern und alle Mitarbeiterinnen der Einheit Vollzeit beschäftigen. Transformationsvorhaben scheitern, wenn Teams nur in Teilzeit im geschützten Raum arbeiten, weil sie noch parallel in der Kernorganisation ihren Job erfüllen müssen. Um dem Vorhaben genügend Raum zu verschaffen, muss ausreichend Budget für mindestens 24 Monate vorhanden sein. Das muss selbst für Unternehmen gelten, die über umfangreiche Corporate Rules verfügen. Dass das funktioniert und möglich ist, hat OSRAM gezeigt. Vor vielen Jahren traf ich Dr. Olaf Berlien, den CEO von OSRAM. Er plante eine Digitaleinheit. In seinem Besprechungsraum standen vier prall gefüllte Leitz-Ordner, die die Corporate Rules von OSRAM enthielten. Alles Prozessbeschreibungen, Regeln und Handlungsanweisungen, die für die Kernorganisation enorm wichtig waren, die aber nicht im geschützten Raum gelten sollten. Hier kann ich mich auch an ein ChangeRider-Interview mit Philipp Leutiger, CDO bei LafargeHolcim, erinnern. Er berichtete mir, dass das übliche Vertragswerk des Konzerns für Lieferantinnen und Partnerinnen natürlich für Start-ups überhaupt nicht passen würde und daher für die Kooperation mit Start-ups (v.a. wenn es um schnelles Testing geht) eine stark vereinfachte Lösung her musste. Und diese Lösung für den geschützten Raum konnte nur mit einem klaren Commitment und einer „Durchbox-Mentalität" durch den CEO und ihn selber erfolgen.

Im geschützten Raum soll schnell das möglich werden, was in der Kernorganisation aufgrund starrer, festgefahrener Prozesse und Regeln nicht machbar ist. Hier werden agile Methoden angewendet, kreative Ideen und Prototypen entwickelt und getestet, erste Pilotprojekte umgesetzt und Feedback direkt von den Kundinnen eingeholt. Dabei geht es nicht um die Entwicklung perfekter Produkte, sondern um die schnelle Umsetzung von digitalen Services und Geschäftsmodellen, die nah an der Kundin und ihren Bedürfnissen entwickelt und getestet werden. Dabei ist im Gegensatz zur Kernorganisation Scheitern erlaubt, denn Fehler werden als Chance gesehen, um aus ihnen zu lernen. Ich spreche hier häufig vom „Flatrate-Scheitern", da von zehn Ideen, die im geschützten Raum getestet werden, meistens neun scheitern. Aber eben nicht nach Jahren, sondern nach wenigen Tagen oder Wochen. Sind nach den ersten Entwicklungswochen Ideen oder Prototypen am Markt validiert und relevante Daten eingesammelt, wird der geschützte Raum verlassen, und es geht zurück in die Kernorganisation.

Abwehrhaltung in der Kernorganisation

Ich habe bei Präsentationen von neuen digitalen Services und Produkten bereits erlebt, dass das Team der Digitaleinheit von der Kernorganisation erst einmal mit großer Skepsis und Widerstand empfangen und mit emotionalen Fragen und Aussagen konfrontiert wurde: „Na, wie viele Millionen Euro Umsatz erzielt ihr denn schon?" Oder: „Stimmt es eigentlich, dass ihr erst um elf Uhr mit der Arbeit beginnt, den ganzen Tag Pizza esst und mit Macs in der Cloud arbeitet?" Diese Haltung ist verständlich und menschlich. Die Teams der Kernorganisation fühlen sich ausgegrenzt, weil sie in dieser frühen Phase bewusst nicht involviert werden. Hinzu kommt das für deutsche Unternehmen typische Notinventedhere-Syndrom: Das, was nicht bei uns intern entwickelt wurde, ist nicht gut genug.

Davon dürfen sich Teammitglieder aus Digitaleinheiten auf keinen Fall bremsen lassen. Stattdessen müssen sie ihre ersten Digitallösungen mit positiver Energie schnell – idealerweise wenige Wochen nach dem Start der Unit-Arbeit – vorstellen, sowie die konkreten Ergebnisse und Daten präsentieren. Meist fällt die Reaktion der Kernorganisation dann bereits milder aus. Und immer wird gefragt, wie lange die Entwicklung gedauert hat und mit wievielen Kundinnen die Lösungen bereits getestet wurden ist. Und fast immer werden viele fast schon zu Fans vom geschützten Raum, wenn sie erfahren, dass die Ideenentwicklung und das erste Testing live an Kundinnen innerhalb weniger Wochen erfolgte und eben nicht wie in der Kernorganisation 12 bis 24 Monate gedauert hat.

Der geschützte Raum muss die Brücke zur Kernorganisation schlagen

Daten, Fakten, validierte Methoden, Produkte und Services überzeugen die Kernorganisation in der Regel sehr schnell vom Vorgehen rund um die Digitaleinheit. Dabei interessieren sich Mitarbeiterinnen nicht nur für das Arbeitsumfeld der Digitaleinheiten in Berlin, Hamburg, München, Stuttgart oder anderswo. Meist wollen sie auch die Arbeit rund um Methoden wie Design Thinking und Lean Startup kennenlernen und eigene Ideen und Digitalvorhaben in die Unit einbringen, testen und vorvalidieren lassen.

Diesen Moment, wo sich die Herzen öffnen, bezeichne ich als Durchschlagen des gordischen Knotens. Die Digitaleinheit arbeitet weiterhin im geschützten Raum und kann losgelöst von der Kernorganisation agieren, die aber hat ihre Türen weit geöffnet, sodass Ideen und tiefe Marktkenntnisse aus der Kernorganisation in die Digitaleinheit fließen und wichtige Assets und Marktzugänge der Kernorganisation von der Digitaleinheit genutzt werden können. Damit der Wissenstransfer von der Unit zur Kernorganisation aber überhaupt funktioniert, und die Übertragung des Start-up-Mindsets auf die Belegschaft erfolgt, müssen Weiterbildungsmaßnahmen für die Mitarbeiterinnen der Kernorganisation erfolgen. Werden ihnen die Vorteile des agilen Arbeitens und kundenzentrierten Denkens aufgezeigt, und verstehen sie, welche enormen Vorteile sie aus den Erfahrungen der Digital-Einheit für ihre eigene Arbeit ziehen können, werden sie den Veränderungsprozess nicht nur akzeptieren, sondern ihn aktiv leben.

Die eigentliche Arbeit beginnt beim Rücktransfer in die Kernorganisation

Die eigentliche Arbeit beginnt, wenn die Abwehrhaltung der Kernorganisation gegenüber der Digitaleinheit eliminiert wurde und sich in der Kernorganisation Mitarbeiterinnen gefunden haben, die sich als Fans der Digitaleinheit bekennen. Dann nämlich werden die ersten validierten Produkte und Services aus dem geschützten Raum auf die Kernorganisation übertragen. Ab dann braucht es auch die Ingenieurinnen, die ITlerinnen, die CTOs, die CIOs, die EDV-Leiterinnen, die Vertriebsmannschaft und die Rechtsabteilung, die in einer frühen Phase des Transformationsprozesses außen vorgelassen wurden. Jetzt sorgen sie dafür, dass die vorvalidierten Prototypen oder MVPs in größter Perfektion, aber auch in kürzester Zeit, in der Kernorganisation implementiert sowie am Markt platziert und skaliert werden.

Und dann sehen sie auch, dass der digitale Service einen Schmerzpunkt der Kundinnen entfernt und im besten Fall auch ihnen eine Arbeitserleichterung verschafft. Außerdem gewinnt das Unternehmen einen (weiteren) digitalen Kundenzugang und so die Möglichkeit der Monetarisierung. Die wenigen Mitarbeiterinnen oder Führungskräfte, die sich in dieser wichtigen Phase gegen das Neue stemmen, müssen durch eine starke CEO auf den richtigen Weg gebracht und bei lang anhaltendem Widerstand ersetzt werden.

Die Digitaleinheit als Gamechanger

Für jedes Unternehmen, das den Weg in die digitale Transformation angehen möchte, ist es essenziell wichtig, diesen im geschützten Raum zu starten. Während er beim großen Mittelständler und Konzern aus einem Team von einhundert Teammitgliedern bestehen kann, sind es beim mittelgroßen Mittelständler vielleicht nur drei Mitarbeiterinnen und beim kleinen Handwerksbetrieb lediglich die 19-jährige Tochter der Handwerksmeisterin.

Es gibt viele Beispiele für erfolgreiche Digitaleinheiten: Der Stahlhändler Klöckner hat sich mit der Digitaleinheit kloeckner.i räumlich vom Kerngeschäft entfernt und diese bewusst nicht am Hauptsitz in Duisburg, sondern in Berlin aufgebaut. Die Krankenkasse Barmer hat ihre Digitaleinheit Barmer.i ganz bewusst in der Zentrale in Berlin eingerichtet, um den Austausch mit der Kernorganisation zu fördern. Mittels eines Rotationsprogrammes haben die Mitarbeiterinnen die Möglichkeit, für drei Monate in der Digitaleinheit zu arbeiten – und anschließend die dort angewandten agilen Methoden und das Start-up-Mindset zurück in die Barmer zu tragen. Das Interesse der Belegschaft ist immens, für das Programm bewerben sich deutlich mehr Mitarbeiterinnen, als es Plätze gibt. Der Anlagenbauer SMSgroup hat sein Digitalteam ebenfalls nah an seiner Kernorganisation aufgebaut. Aber eben nicht am eigenen Standort, sondern in einem coolen Loft, nicht weit weg vom Stammhaus.

Werden digitale Services und Produkte sowie Geschäftsmodelle weit weg vom Kerngeschäft vertrieben, haben sie keinen

Impact auf die Kernorganisation – und werden scheitern. Werden Methoden und Mindsets der Digitaleinheit hingegen in der Kernorganisation nicht mehr als „fremd", sondern als selbstverständlich empfunden, kann in jedem Unternehmen die Digitaleinheit langfristig zum echten Gamechanger werden.

Mit Gender Diversity zum Erfolg

Das World Economic Forum (WEF) analysiert jedes Jahr die Gleichberechtigung von Frauen und Männern in 153 Ländern. Wir können uns freuen, denn 2019 ist Deutschland im Ranking gegenüber 2018 aufgestiegen. Grund dafür ist übrigens nicht der Frauenanteil in der Wirtschaft, sondern der in der Spitzenpolitik. Schaut man sich die Zahlen jedoch genauer an, verpufft die Freude schnell, denn im internationalen Vergleich schaffen wir es zwar auf den zehnten Platz, liegen dabei allerdings hinter Ländern wie Nicaragua und Ruanda. Und noch eine Zahl, die verdeutlicht, dass wir handeln müssen: Vergleicht man den Frauenanteil in den Vorständen der führenden Unternehmen in Deutschland, Frankreich, Großbritannien, Polen, Schweden und den USA, landet Deutschland auf dem letzten Platz. Es ist außerdem das einzige Land im Vergleich, in dem kein einziges Großunternehmen von einer Frau geführt wird oder einen Frauenanteil von 30 Prozent im Vorstand erreicht, so eine Untersuchung der AllBright Stiftung aus dem Jahr 2020. Wenn sich daran in den nächsten Jahren nichts ändert, braucht es noch 257 Jahre bis Männer und Frauen gleichberechtigt sind, schrieb die „Süddeutsche Zeitung“ nach Veröffentlichung der Zahlen durch den WEF.

Diese Zeit haben wir aber gar nicht mehr. Die Digitalisierung verändert die Art, wie wir in Organisationen führen, entscheiden und zusammenarbeiten – und sie führt zu umfassenden Veränderungen, die alte Strukturen fundamental verändern. Um für diese Zukunft gewappnet zu sein, ist es wichtig, dass Organisationen ihre Teams bestmöglich zusammenstellen – unabhängig von Geschlecht und Herkunft.

Die Macht unbewusster Voreingenommenheit

Ob bei meinen vorherigen Jobs oder in den ersten sieben Jahren bei etventure, ich habe immer in einer Männerwelt gearbeitet. Seitdem bei etventure nicht mehr nur wir drei Gründer in der Geschäftsführung sitzen, sondern wir das Leadership Board haben, das aus zwei Frauen und sechs Männern besteht, kann ich aus eigener Erfahrung sagen, dass diverse Teams erfolgreicher sind. Das heißt nicht, dass wir drei Gründer vorher einen schlechten Job gemacht haben. Und das heißt auch nicht, dass wir bereits bestens divers aufgestellt sind. Es zeigt allerdings, dass sich mit mehr Vielfalt in der Führungsetage zahlreiche Dinge verbessert haben: Unter anderem verbesserte sich die Kommunikation deutlich, und es wurden Probleme aus meiner subjektiven Sicht kreativer gelöst. Bei schwierigen Entscheidungen und Diskussionen – gerade in der Corona-Krise – zeigte sich, dass durch viele unterschiedliche Perspektiven und ein gesundes Maß an Empathie sehr gute Entscheidungen getroffen werden konnten.

Ein Grund, warum viele Führungskräfte das Problem nicht als solches wahrnehmen, ist das Phänomen der unbewussten Voreingenommenheit, was zu falschen Beurteilungen führt. Viele haben eine ganze Reihe solcher unbewusster Einstellungen gegenüber Personen anderer Herkunft, anderen Geschlechts usw. Sie zu kennen ist ein wichtiger Schritt, um deren negative Folgen wirksam bekämpfen zu können. Um Auswirkungen auf das eigene Verhalten und die eigenen Entscheidungen zu unterbinden, müssen Führungskräfte ihre eigenen stereotypen Wahrnehmungen reflektieren. Auch sollten sie die Ursachen und Effekte von Ungleichgewichten in Bezug auf die personelle Vielfalt diskutieren.

Alte Denkmuster auflösen

Ich kann mich noch sehr gut an meine ChangeRider-Fahrt mit Lena Rogl, Head of Digital Channels bei Microsoft und Mutter von vier Kindern erinnern. Ich fragte sie zu Beginn des Gesprächs, wie sie das denn überhaupt alles schaffen würde: vier Kinder, Familie, Haushalt, Vorträge, Panels und der Job bei Microsoft. Sie antwortete sehr charmant und freundlich mit der Frage, ob ich diese Frage auch schon einmal einem Mann gestellt hätte? Es war kurz Stille im Auto, denn ich überlegte, ob eigentlich mir mal diese Frage gestellt wurden ist (ich habe auch vier Kinder). Und ob ich einem Mann die Frage stellen würde? Ganz klares Nein! Lena hatte mich bei einer Reise in mein anscheinend sehr konservatives altes Denkmuster ertappt. Aber sie half mir, dieses Denkmuster hinter mir zu lassen und mein Gehirn neu zu „programmieren". Dafür bin ich ihr nach wie vor sehr dankbar. Ich würde mir viel öfter wünschen, dass Frauen und auch Männer empathisch, respektvoll und mutig dazu beitragen, dass alte Denkmuster aufgelöst werden.

Allerdings erlebe ich auch immer wieder Fälle, bei denen weder Empathie, Verständnis, noch respektvolle Kommunikation helfen. Da wäre zum Beispiel die Aussage des ehemaligen Ludwig-Erhard-Stiftungschefs Roland Tichy, der sich über die SPD-Politikerin Sawsan Chebli äußerte, die 2021 für den Bundestag kandidieren will: „Was spricht für Sawsan? (...) Befreundete Journalistinnen haben bislang nur den G-Punkt als Pluspunkt feststellen können in der Spezialdemokratischen Partei der alten Männer." Oder die Aussage eines hochrangigen Partners bei einer Unternehmensberatung, der in einem Meeting seinem Mitarbeiter einen USB-Stick mit der Bitte überreichte, dass die „Mäuschen" – vermutlich meinte er die Assistentinnen – die Dokumente auf dem Stick doch bitte mal ausdrucken sollten. Bei diesen und auch vielen vergleichbaren Fällen der offensichtlichen Diskriminierung sollte mutig gehandelt werden, Vorfälle intern angezeigt beziehungsweise öffentlich angesprochen werden. Dorothee Bär hat in Bezug auf den Tichy-Fall sehr richtig und mutig reagiert, denn sie ist von ihrem Amt bei der Stiftung zurückgetreten.

Gründe, warum Frauen nicht aufsteigen

Die Gründe, warum Frauen – oder andere Personen, die nicht zur Gruppe der Männer gehören – nicht aufsteigen, sind komplex und eng miteinander verwoben. Einerseits wirken die Geschlechterstereotypen nach wie vor sehr stark. Jungen und Mädchen lernen nicht nur durch die Erziehung, sondern auch durch Medien, Werbung, Spielzeug, Märchen – schlicht überall – wie sie zu sein haben. Und wer versucht, ein Kinderbuch zu finden, in dem nicht von einem Piloten oder einem Lokomotivführer geschrieben wird, sondern von einer Pilotin oder einer Lokomotivführerin, wird verzweifeln! Facebook-Managerin Sheryl Sandberg warnt Frauen ausdrücklich davor, schon beim Jobeinstieg an den Ausstieg wegen der Familienplanung zu denken. Auch die falsche Partnerwahl stellt häufig eine Hürde auf dem Karriereweg einer Frau dar. Zu guter Letzt ist auch die sehr traditionelle Mutterrolle hierzulande ein Grund, warum Frauen nicht ganz nach oben aufrücken. Denn noch immer müssen sich berufstätige Frauen den Vorwurf gefallen lassen, sie seien „Rabenmütter", wenn sie ihr Kind schon früh fremdbetreuen lassen, um weiterhin ihrer Karriere nachzugehen. By the way: Das Wort „Rabenmutter" gibt es nur in der deutschen Sprache.

Doch wie kann es gelingen, Führungspositionen und Jobs überhaupt gerechter zu verteilen? Eine Möglichkeit ist die Frauenquote, denn sie verpflichtet Unternehmen, sich mit dem Thema zu beschäftigen und Top-Frauen auf Führungspositionen zu setzen. Sie überzeugt auch Männer davon, dass Frauen das

Potenzial haben – und trägt so dazu bei, klassische Rollenbilder weiter aufzubrechen. Daher brauchen wir deutlich mehr Frauen wie Lena Rogl, Verena Pausder, Sigrid Nikutta, Janina Kugel, Angela Merkel, Ann-Kristin Achleitner, Miriam Wolfahrth, Tina Müller, Nicola Leibinger-Kammüller, die inspirieren und motivieren. Denn sie sind die Role-Models, die zeigen, dass es möglich ist, in der noch immer von Männern dominierten Wirtschaftswelt, ganz nach oben zu kommen. Damit dieser Weg überhaupt beschritten werden kann, braucht es mehr Freiheiten. Das heißt, weg von männlich dominierten Strukturen mit ihren Führungsstilen und Arbeitsweisen sowie klassischen Arbeitsmodellen und hin zu mehr Flexibilität und Vielfalt.

In Unternehmen, in denen Vielfalt gelebt wird, wird nicht geredet, sondern gehandelt

Nun könnte man sich fragen, warum ich in meinem Buch über digitale Transformation über Gender Diversity schreibe? Ganz einfach: Ohne Gender Diversity wird die digitale Transformation deutlich steiniger und schwerer. Außerdem bin ich der Meinung, dass Mann nahezu immer über dieses Thema sprechen und schreiben sollte. Gerade wenn es um den Wandel geht. Und da Weltmutführer per Definition (siehe Cover) stets bereit sind, ihr Wirken in der Gesellschaft zu verändern, muss es für jedes Unternehmen eine klare Verpflichtung sein, mutig durch den Gender-Wandel zu gehen und ihn aktiv voranzutreiben.

In Unternehmen, in denen Vielfalt gelebt wird, wird nicht geredet, sondern gehandelt. Daher muss sich das Top-Management zu dem Thema bekennen. Sie sollten sich selbst in die Pflicht nehmen und es nicht auf die Personalabteilung, die Frauen selbst oder Diversity-Beauftragte abwälzen. Und sie sollten Gender-Fragen wie jede andere Unternehmensfrage behandeln und auch lösen.

DIGITAL NATIVES

Digital Natives sind nicht besser

Digital Natives sind im digitalen Zeitalter aufgewachsen und dementsprechend mit den vielseitigen Möglichkeiten der digitalen Technologien vertraut. Sie leben und lieben die Digitalisierung. Für große Transformationsprozesse in Unternehmen, die die Kernorganisation in ihrer Arbeitsweise und Organisationsform massiv verändern, sind sie in ihrer treibenden Rolle jedoch meist nicht die beste Wahl.

Ich habe sehr oft CDOs, Anfang 30, mit Sneakers und Shirts (mit den unterschiedlichsten Aufschriften wie zum Beispiel „I love crazy shit") gesehen, die sich als Digitalleader vor den Mitarbeitenden präsentierten: Sie berichteten von ihrer Zeit als Entrepreneurs bei unterschiedlichen Start-ups. So wollten sie die Mannschaft mit viel Energie und Passion für die digitalen Veränderungen aufrütteln und sie durch die Transformation führen. Dabei fehlte vielen jedoch die Erfahrung, wie Change-Prozesse bei Mittelständlern oder Konzernen mit ihren Strukturen und ihrer Kultur überhaupt funktionieren. Hinzu kommt, dass häufig die falsche Ansprache und eine wenig empathische Tonart gewählt wird.

Berücksichtigt man zudem, dass Digitalisierung immer Disruption bedeutet (siehe Kapitel „Digitalisierung bedeutet immer Disruption"), und viele Mitarbeiterinnen daher Angst vor Veränderungen und Arbeitsplatzverlust haben, sollte der Start des Transformationsprozesses generell behutsam kommuniziert werden. Die fehlende Erfahrung beim Unternehmenswandel sowie eine schlichtweg andere DNA, was Arbeitsweise, Mindset und Kultur angeht, macht es den Digital Natives häufig nicht einfach, den Transformationsprozess gemeinsam mit dem Management des Unternehmens durchzuführen. Aus Mitarbeitersicht fehlt ihnen hier an vielen Stellen die Glaubwürdigkeit. Daher ist essenziell wichtig, dass die „jungen Wilden" sich gut in den Strukturen und Kulturen der Unternehmen auskennen – und vor allen Dingen schon einmal den Wandel im Mittelstand oder Konzern aktiv vorangetrieben haben. Eine gute Lösung können hier auch Zweierteams aus einer erfahrenen Mitarbeiterin und einem Digital Native sein, die jeweils von den Stärken der anderen profitiert.

Change Management funktioniert mit Herz und Verstand

Dabei sind Digital Natives, „junge Wilde", Start-upper sehr wichtig für den Transformationsprozess von Unternehmen – und sie werden in Zukunft immer wichtiger werden. Wenn es aber um die aktive Führung von diesen Prozessen geht, und wenn es darum geht, die bewahrenden Mitarbeiterinnen (siehe Kapitel „Überwindet das Bewahrertum") für die notwendigen digitalen Veränderungen zu begeistern, sind aber auch die älteren Mitarbeiterinnen eine sehr gute Wahl. Denn sie haben möglicherweise schon mehrfach gezeigt, dass sie die eine oder andere Transformation bereits erfolgreich gemeistert haben und haben somit eine hohe Glaubwürdigkeit im Team. Zudem besitzen sie, wenn sie aus der Bestandsorganisation kommen, eine hohe Glaubwürdigkeit und vor allem wichtige Allianzen im Unternehmen. Auch sind sie oft wichtige Multiplikatoren in der Organisation (siehe Kapitel „Mit Mut durch die Veränderung").

Fehlen Mitarbeiterinnen, egal ob jung oder „älter", digitale Fähigkeiten, sollten Unternehmen unbedingt in sie investieren und ihnen die Möglichkeit geben, Methoden wie Design Thinking, Lean Startup und Agilität zu erlernen. Sie sollten ihnen die Zeit einräumen, die Erfolgsrezepte der digitalen Player wie zum Beispiel Schnelligkeit, Daten-Kompetenz und Kundenzentrierung zu verinnerlichen. Auch sollten sie ihre Mitarbeiterinnen darin bestärken, ihr Mindset zu ändern, das heißt, mutig sein und Wege gehen, die unbekannt sind. Bestehende, bislang gut funktionierende Produkte und Prozesse, hinterfragen. Sowie die Perfektion ablegen, um Produkte und Dienstleistungen schneller am Markt testen zu können. Wird das dann vorgelebt, werden sich viele Kolleginnen an ihnen orientieren – und so Schwung in die Kernorganisation bringen.

The Power of Storytelling

Wir alle lieben Geschichten, die uns unterhalten und inspirieren, weswegen das Storytelling in den letzten Jahren zum festen Bestandteil der Unternehmenskommunikation geworden ist. Denn je komplexer, abstrakter und komplizierter ein Produkt oder Service ist, desto anschaulicher sollte die Story sein. Und weil es in unserer „überkommunizierten“ Welt immer schwieriger wird, hör- und sichtbar zu werden und vor allem zu bleiben, binden gut erzählte Geschichten Zielgruppen.

Weil es für eine erfolgreiche digitale Transformation positive Geschichten braucht, müssen Führungskräfte diese kommunizieren, um Gesellschafterinnen, Investoren, Presse, Kundinnen und Bewerberinnen zu erreichen. Führungskräfte, die nicht (klar) kommunizieren (können), sind weniger glaubwürdig und erhalten weniger Vertrauen. Obwohl Führungskräfte viel kommunizieren, verwenden sie häufig eine unklare, euphemistische Sprache sowie Phrasen. Das wirkt unsympathisch und wird als inkompetent wahrgenommen. Wer hingegen klar und verständlich kommuniziert, ohne Beschönigungen und Phrasen auskommt, wirkt glaubwürdig, sympathisch und kompetent.

Die Macht der Geschichten

Gute Geschichten verleihen Informationen Bedeutung und Sinn. Sie unterhalten die Zuhörerinnen und wecken im besten Fall Emotionen. Und weil sie auch länger im Gedächtnis bleiben, können sie gut weitererzählt und geteilt werden. Aber wie kann eine solche Geschichte aussehen? Eine Scheitergeschichte direkt von der CEO ist natürlich eine tolle Möglichkeit, sich nahbar zu zeigen – sowohl gegenüber der Außenwelt, als auch bei den Mitarbeiterinnen. Wenn das Top-Management über den Purpose des Unternehmen berichtet, passioniert die Vision präsentiert oder über die neue Einführung des digitalen Geschäftsmodells spricht, dann sind das die spannenden Geschichten, die die Menschen erreichen und die auch weitererzählt werden.

Ich kann mich noch daran erinnern, als mich der „Spiegel" vor vielen Jahren angesprochen und gefragt hat, ob eine Redakteurin etventure einmal bei einer Kundin aktiv begleiten könnte. Am besten bei einem traditionellen Mittelständler. Nach reiflicher Überlegung sagte ich zu, und eine Redakteurin begleitete mein Team zum Anlagenbauer SMS-group. Es wurden zahlreiche Interviews mit uns, aber natürlich auch mit dem SMS-Team geführt. Auch der Hauptgesellschafter und Grandseigneur des Unternehmens, Heiner Weiss, wurde interviewt. Insgesamt dauerte das „Spiegel"-Vorhaben vier Monate – der Ausgang war ungewiss. Es gab bei dem Beitrag keine Freigabeschleifen. Das Ergebnis war trotzdem grandios. Eine tolle Geschichte, wie eine Reise in die digitale Transformation beginnen kann. Die Geschichte war praxisnah, unsere Methoden und die Zusammenarbeit mit dem SMS-Team verständlich erklärt.

Der Beitrag war sogar so gut, dass er einen renommierten Journalistenpreis gewann. Die Geschichte bewegte nicht nur die Leserschaft, sondern auch die Jury. Und die SMSgroup nutzte den Beitrag natürlich für das eigene Recruiting und für die Positionierung als innovativer Anlagenbauer in der eigenen Branche. Außerdem konnten alle knapp 15.000 Mitarbeiterinnen der SMSgroup aus einer unabhängigen Quelle erfahren, wie es um die Digitalisierung im eigenen Hause stand. Wir bei etventure konnten den Beitrag ebenfalls sehr gut für die Kundenakquise und -bindung sowie das Recruiting nutzen. Und natürlich war auch unser Team wahnsinnig stolz auf diesen Beitrag.

Wie wichtig gute Kommunikation ist, hat vor allem die Corona-Krise gezeigt

Wie wichtig gute Kommunikation und überzeugende Geschichten sind, hat mir vor allem die Corona-Krise gezeigt. Bei etventure haben wir es in dieser sehr herausfordernden Zeit nicht nur geschafft, den Kontakt zu unseren Kundinnen zu halten, sondern haben auch diverse Neukundinnen akquiriert. Das gelang uns häufig über positive und vor allem aber ehrliche Geschichten: Wie kommen wir durch die Krise? Welche innovativen Formate haben wir aufgestellt, um mit unseren Kundinnen im Kontakt zu bleiben? Wie wurden in gemeinsamen virtuellen Arbeitssessions neue New Work-Formate erarbeitet? Wie sind wir mit Ängsten von Mitarbeiterinnen umgegangen? Auch hier waren es die starken Geschichten, aber auch unsere Offenheit, über Probleme und Sorgen zu sprechen, die uns in der Corona-Zeit deutlich näher an unsere Mitarbeiterinnen und Kundinnen brachten.

Gerade in unsicheren Zeiten braucht es überzeugende Geschichten

Auch mein Leadership-Team und ich haben in der Corona-Krise massiv intern kommuniziert. Vor allem am Anfang traten wir bis zu fünfmal die Woche über Videos, Nachrichten und virtuelle Stand-up-Meetings mit unseren Mitarbeiterinnen in Kontakt. Auch hier stand die klare Kommunikation, die inspiriert, Sicherheit gibt, aber auch unsere Sorgen thematisierte, im Vordergrund.

Gerade in unsicheren Zeiten sollten wir alle offener denn je kommunizieren. Überzeugende Geschichten, die Menschen inspirieren, die ihnen Ängste vor der Veränderung und der Ungewissheit nehmen. Aber auch mutige Geschichten des Scheiterns, die den Menschen zeigen, das auch mal nichts geht.

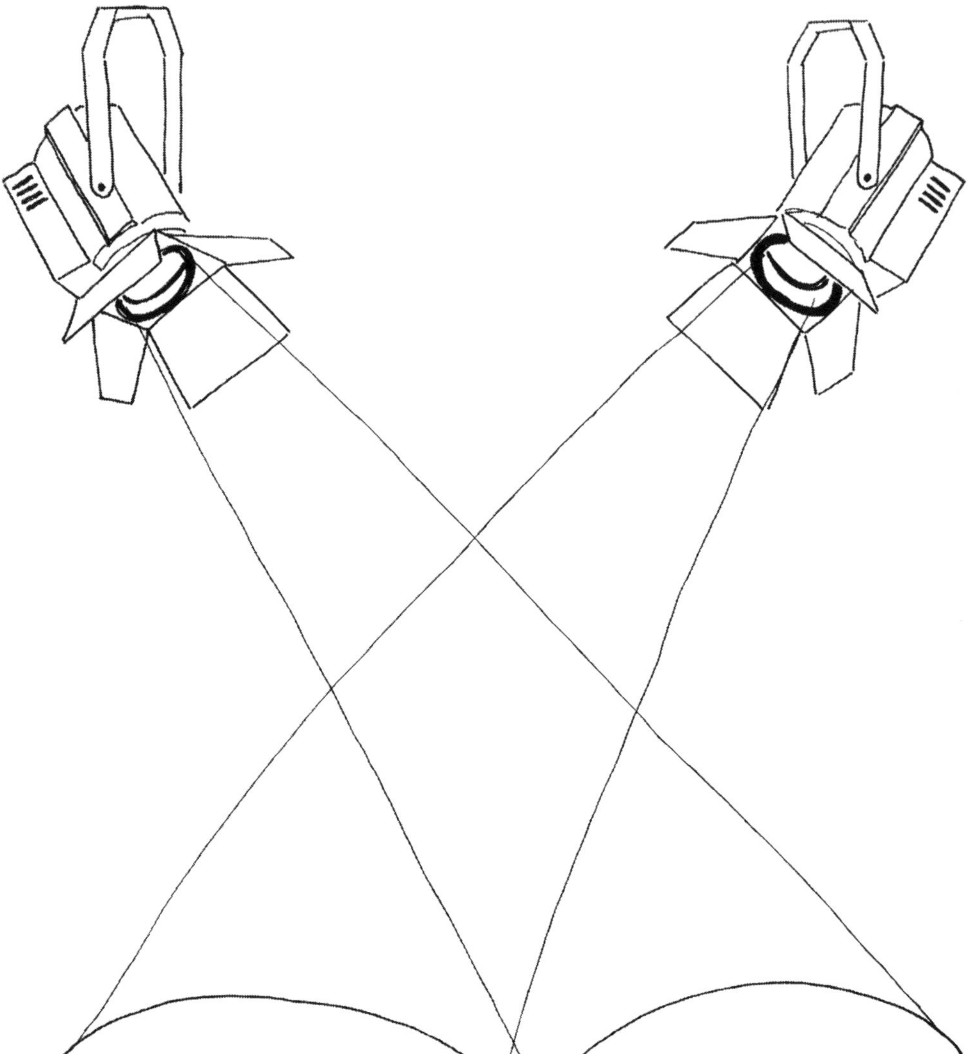
EMPOWERMENT
ENTHUSIASM

Mission Impossible ohne befähigte und begeisterte Mitarbeiterinnen

Für Höchstleistungen bei den Mitarbeiterinnen braucht es lediglich klare Anweisungen, ein produktives Umfeld und hin und wieder eine vernünftige Weiterbildung. Wer so argumentiert, hat möglicherweise noch nie vom Rosenthal-Effekt gehört: Anfang der 1960er-Jahre führten Robert Rosenthal und sein Kollege K. L. Fode das folgende Laborexperiment durch. Sie teilten von 12 Studierende in zwei Gruppen und gaben ihnen jeweils fünf Ratten. Die Tiere sollten unter der Leitung der Studierenden möglichst schnell den Weg durch ein Labyrinth finden, um zum Futter zu gelangen. Die eine Hälfte der Studierenden wurde darüber informiert, dass ihre Ratten einer speziellen Züchtung entstammten, die besonders gut für die Durchquerung von Labyrinthen geeignet wäre. Der anderen Hälfte wurde gesagt, dass ihre Ratten genetisch bedingt große Schwierigkeiten bei der Aufgabe haben würden. Und tatsächlich erzielten die angeblich intelligenteren Ratten durchweg bessere Ergebnisse.

Der Glaube führte zur Verhaltensänderung

Der Clou an der Geschichte ist aber, dass es in Wirklichkeit gar keine genetisch veränderten Ratten gab, sie waren alle gleich. Der einzige Unterschied bestand in der Erwartungshaltung der Studierenden. Offensichtlich hat das vermeintliche Wissen über die Tiere zur unbewussten Verhaltensänderung der jeweiligen Versuchsleiterin geführt, was die Leistung der Ratten nachweislich beeinflusste.

Keine zufriedenen Kundinnen ohne zufriedene Mitarbeiterinnen

Ein ähnliches Phänomen konnte später unter anderem auch im Lehrerinnen-Schülerinnen-Verhältnis nachgewiesen werden, der sogenannte Pygmalion-Effekt: Zu Beginn eines Schuljahres wurden Lehrerinnen darüber informiert, welche Schülerinnen basierend auf einer Leistungseinstufung mit hoher Wahrscheinlichkeit Bestleistungen erzielen würden. Die als Bewertungsgrundlage angegebenen vorherigen Tests hatten jedoch überhaupt nicht stattgefunden, die Schülerinnen waren zufällig ausgewählt worden. Und auch hier stellte sich heraus, dass genau die Schülerinnen, die in den Augen der Lehrerinnen aufgrund der vorherigen Aussagen die höchsten Erfolgsaussichten hatten, im Endeffekt auch die besten Ergebnisse erzielten. Schlichtweg weil sie von den Lehrerinnen unbewusst anders behandelt wurden.

Eine positive Erwartungshaltung stärkt das Selbstbewusstsein und kann zu überraschenden Erfolgen führen

Die Bedeutung dieser Erkenntnis für die Anforderungen ans Leadership im Unternehmen sollte nicht unterschätzt werden. Das Stichwort ist hier Empowerment: Wenn die Fähigkeiten von Mitarbeiterinnen von vornherein infrage gestellt werden, wird dies zweifelsohne zu Fehlern und Frustration führen. Eine positive Erwartungshaltung aber motiviert nicht nur, sondern stärkt das Selbstbewusstsein und kann zu überraschenden Erfolgen führen. Ein Team, welches im Unternehmen das volle Vertrauen genießt, wird mit diesem Vertrauen verantwortungsvoll umgehen. Daher ist es eine der wichtigsten Aufgaben von Führungskräften, dieses Vertrauen aufzubauen und Mitarbeiterinnen zu befähigen, sich kontinuierlich weiterzuentwickeln. Nur so kann die notwendige Leidenschaft und Motivation entstehen, um deren Fähigkeiten bestmöglich im Sinne des Unternehmens einzubringen.

Employee first, Customer second

Mit dieser Erkenntnis muss auch die gängige Managementphilosophie „Die Kundin ist die Königin" neu bewertet werden. Es mag wie ein Widerspruch klingen, wenn ich als großer Verfechter der Nutzerzentrierung diese Managementphilosophie infrage stelle. Aber bei genauerer Betrachtung handelt es sich um zwei Seiten der gleichen Medaille.

Vineet Nayar, Manager und ehemaliges Mitglied der Geschäftsführung beim Tech-Giganten HCL Technologies Ltd., hat diesbezüglich bereits 2010 seine ganz eigene viel beachtete Führungsphilosophie veröffentlicht: Employee First, Customer Second. Ein beeindruckendes Statement für die Führungskraft eines Unternehmens, welches damals 25.000 Mitarbeiterinnen hatte und kurz vor dem Abgrund stand. Nayars Theorie leitet sich aus drei essenziellen Fragen ab, die sich jede Führungskraft stellen muss:

1. Was muss getan werden, um das eigene Unternehmen nachhaltig erfolgreich zu gestalten?

Man muss erstklassige Produkte oder Services anbieten und damit einen Mehrwert für alle Stakeholder des Unternehmens erzeugen. Damit sind natürlich auch – aber nicht ausschließlich – die Kundinnen gemeint. Ferner spielt der gesellschaftliche Mehrwert einer Organisation eine immer größere Rolle.

Unternehmen müssen heutzutage auf vielen verschiedenen Ebenen überzeugen. Ansonsten findet sich schnell ein Start-up, das es besser macht.

2. Wo werden diese erstklassigen Produkte und Services entwickelt und von wem?

An dieser Stelle kommt die Nutzerzentrierung ins Spiel. Nur wenn man seine Kundinnen kennt und versteht, kann man deren Anforderungen gerecht werden. Die Schnittstelle zwischen Team und Kundinnen ist es also, die über Erfolg und Misserfolg von Unternehmen entscheidet.

3. Wenn das Team für die nutzerzentrierte Entwicklung verantwortlich ist, welche Aufgabe kommt dann dem Leadership zu?

Hier schließt sich der Kreis. Denn nur wenn Mitarbeiterinnen das Vertrauen und den Freiraum haben, um im Sinne des Unternehmens selbstwirksam zu werden, können sie wirtschaftlich und gesellschaftlich sinnvolle Entscheidungen treffen. Sie brauchen die volle Unterstützung der Führungskräfte, um bestmöglich im Interesse der Kundinnen zu handeln.

Keine Befähigung ohne Weiterbildung und Verantwortung

Nun reicht es selbstverständlich nicht aus, einfach nur fest an die Fähigkeiten des Teams zu glauben. Hinter dem Begriff Empowerment steckt mehr als eine Motivationsrede an jedem ersten Mittwoch im Monat. Und auch freundliche Worte und ein Kickertisch machen aus ein paar guten Mitarbeiterinnen kein Spitzenteam. Dafür braucht es weit mehr.

Beim Stahlhändler Klöckner ist die Weiterbildung der Mitarbeiterinnen ein zentrales Thema auf dem Weg zur Digitalisierung. Was die Herangehensweise dieses Konzerns von vielen anderen unterscheidet, ist die Art und Weise der Befähigung der Mitarbeiterinnen. Statt zentral gesteuerte Lernprogramme aufzusetzen, die dann nach einem strikten Plan abgearbeitet werden müssen, vertraut Gisbert Rühl, CEO und Vorstandsvorsitzender von Klöckner, darauf, dass seine Mitarbeiterinnen selbst am besten wissen, welche Fähigkeiten sie im Rahmen ihrer täglichen Arbeit benötigen. Zahlreiche Lerninhalte werden in der Klöckner & Co Digital Academy online zur Verfügung gestellt. Die Mitarbeiterinnen können selbst darüber entscheiden, wann sie welche Kurse im Rahmen ihrer Arbeitszeit absolvieren möchten. Über 1.000 Mitarbeiterinnen haben dieses Angebot bereits wahrgenommen.

Die Gilden sind eine zentrale Säule für befähigte und begeisterte Mitarbeiterinnen

Bei etventure wollten wir in dieser Hinsicht noch einen Schritt weitergehen und haben vor fast drei Jahren das Konzept der Gilden eingeführt. Ich bin überzeugt, dass es als Führungskraft nicht möglich ist, den gesamten Markt in allen Ausprägungen zu überblicken. Die Anforderungen unserer Kundinnen sind so komplex, die Marktdynamik so extrem, dass unser Erfolg letztlich davon abhängt, ob es uns gelingt, die Erkenntnisse und Fähigkeiten aller Mitarbeiterinnen für etventure nutzbar zu machen. Dafür braucht es einen Kanal, der es dem Team nicht nur ermöglicht, eigene Perspektiven und Ideen einzubringen, sondern diese auch zu testen und weiterzuentwickeln.

Aus diesem Grund kann sich jede etventure-Mitarbeiterin zu jedem Zeitpunkt mit mindestens zwei weiteren Mitarbeiterinnen zusammentun und eine Gilde zu einem beliebigen Thema gründen. Wie ein eigenes Start-up im Unternehmen erhält die Gilde ein garantiertes Zeitbudget, um dieses Thema voranzutreiben. Dreimal im Jahr stellen alle Gilden ihre Fortschritte vor und bewerben sich vor einem cross-funktionalen Gremium und dem gesamten etventure-Team um zusätzliches Zeitbudget. Dabei geht es vor allem darum zu zeigen, wie die Gilde uns und unseren Kundinnen weiterhelfen kann. Ist der Pitch erfolgreich, kann die Gilde weitermachen. Wenn nicht, werden alle bis dahin erarbeiteten Erkenntnisse gesichert, das Team kann sich einer anderen Gilde anschließen oder ein neues Thema angehen. Die Gilden sind für uns eine zentrale Säule für befähigte und begeisterte Mitarbeitende. Jede Einzelne hat hier die Möglichkeit, ein Thema auszuwählen, es selbstständig voranzutreiben, sich und andere darin weiterzubilden und damit unsere Produkte und Angebote nachhaltig zu verbessern. Es geht aber nicht nur um unser Serviceportfolio zum Markt hin, sondern auch um Kompetenzaufbau im Team sowie Themen wie Ökologie, Unternehmenskultur und soziale Verantwortung.

Kein Learning ohne Doing

Beim Thema Empowerment ist mir ein Punkt enorm wichtig. Es ist ganz egal, wie viele Lerninhalte man online oder offline zur Verfügung stellt. Sie bringen alle nichts, wenn man den Mitarbeiterinnen keine Möglichkeit bietet, das Gelernte auszuprobieren und sie aus Angst vor Fehlern weiterhin nur da einsetzt, wo sie sich bereits bewährt haben. Theoretisches Wissen entfaltet seine volle Wirkung erst in der praktischen Anwendung.

Bei etventure legen wir großen Wert darauf, Mitarbeiterinnen nicht auf Karrierepfade festzulegen. Es gibt zahlreiche Beispiele, bei denen sich jemand in der Theorie neue Fähigkeiten erarbeitet hat und diese dann, ausgestattet mit den entsprechenden Verantwortlichkeiten, außerhalb des eigenen Tätigkeitsbereichs anwenden konnte.

Der Fall eines Programmierers ist mir besonders im Gedächtnis geblieben. Er hat sich neben der eigentlichen Entwicklungsarbeit sehr für den Austausch mit unseren Kundinnen interessiert. Irgendwann bat er uns, ob er nicht bei einem Pitchtermin dabei sein könnte, um die Anforderungen unserer Kundinnen besser zu verstehen. Ich muss gestehen, dass ich zuerst skeptisch war, da ich keine Ahnung hatte, wie er sich in so einem Termin bewähren würde. Die Dynamiken in der Kommunikation mit Kundinnen sind nicht immer ganz einfach, insbesondere wenn man darin keine Übung hat. Aber letztlich sind wir das überschaubare Risiko eingegangen und er hat das sehr gut gemeistert. Das hat nicht nur ihn weitergebracht, sondern auch uns als etventure. Nun hatten wir jemanden an Bord, der sich technisch hervorragend auskannte und seine Expertise gleichzeitig auch bei Terminen mit Kundinnen einbringen konnte.

Kein Empowerment ohne richtige Rahmenbedingungen

Echtes Empowerment bedeutet sowohl strukturell als auch kulturell einen Rahmen zu schaffen, in dem alle Mitarbeiterinnen die volle Verantwortung für das Unternehmen oder zumindest für ihr Tätigkeitsfeld übernehmen können und wollen. Das Konzept der Selbstwirksamkeitserwartung spielt hierbei eine entscheidende Rolle. Wer sich in erster Linie fremdbestimmt fühlt, hat weniger Selbstbewusstsein und ist anfälliger für Angststörungen. Mitarbeiterinnen, die das Vertrauen der Führungskräfte genießen und davon überzeugt sind, dass sie innerhalb des Unternehmens etwas bewirken und auch in schwierigen Situationen selbstständig handeln können, verfolgen ihre Aufgaben mit mehr Engagement und Ausdauer.

Ein solches Umfeld müssen Führungskräfte schaffen. Auch wenn das keine leichte Aufgabe ist. Insbesondere, wenn es sich um ein bereits bestehendes Unternehmen handelt und man nicht bei null anfängt, sondern zum Teil verinnerlichte Verhaltensweisen komplett infrage stellt und verkrustete Strukturen aufbrechen muss. Das fängt bei der Infrastruktur an und hört bei der Fehlerkultur nicht auf. Hier ist eine unvollständige Liste der Rahmenbedingungen, die aus meiner Erfahrung heraus für ein Empowerment des Teams gegeben sein müssen:

- Das Unternehmensziel muss gemeinsam entwickelt oder zumindest klar formuliert sein, sodass sich die Mitarbeiterinnen konstruktiv und kreativ einbringen können.

- Kommunikationskanäle und Kooperationstools müssen vorhanden sein, um die reibungslose Zusammenarbeit auch über Abteilungen hinweg sicherzustellen.

- Alle Informationen und das Wissen, welches Mitarbeiterinnen benötigen, um ihre Aufgaben zu erfüllen, müssen leicht zugänglich und jederzeit verfügbar sein.

- Entscheidungen müssen schnell und zielführend dort getroffen werden, wo die Konsequenzen zu tragen sind. Sie dürfen nicht durch langwierige Entscheidungsprozesse verzögert werden.

- Wichtige Entwicklungen oder Ereignisse, die die Arbeit beeinflussen, müssen transparent und zeitnah kommuniziert werden.

- Die Unternehmenskultur muss transparent kommuniziert und gelebt werden und als Entscheidungsgrundlage für die Auswahl neuer Mitarbeiterinnen als auch für die weitere Zusammenarbeit mit dem bestehenden Team dienen.

- Und nicht zuletzt müssen die Mitarbeiterinnen zu jedem Zeitpunkt spüren, dass das Führungsteam ihnen bei Misserfolgen den Rücken stärkt und sie an den Erfolgen teilhaben lässt.

Wenn es dann noch gelingt, ein solches Umfeld nicht nur für den Teil der Mitarbeiterinnen herzustellen, an den man – Achtung! – die höchsten Erwartungen hat, sondern flächendeckend für das gesamte Team, dann wird man, so wie ich, regelmäßig von den begeisterten, befähigten Menschen im eigenen Unternehmen positiv überrascht werden.

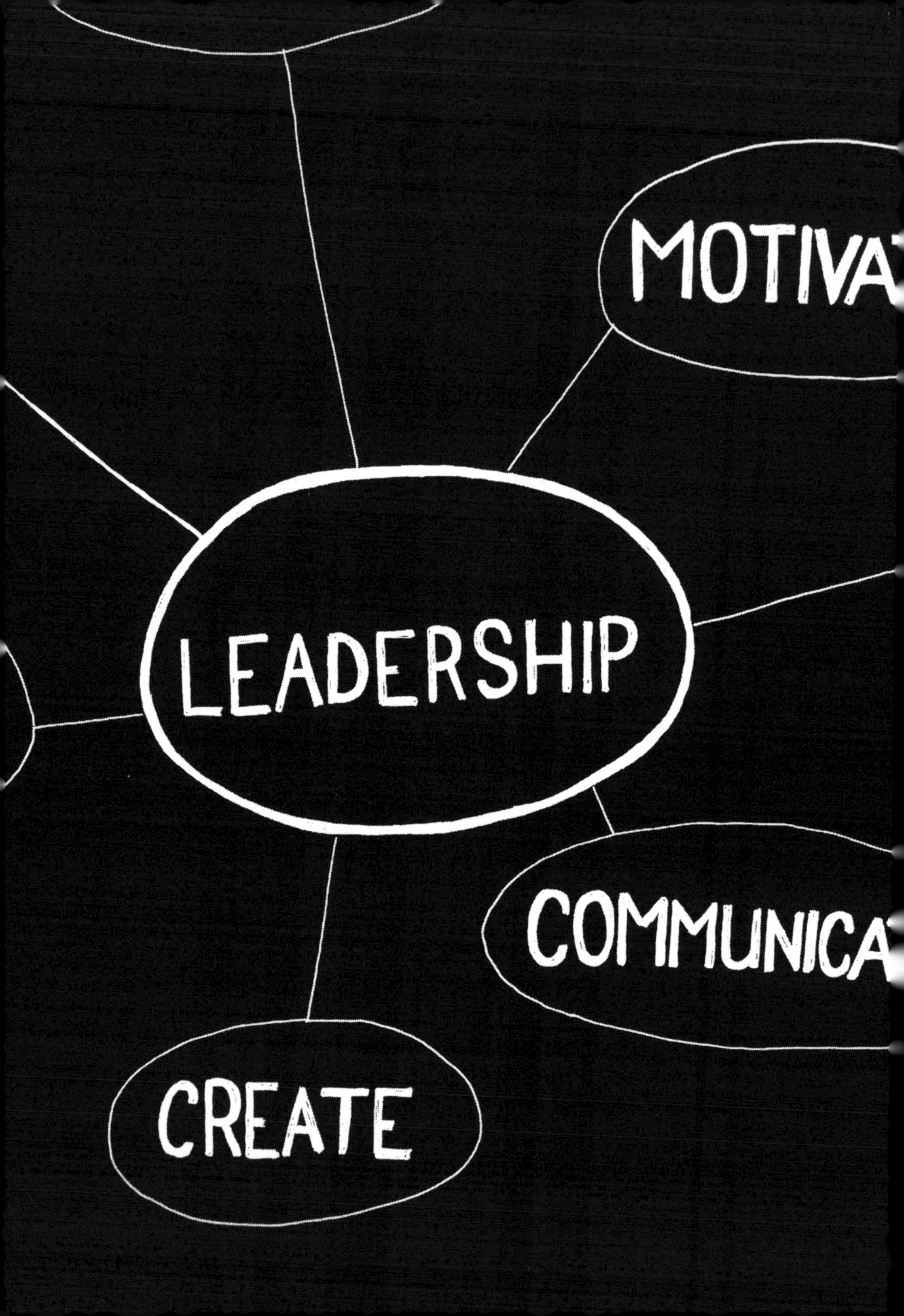
MOTIVAT
LEADERSHIP
COMMUNICA
CREATE

Meine Leadership Learnings: Wie Führung nicht funktioniert

Ich bin seit über zwanzig Jahren in Führungspositionen tätig. Deshalb möchte ich hier nun nicht meine ultimative Anleitung für herausragende Führung teilen. Denn im Gegensatz zu einigen Verfasserinnen von umfangreichen Leadership-Ratgebern, hatte ich nicht das Glück, nach den ersten paar Jahren im eigenen Unternehmen – oder sogar schon vorher ganz ohne praktische Erfahrungen – zu erkennen, was genau gute Führung ausmacht. Ich habe viele Fehler und ein paar Dinge richtig gemacht und befinde mich nach wie vor auf einer Lernreise.

Es gibt zum Thema Leadership unendlich viele Philosophien und Konzepte und nicht wenige von ihnen haben meine Kolleginnen und ich bei etventure ausprobiert. Ich kann heute mehr denn je mit voller Überzeugung sagen, dass das Thema wahnsinnig vielschichtig ist. Wenn es überhaupt eine allgemeingültige Aussage dazu gibt, dann ist es wohl der folgende Satz von Simon Sinek: „Es gibt nur eine einzige Sache, die eine gute Führungskraft ausmacht. Und das sind Follower."

Nach meiner ganz persönlichen Erfahrung wirst du als Führungskraft nie Erfolg haben, wenn du keine Menschen im Team hast, die dir blind vertrauen und deine Vision teilen. Wenn sich dein Führungsanspruch lediglich aus der Jobbeschreibung heraus begründet und deine Autorität allein davon abhängt, dann wird dein Team keine Höchstleistungen bringen.

Ich habe kein Geheimrezept für gute Führungsarbeit. Aber aus meiner Erfahrung heraus glaube ich ein paar Erkenntnisse teilen zu können, wie Leadership in zukunftsgerichteten Unternehmen nicht funktioniert.

Keine Führung als One-Man-Show

Wenn wir an einflussreiche Führungskräfte denken, haben wir meist schillernde Lichtgestalten im Kopf wie Steve Jobs oder Elon Musk. Aber wenn man einen genauen Blick darauf wirft, welche Unternehmen dauerhaft erfolgreich am Markt waren, dann kristallisiert sich ein anderer Führungstyp heraus. Jim Collins hat für sein Buch „Good to Great" den wirtschaftlichen Erfolg von über 1.000 Unternehmen über einen Zeitraum von über 30 Jahren analysiert. Seine Ergebnisse sind beeindruckend. Alle der lediglich elf Aktiengesellschaften, welche über einen Zeitraum von mehr als 15 Jahren mindestens dreimal so erfolgreich waren wie der durchschnittliche Markt, hatten eine Gemeinsamkeit. Sie alle wurden geleitet durch sogenannte Level-5-Führungskräfte, die sich durch eine paradoxe Mischung aus persönlicher Bescheidenheit und absoluter beruflicher Entschlossenheit auszeichneten. Als CEOs stellten sie sich in den vollen Dienst ihres Unternehmens und versuchten ein Umfeld zu schaffen, dass auch unabhängig von ihrer Person erfolgreich sein konnte.

Ich selbst musste diese Lektion lernen. In der Anfangsphase von etventure habe ich mich und meine beiden Gründungskollegen als Aushängeschilder wahrgenommen. Ich wollte in jede Entscheidung einbezogen werden und dem Unternehmen meinen ganz persönlichen Stempel aufdrücken. So etwas kann funktionieren, wenn man es schafft, das gesamte Team hinter der eigenen Vision zu vereinen. Aber für das Unternehmen geht man damit ein enorm hohes Risiko ein. Denn Gedeih und

Verderb des ganzen Teams sind davon abhängig, dass man diesen Status aufrechterhält. Je stärker das Unternehmen wächst, je vielfältiger die Aufgaben werden, desto weniger ist man als Einzelperson in der Lage, diesem Anspruch gerecht zu werden.

Die wichtige und teilweise wirklich schmerzhafte Erkenntnis war, dass ich mich als Führungskraft ersetzbar machen musste. Das heißt nicht, dass meine Tätigkeit dadurch weniger wert wurde oder dass ich mich als öffentlicher Fürsprecher für etventure zurückzog. Aber die Gesamtverantwortung musste auf mehrere Schultern verteilt werden. Idealerweise auf das gesamte Team. Sollte ich aus irgendeinem Grund ausfallen, dann darf etventure nicht darunter leiden.

Keine Führung ohne Vertrauen

Um zu verhindern, dass etventure so einer One-Man-Show zum Opfer fallen könnte, wurde unter anderem das Leadership Board initiiert. Ein achtköpfiges Team, welches die strategischen Entscheidungen für etventure trifft. Ich bin Teil dieses Teams und kann mich konstruktiv einbringen, muss mich aber gegebenenfalls der gemeinschaftlichen Entscheidung beugen. Das fiel mir anfangs nicht leicht. Aber mittlerweile vertraue ich diesem Team blind, dass es die richtigen Entscheidungen im Sinne unseres Unternehmens trifft – auch dann, wenn ich mal nicht da bin.

Und genau, wie ich dem Leadership Board mein volles Vertrauen schenke, ist es notwendig, dass das Leadership Board dieses Vertrauen an das gesamte etventure Team weitergibt. Eine Arbeitsumgebung, die von Misstrauen geprägt ist, kann keine herausragenden Leistungen hervorbringen.

Das gilt in alle Richtungen. Unser Team muss sich darauf verlassen können, dass wir uns als Führungskräfte in jeder Situation für jede Einzelne einsetzen. Wir dürfen niemanden mit seinen Herausforderungen im Regen stehen lassen. Natürlich ist konstruktive Kritik zulässig und gewünscht. Aber wir sind da, um negative Einflüsse von außen abzuwehren, und helfen jeder dabei, Probleme selbstständig lösen zu können. Ein Team, welches das volle Vertrauen der Führungskräfte genießt, wird damit verantwortungsvoll umgehen. Und in einem solchen Fall können auch die Führungskräfte sich voll auf ihr Team verlassen.

Indem wir im Leadership-Team definiert haben, was uns in der Zusammenarbeit wichtig ist – welche Core Values, also Prinzipien und Einstellungen, wir vertreten – und in welchem Rahmen das Team flexibel und selbstständig agieren kann, haben wir gemeinsam die Grundlage für eine vertrauensvolle und wertschätzende Zusammenarbeit bei etventure geschaffen.

Keine Führung ohne Team

Und damit schließt sich der Kreis. Erfolgreiche Führung ist nur möglich, wenn es ein Team gibt, welches auch als solches bezeichnet werden kann. Wenn es mir nicht gelingt, die einzelnen Mitarbeiterinnen in die Lage zu versetzen, dass sie als Team dauerhaft erfolgreich sein können, dann ist entweder irgendwann das Team weg oder ich.

Meine Aufgabe als Führungskraft ist es, dafür zu sorgen, dass alle Mitarbeiterinnen das Große und Ganze kennen und verstehen, dass die Rahmenbedingungen klar sind, dass sie wissen, wie wir unsere Ziele erreichen möchten und wie sie ihre Stärken bestmöglich einsetzen können. Wenn diese Voraussetzungen geschaffen sind, können die Mitarbeiterinnen motiviert an unseren Zielen arbeiten, sich gegenseitig unterstützen und jede Einzelne das Beste aus sich rausholen – weil alle genau wissen, worauf es ankommt.

Das ist sehr viel einfacher gesagt als getan. Ich habe dafür auch heute – nach zwanzig Jahren – noch keine allgemeingültige Blaupause gefunden. Jedes einzelne Teammitglied ist anders und jede Situation erfordert einen anderen Umgang. Natürlich gibt es einige unverrückbare Grundregeln wie Respekt, Wertschätzung und Offenheit. Aber in manchen Situationen muss man motivieren und aufbauen, in anderen Situationen muss man zu Disziplin aufrufen oder kritisieren. Mal erfordert es Emotionen, mal eine rationale Analyse.

Aus individuellen Superstars eine Mannschaft formen

Ich finde es beeindruckend, wie einige Fußballtrainer diese Kunst gemeistert haben. Zu Beginn der Saison 2019/2020 befand sich der Rekordmeister FC Bayern München in einer Krise. Das Starensemble befand sich zu diesem Zeitpunkt auf dem vierten Tabellenplatz. Ein Unding für den selbsternannten Klassenprimus, dessen Mannschaft beinahe so einen hohen Marktwert hatte, wie die Kader der vor ihnen platzierten drei Vereine zusammen.

Die Vereinsführung tat das, was in so einer Situation häufig getan wird. Sie entließen den Cheftrainer Niko Kovac. Assistenztrainer Hansi Flick übernahm als Interimscoach die Führung. Innerhalb kürzester Zeit schaffte er offensichtlich das, was die gesamte Konkurrenz befürchtete und was seinem Vorgänger nie gelungen war. Er formte aus den individuellen Superstars eine Mannschaft. Plötzlich fing der FC Bayern an, seine volle Stärke auszuspielen und die anderen Teams zu dominieren. Innerhalb weniger Spieltage kletterte das Team vorbei an meinem heiß geliebten BVB auf den ersten Platz der Tabelle, und gab diesen nicht mehr her. Nicht nur wurden sie in der Saison 2019/2020 zum unangefochtenen Sieger der Bundesliga. Sie gewannen auch den DFB-Pokal und die Champions League. Dieses Triple ist das absolute Optimum, was ein Verein innerhalb einer Saison erreichen kann. Was den entscheidenden Unterschied gemacht hatte, war ein Leader, der es verstand, jedes einzelne Teammitglied – Spieler und Betreuer – so einzubinden, dass sie das Beste aus sich herausholen konnten.

Die Beispiele sowohl aus der Wirtschaft als auch aus dem Sport zeigen, dass Leadership in der heutigen Zeit eine herausragende Rolle spielt. Der Erfolg von Unternehmen ab einer bestimmten Größe steigt und fällt mit der Führungskultur. Früher reichte es möglicherweise, Aufgaben zu verteilen und die Mitarbeiterinnen entsprechend klar definierter Ziele und Regeln zu belohnen oder zu bestrafen. Doch diese Zeiten sind vorbei. Nicht zuletzt bedingt durch die digitale Transformation sind die Anforderungen an Mitarbeiterinnen und Führungskräfte sehr viel komplexer geworden. Rahmenbedingungen und Arbeitspakete sind einem ständigen Wandel unterworfen. Neue Werkzeuge, neue Wünsche der Kundinnen, neue Marktbedingungen. Teams müssen in der Lage sein, flexibel auf diese Dynamiken zu reagieren.

Das bedeutet auch, dass es nicht mehr nur um die CEOs und Cheftrainerinnen geht, wenn wir von Leadership reden. In diesem volatilen Umfeld müssen alle Mitarbeiterinnen in verschiedensten Konstellationen Führungsaufgaben übernehmen.

!
DO
IT

3. Just do it

Die Weltwirtschaft befindet sich in einem grundlegenden Strukturwandel. Der enorme Umbruch durch die digitale Transformation, die Corona-Krise und die VUCASP-Welt (siehe Kapitel „Weltmarktführer der inkrementellen Innovation") sollte Unternehmen zum Handeln und Umdenken bringen. Statt in Lethargie zu verfallen oder das Thema zu zerreden, muss das Top-Management handeln – und zwar jetzt! Sie sollten Bedenkenträgerinnen erst einmal zur Seite schieben, mutig Risiken eingehen und trotz ungewissem Ergebnis ihre digitale Transformationsreise starten.

Hier möchte ich den Nike-Werbespot „Find Your Greatness" aus dem Jahre 2012 anführen, in dem es um Ehrgeiz ging. Zu sehen war eine lange Straße in den USA, zu hören war das laute anstrengende Atmen eines Menschen. Irgendwann war er am Horizont zu sehen. Er kämpfte sich schnaufend Meter für Meter vor – und der Sprecher sagte, dass viele Menschen glauben würden, dass Ehrgeiz ein Geschenk für ausgewählte Menschen wie beispielsweise Superstars sei. Der Rest der Welt würde zuschauen und an der Seitenlinie stehen. Dies sei falsch! Ehrgeiz sei etwas für jeden, etwas, was jeder hat. Ehrgeiz sei wie Atmen und völlig normal. Als der Sprecher zu Ende gesprochen hatte, sah der Zuschauer einen übergewichtigen Läufer in der Totalen – und es wurde der Schriftzug „Find your Greatness" eingeblendet!

Der offensichtlich nicht sportliche Läufer weiß nicht, ob sich die Quälerei am Ende lohnen wird. Ob er durchhalten, sein Ziel – welches auch immer – erreichen wird. Und dennoch läuft er ins Ungewisse los. Und auch wir alle wissen nicht, was in der Zukunft passieren wird und wo uns die digitale Transformation hinbringen wird. Dennoch müssen wir alle den Weg in die eigene Transformation beginnen – ehrgeizig und mutig.

Reise ins Unbekannte

Die digitale Transformation ist für viele Unternehmen wie eine Expedition in unbekanntes Neuland. Hier geht es jedoch nicht um Gold, edles Holz oder exotische Früchte, sondern um Daten, digitale Kundenkanäle und einen nachhaltigen Mehrwert für Wirtschaft und Gesellschaft: Sehr viel abstrakter als die irdischen Schätze und auch sehr viel schwieriger nutzbar zu machen. Denn die Rahmenbedingungen für diese Art von Expeditionen ändern sich rasant – auch ohne weltweite Pandemien.

Neue Technologien, veränderte wirtschaftliche Strukturen und gesellschaftliche Herausforderungen, wie etwa der Klimawandel, machen jegliche Planungssicherheit zunichte. Schwere Zeiten für Kartografen. Die Blaupause von gestern ist morgen schon veraltet. Daher werden bei der Digitalisierung ganz neue Fähigkeiten bezüglich Führung und Methoden benötigt. Zudem verändert sich das Arbeitsumfeld der Mitarbeiterinnen. Aber auch Kundinnen und Interessenvertretungen haben heute ganz andere Anforderungen an ein Unternehmen.

Unbekanntes Neuland erobern

Wer die nächsten Jahre aber nicht nur überleben, sondern nachhaltig positiv gestalten möchte, hat früher möglicherweise auf eine Unternehmensberatung gesetzt, damit die eine Fünfjahresstrategie entwickelt, hinterlegt mit Zahlen, Diagrammen und anschaulichen Beispielen. Umfangreiche Analysen wurden erstellt, aus denen langfristige Handlungsempfehlungen abgeleitet wurden. Quasi die Landkarte des letzten Jahrhunderts. Aber wenn es auf die Umsetzung ankam, ging der Kartograf von Bord.

Alternativ kann man sich einen Partner ins Boot holen, der mit einem gemeinsam in das unbekannte Neuland aufbricht. Eine, die sich auskennt mit den Herausforderungen der digitalen Transformation. Der weiß, welche Rahmenbedingungen sein Team benötigt, weil er selbst regelmäßig Teil solcher Teams war. Der ein ganzes Netzwerk von Menschen kennt, die vor ähnlichen Herausforderungen standen und Lösungen gefunden haben. Eine, die von Anfang bis Ende mit an Bord ist, mit ins Risiko geht und gerade deswegen keine Scheu davor hat, sich gemeinsam die Hände dreckig zu machen.

Unternehmensbegleitung statt Unternehmensberatung

Wir befinden uns in unsicheren Zeiten, was zu Verunsicherung führen kann. Aber sie kann auch dabei helfen, neue Chancen zu entdecken, neue Wege zu gehen, die alte Saturiertheit über Bord zu werfen, die Ärmel hochzukrempeln und kalkulierbare Risiken einzugehen.

Aus meiner persönlichen Erfahrung waren immer diejenigen Projekte am erfolgreichsten, bei denen das Beratungsteam selbst mit an Bord gegangen ist. Wenn Kooperationsmodelle gefunden wurden, bei denen das Risiko und der Erfolg geteilt wurden. Wenn mit Designer-, Entwickler-, Produktmanagerinnen, agilen Coaches und Sales-Expertinnen eine breite Mischung an Fähigkeiten an Bord waren, um mit den Fachexpertinnen des jeweiligen Unternehmens Neuland zu erkunden.

Dabei war es wichtig, einerseits vorab gemeinsam die grobe Richtung zu definieren und andererseits dem Team dann ausreichend Freiraum zu geben, um auf neue Erkenntnisse flexibel reagieren zu können.

Dabei darf man sich nicht von jedem kleinen Rückschlag verunsichern lassen, und muss dem Impuls widerstehen, der Crew umgehend das Vertrauen zu entziehen, wenn etwas nicht nach Plan läuft. Ganz im Gegenteil. Innovation ist nicht planbar. Man muss auf die Fähigkeiten der Mitarbeiterinnen und die Innovationsmethodik vertrauen und ihnen den Rücken stärken. Wenn eine Abzweigung nicht die gewünschten Ergebnisse liefert, muss man daraus lernen und die nächste Abzweigung testen. Nur so kann die Suche nach etwas Neuem erfolgreich gestaltet werden. Ganz egal, ob man einen Weg durch unbekanntes Neuland sucht oder ein innovatives Geschäftsmodell.

Zukunft des Unternehmens nachhaltig positiv gestalten

Wenn Unternehmen sich auf das Abenteuer „digitale Transformation" einlassen – niemand wird sich dem entziehen können – dann sollten sie nicht allein auf einen Fünfjahresplan vertrauen (siehe auch Kapitel „Digitalstrategie 2030 für die Tonne"). Die Chancen stehen gut, dass dieser nächstes Jahr schon überholt ist. Stattdessen sollte das Unternehmen dafür sorgen, dass es die richtige Mannschaft mit den bestmöglichen Rahmenbedingungen an Bord haben: Ein motiviertes, vielfältiges Team, welches unterschiedliche Fähigkeiten und Perspektiven einbringt. Eine nutzerzentrierte Vorgehensweise, mit der man Produkte oder Dienstleistungen in hoher Frequenz auf den Markt bringt, um aus den Erkenntnissen zu lernen und schnell zu iterieren. Ein Werkzeugkoffer, welcher es ermöglicht, in kurzer Zeit kreative neue Ansätze auszuprobieren. Eine Fehlerkultur, die es Mitarbeiterinnen erlaubt, die „Cover your Ass"-Mentalität abzulegen und Experimente zu wagen. Und hoch motivierte Partnerinnen, die am Erfolg genauso partizipieren wie am Risiko.

Und selbst wenn man all das tut, kann man Irr- und Umwege nicht vermeiden. Denn eine Erfolgsgarantie gibt es nicht. Auch wird es Rückschläge geben. Aber die Chancen stehen sehr gut, dass man am Ende einen neuen Markt entdeckt, ein neues Geschäftsfeld aufbaut und im besten Fall ein neues Selbstverständnis entwickelt, mit dem man die Zukunft des Unternehmens nachhaltig positiv gestalten kann.

GEHT
DOCH
!

Und es geht doch

Es gibt sie, die deutschen Traditionsunternehmen, die bereits auf einem sehr guten digitalen Transformationsweg sind. Zu diesen Leuchttürmen gehören unter anderem mein Lieblingsbeispiel Klöckner, der Chemieriese Covestro, der Aufzughersteller Schindler, die Barmer GEK, Siegwerk Druckfarben und auch die Berliner Verkehrsbetriebe. Alle Organisationen sind mit starken Managerinnen die digitale Transformation mutig angegangen.

Beeindruckt hat mich auf meiner zehnjährigen Transformationsreise der Maschinen- und Anlagenbauer SMSgroup mit etwas über 13.000 Mitarbeiterinnen. Als ich Burkhard Dahmen, CEO des Konzerns, vor einigen Jahren zum Start unserer gemeinsamen Digitalisierungsreise kennenlernte, befand sich die Stahlbranche in einer tiefen Krise. Es gab massive Überkapazitäten am Markt, unter anderem verursacht von chinesischen Anbietern. Für einen Stahlanlagenhersteller ist das natürlich der Worst Case, denn sie verkaufen ja mit ihren Anlagen neue Stahlkapazitäten. Entsprechend stand hier die SMSgroup unter dem Druck, die Stagnation im Anlagenverkauf vor allem durch ihr Aftersales-Geschäft zu kompensieren.

Die Digitalisierung im geschützten Raum vorantreiben

Burkhard Dahmen startete mutig die digitale Transformationsreise der SMSgroup. Er gründete dafür das Tochterunternehmen SMS digital, das mit zehn Mitarbeiterinnen in einem geschützten Raum die Digitalisierung vorantreiben sollte. etventure startete mit den Interviews der SMSgroup-Kundinnen, was sich aufgrund ihrer sehr konservativen Haltung als gar nicht so einfach herausstellte. Als eine etventure-Mitarbeiterin in einem Kundeninterview von einer Cloud-Lösung berichtete, fragte die Interviewte, ob wir denn die Plattform auch dabeihätten – als würden wir die Cloud-Lösung in einem Koffer mitbringen.

Nach der Generierung der Schmerzpunkte starteten wir gemeinsam mit dem SMSgroup-Team einerseits den Stream „neue Geschäftsmodelle". Dabei fokussierten wir uns im ersten Schritt auf den Smart Alarm, ein digitales Alarmsystem für Maschinenfehler, sowie auf eine Ersatzteilplattform. Andererseits entwickelten und testeten wir Lösungen, die die bisherigen analogen Prozesse der SMSgroup mit ihren Kundinnen ablösen sollten. Die digitale Serviceplattform „mySMSgroup" sollte dabei als digitaler Touchpoint für alle SMSgroup-Kundinnen dienen sowie alle digitalen Services bündeln. Last but not least ging es noch darum, durch die Digitalisierung Effizienzen im Kerngeschäft zu hebeln. Dabei entstand unter anderem die SMS Data Challenge, die weltweit nach Lösungen für ein aktuelles Stahlverarbeitungsproblem suchte.

Beeindruckende Ergebnisse bei der SMSgroup

Die ersten Ergebnisse waren beeindruckend: Smart Alarm, das erste Minimal Viable Product, war in wenigen Monaten live bei den Kundinnen. Es war die erste Software-as-a-Service-Lösung der Branche überhaupt und damit auch das erste digitale Geschäftsmodell der SMSgroup. Die Data Challenge brachte innerhalb weniger Wochen über 100 Bewerberinnen diverser Data Scientists aus sämtlichen Kontinenten zusammen. Das ausgeschriebene Produktionsproblem konnte schnell gelöst werden. Dabei diente die Innovation Challenge hier übrigens nicht nur dazu, das eigentliche Problem zu lösen, sondern funktionierte auch noch ausgezeichnet als Recruiting-Tool für die schwer erreichbare Zielgruppe der Data Scientists.

Mittlerweile läuft Smart Alarm weltweit auf zahlreichen SMSgroup-Anlagen – nicht offline in den Anlagen, sondern online in der Cloud. Was zu Projektstart absolut undenkbar war. Auch wird das System in Bezug auf eine schnellere Systemintegration, bessere Sortierung und Aufgliederung sowie Dashboard-Ansichten kontinuierlich vom SMS-Team weiterentwickelt. Die Plattform mySMSgroup hat mittlerweile deutlich über ein Dutzend Applikationen. Auf der offenen Branchenplattform laufen sowohl Eigenentwicklungen der SMS digital, Digitallösungen der SMSgroup, aber auch externe Applikationen.

Das Thema „digital" auch in Krisenzeiten selbstbewusst und mutig treiben

Mittlerweile hat sich die SMS digital zum digitalen Kompetenzzentrum der SMSgroup entwickelt. Das Team ist von damals zehn Mitarbeiterinnen auf nunmehr 100 gewachsen, es besteht unter anderem aus Cloud-Expertinnen, Data Scientists und Maschine-Learning-Expertinnen und arbeitet an diversen Effizienzsteigerungsprogrammen nah am Kerngeschäft und an Kernkundenschnittstellen der SMSgroup. Erstmals sind sogar auch Beteiligungsmodelle im Gespräch, an denen die SMSgroup partizipiert, wenn ein realer Effizienzgewinn eintritt – im Start-up-Business würde man von „upside potential" sprechen. Dieses beeindruckende Beispiel zeigt, dass man auch in Krisenzeiten das Thema „digital" selbstbewusst und mutig angehen sollte, dann wird man für den Mut auch belohnt.

Ein weiteres Erfolgsbeispiel im Rahmen der digitalen Transformation ist die Hoffmann Group, die unter anderem mit der

Übernahme von Contorion die Digitalisierung vorangetrieben hat. Dabei orientierte sich der klassische Werkzeughersteller mit dem digitalen Fachhändler für Handwerks- und Industriebedarf stark an dem Amazon-Modell. Ähnlich übrigens auch wie Covestro, das durch die Eigenentwicklung und den weltweiten Launch einer innovativen digitalen Vertriebsplattform vorhandene Kapazitäten bestmöglich im Markt platzieren konnte.

Der Heizungsbauer Viessmann trieb nicht nur die digitale Transformation im eigenen Haus voran, mit WATTx schaffte das Unternehmen auch eine Innovationseinheit in Berlin, die digitale Geschäftsmodelle für die Bauindustrie testet, validiert und als Start-ups skaliert. Auch beim wichtigen Thema Ökosystem und Co-Creation gab Viessmann Vollgas und schuf mit dem Maschinenraum in Berlin ein offenes Ökosystem für den Mittelstand.

Den Wandel mit Mut, Umsetzungsstärke und Innovationsgeist aktiv gestalten

Der Online-Händler Zalando, der zunächst nur auf Schuhe spezialisiert war, wuchs binnen weniger Jahre vom Start-up zu Europas größtem Online-Modehändler heran. Die Gründer setzten dabei von Anfang an auf Nutzerzentrierung und Skalierung. Der Lebensmitteleinzelhändler REWE gründete REWE digital, um sich fit für die Digitalisierung zu machen. Dabei entschied sich der Konzern bewusst für einen Greenfield Approach. Mit Erfolg: Von 24 Standorten aus werden heute 75 Städte beliefert. Auch hat sich REWE digital mittlerweile zu einer Brutstätte für Dienstleistungen rund um Digital Commerce gemausert – auch über das eigene Unternehmen hinaus.

Diese Beispiele zeigen, dass Führungskräfte mit Mut, Umsetzungsstärke und Innovationsgeist den Wandel aktiv gestalten können.

IDEENGEBERIN

≠

UMSETZERIN

Ideengeberinnen sind meist die schlechteren Umsetzerinnen

Wer eine Idee entwickelt, tut das in der Regel über einen sehr langen Zeitraum hinweg. Verliert man sich dabei in Details, verliert man auch den objektiven Blick auf die eigene Entwicklung. Einen weiteren Stolperstein stellt zudem die jahrelange Branchenerfahrung dar. Sie verführen nämlich häufig dazu, die Idee keinem Marktcheck zu unterziehen. Wer aber das Thema Nutzerzentrierung vernachlässigt, riskiert, dass das Produkt keinen Absatz findet. Auch stelle ich häufig fest, dass Ideengeberinnen meist so begeistert und stolz auf ihre eigene Idee sind, dass sie nur schwer Feedback annehmen und wenig bereit sind, ihre Idee auch wirklich kritisch zu hinterfragen. Sie kämpfen sozusagen für ein bereits totgerittenes Pferd.

Wer emotional nicht gebunden ist, kann noch einmal komplett neu starten

Deshalb ist es riskant, wenn die Ideengeberinnen zugleich Umsetzerinnen sind. Funktioniert eine Idee nämlich nicht, weil man damit zum Beispiel zu spät auf den Markt geht oder nicht die Schmerzpunkte getroffen hat, gestehen sich Ideengeberinnen das ungern ein, schließlich haben sie sich lange mit ihrer Entwicklung beschäftigt und eine emotionale Bindung aufgebaut. Daher ist es ratsam, wenn die Umsetzerin der Idee nicht die Ideengeberin ist. Wer nämlich nicht emotional gebunden ist, kann noch einmal komplett neu starten und die Schmerzpunkte am Markt herausfinden – oder gar den Stecker ziehen. Und natürlich gibt es hier auch Ausnahmen, bei denen Ideengeberinnen genau das richtige Mindset der radikal datenbasierten Nutzerzentrierung sowie die richtige Umsetzungspower und Erfahrung für die Testing- und Skalierungsphase mitbringen.

Wer sind die geeigneten Umsetzerinnen?

Sehr häufig sehe ich Gründerteams, aber auch Teams von Intrapreneurinnen und Business Developerinnen in Unternehmen, die einen technischen Hintergrund haben und damit häufig absolut unerfahren in Bezug auf Marketing und den Vertrieb sind. Zudem haben sie die unterschiedlichen Phasen, die für eine erfolgreiche Marktskalierung eines digitalen Services oder Geschäftsmodells benötigt werden, noch nicht durchlaufen. Deshalb ist es ratsam, Personen eine Idee testen und nach Validierung skalieren zu lassen, die bereits Vorhaben dieser Art erfolgreich umgesetzt haben oder damit gescheitert sind. Dann nämlich sind Erfahrungswerte vorhanden, die in das neue Vorhaben einfließen können. Auch ist es bei der Validierung und Skalierung von Ideen, digitalen Services und Geschäftsmodellen enorm wichtig, dass der Prozess von Personen durchgeführt wird, die mit einem neuen Blick darauf schauen – um das bisher Geschehene generell infrage zu stellen, alles bisher Entwickelte gegebenenfalls radikal umzubauen oder auch einzustampfen.

Wer übrigens jahrelang für seinen Arbeitgeber an einer Entwicklung gearbeitet hat, ist häufig auch deshalb befangen, weil sie das Gesicht wahren möchte. Wem fällt es schon leicht, eine Niederlage einzugestehen, wenn man viel Zeit und Geld verbrannt hat. Und natürlich bestätigen Ausnahmen auch hier die Regel.

IDEE
UMSETZUNG

Die Idee ist nichts wert

Jedes Produkt, jeder Service, jedes Unternehmen und jedes Vorhaben beziehungsweise Projekt startet mit einer Idee. Ohne eine Idee geht also nichts, sie ist der Startpunkt von allem, aber völlig wertlos, wenn sie nicht umgesetzt wird. Ideen zu generieren und zu entwickeln, ist das Allerleichteste auf dem Weg durch die digitale Transformation. Denn wenn die Schmerzpunkte der Kundinnen, Lieferantinnen oder Mitarbeiterinnen erst einmal klar sind, entstehen in einem Ideenworkshop mit wenigen Mitarbeiterinnen 50 oder mehr Digitalideen. Die Idee ist also nie das Problem, sondern immer die Umsetzung!

Ich beobachte sehr häufig, dass Ideen irgendwo brach herumliegen und nichts aus ihnen gemacht wird. Nehmen wir beispielsweise das allseits bekannte betriebliche Vorschlagswesen. Bei vielen Unternehmen gehen hier jährlich mehrere 100 Ideen ein. In der Regel entscheidet dann ein Gremium (häufig noch immer bestehend aus weißen alten Männern) darüber, was umgesetzt wird oder nicht. Das Gros dieser Ideen verschwindet ungetestet in Schubladen oder Papierkörben mit den Aussagen: „Die Idee kam von Mitarbeiterin XYZ. Das kann ja nichts sein." So etwas in der Richtung haben wir schon einmal entwickelt, und es hat damals schon nicht geklappt." „An die Idee glaube ich nicht. Daher werden wir sie nicht umsetzen." Meist erhalten Ideengeberinnen noch nicht einmal ein Feedback des Gremiums, warum ihre Idee nicht infrage kommt oder auch nicht umgesetzt wird – was sehr frustrierend ist. Die Lösung wäre hier – wie so häufig – ein qualitativer und quantitativer Bewertungsprozess aufgrund vordefinierter Kriterien beziehungsweise einer Test-Methodik, mit der in kurzer Zeit Ideen auch wirklich auf ein Potenzial getestet werden können.

Fokus auf die Umsetzung

Vor einigen Jahren wurde ich für eine Keynote zu einer Ideation Week eines großen deutschen Automobilherstellers eingeladen. Der CEO eröffnete die Woche mit motivierenden Worten. Das Unternehmen hätte diese Ideenreise vor zwei Jahren begonnen. Dort hätten knapp 300 Mitarbeiterinnen in einer Woche über 150 Ideen rund um die Kundenschnittstelle entwickelt. Im letzten Jahr seien über 250 Ideen aus der Ideation Week heraus entstanden. Und dieses Jahr würden knapp 800 Mitarbeiterinnen wieder kreativ werden. Das Ziel sei, die 400er-Ideenmarke zu knacken.

Nach dieser motivierenden Einführung folgte die Ernüchterung. Mein fünftes Chart hatte die gleiche Überschrift wie dieses Kapitel: Die Idee ist nichts wert. Ich fokussierte mich auf meine Umsetzungsmethoden und stellte dann dem CEO am Ende meiner Keynote die Frage, wie viele Ideen denn vor zwei Jahren und im letzten Jahr erfolgreich umgesetzt worden waren und nun live am Markt seien. Die Antwort war mehr als frustrierend: keine. Er erzählte von diversen Hürden und Problemen bei der Umsetzung. Unter dem Strich für mich ein vollkommen wertloser Prozess und vor allem demotivierend für die Mitarbeiterinnen, die an den Ideen gearbeitet hatten.

Der CEO hätte es deutlich besser machen können, wenn er den Fokus nach der Ideenentwicklung auf die Umsetzung gelegt hätte: Einen Raum geschafft hätte, in dem Ideen schnell und pragmatisch bewertet und getestet werden können. Ein solcher Raum, geschützt von der Kernorganisation und frei von Bewahrerinnen, in dem die Ideen live an den Kundinnen getestet werden, Daten generiert werden und dann entschieden wird, ob die Idee weiterentwickelt beziehungsweise den Weg in die Kernorganisation findet und skaliert wird. So hätte der CEO Umsetzungserfolge und nicht die Ideeninitiative an sich gefeiert.

SCHEITERN

Früh und schnell scheitern

Es gibt bei der digitalen Transformation die goldene Regel: Scheitere niemals in der Kernorganisation! Mein Eindruck ist allerdings, dass für viele das Scheitern „in“ geworden ist. Was falsch und deshalb auch kritisch zu sehen ist. Wenn Innovationen, neue digitale Geschäftsmodelle und Services getestet und ausprobiert werden, dann sollte dies grundsätzlich im geschützten Raum passieren, denn dort kann im Stillen gescheitert werden. Die Kernorganisation muss eine perfektionistische DNA haben und darf unter keinen Umständen scheitern. Ihr Ziel ist eine Reklamationsquote von null Prozent.

Generell sollte eine Scheiterkultur so angelegt sein, dass aus dem Scheitern auch gelernt wird: nach dem Motto „Build-Measure-Learn“. Wenn man sieht, dass etwas nicht funktioniert hat und man damit gescheitert ist, muss man wissen, warum es nicht funktioniert hat, um es in Zukunft besser machen zu können. Das heißt auch, dass die Zyklen so kurz wie möglich sein sollten, damit schnell reagiert werden kann, und Kosten und Ressourcen eingespart werden können. Das Wichtigste im Prozess ist allerdings, dass Fehler nicht zweimal gemacht werden dürfen – auch nicht im geschützten Raum.

Beseitigt das entwickelte Digitalmodell den Schmerzpunkt nicht, kann es getrost eingestellt werden

Häufig sehe ich Digitalvorhaben in der Start-up- oder Unternehmenswelt, die eigentlich schon gescheitert sind, denen aber dennoch gutes Geld hinterhergeworfen wird. Zum Beispiel komplexe Plattformlösungen, die vom IT-Vorstand in

Auftrag gegeben wurden sind, seit Monaten live sind und keine Nutzerinteraktionen, geschweige denn Umsätze vorweisen können. Und dennoch werden sie weiterentwickelt, nur um ja keinen Fehler einzugestehen. In solchen Fällen ist es meist besser, wenn das Projekt für eine Zeit auf Eis gelegt und einen Schritt zurückgetreten wird, um die wirklichen Schmerzpunkte am Markt herausfinden zu können. Beseitigt das entwickelte Digitalmodell den Schmerzpunkt nicht, kann es getrost eingestellt werden – damit eine digitale Lösung gefunden werden kann, die auch sicher den Schmerzpunkt beseitigt.

Ich kann mich noch gut an eine Schlagzeile vor einigen Jahren erinnern: „Kontonummer nicht änderbar: Bundesagentur für Arbeit begräbt 60-Millionen-Euro-Software". Was war passiert? Die Bundesagentur (BA) entwickelte vier Jahre lang eine komplexe Plattform im eigenen „Entwicklungslabor". Sie sollte von den rund 90.000 Mitarbeiterinnen in über 150 Arbeitsagenturen deutschlandweit genutzt werden und die zahlreichen bisher eingesetzten Einzelanwendungen bei der Jobvermittlung und Abrechnung von Geldleistungen ablösen. Nun stellte sich aber irgendwann heraus, dass eine Korrektur der Kontonummer einer Kundin, also einer Arbeitssuchenden, nachträglich nicht möglich war. Ein Sprecher der BA sagte damals, dass eine Behebung des Fehlers zu aufwendig und teuer sei und das System daher nun doch nicht in der Praxis eingesetzt werden könne. Solch eine Umsetzung nach Pflichten- und Lastenheft, Wasserfallablaufdiagramm und einem einmalig festgesetzten Feature-Set ist ein Klassiker in der Corporate- oder Behördenwelt: keine Nutzerzentrierung, keine Iterationen und schon gar keine erste Version zum Testen nach wenigen Wochen und Monaten.

Im Kleinen agieren und schnell und früh scheitern

Wer die für die Digitalisierung nötige Geschwindigkeit an den Tag legen will, darf sich nicht mit perfekten, elaborierten Lösungen aufhalten. Dafür braucht es einen geschützten Raum. Dort nämlich kann vor allem durch die Build-Measure-Learn-Methodik schnell gescheitert werden, was nicht unnötig viel Zeit und Geld verbrennt. Denn wer nach ein paar Jahren und mehreren Millionen Euro feststellt, dass eine Entwicklung nicht funktioniert, hat nicht nur einen finanziellen Schaden, sondern auch seine Belegschaft massiv demotiviert.

Die wahren Heldinnen der digitalen Transformation

Für eine erfolgreiche digitale Transformation braucht es immer die Kernorganisation. Denn dort muss der Wandel stattfinden. Deshalb muss das, was im geschützten Raum passiert, eine Relevanz für die Kernorganisation, ihre Mitarbeiterinnen, Prozesse, Produkte und Services sowie bestehende Kundinnen oder Lieferantinnen haben. Wenn das gegeben ist, wird sich auch eine Kernorganisation bewegen und transformieren. Denn eine solche Effizienzsteigerung, die unter anderem in Form von Umsatzsteigerung, Zeitersparnis, Arbeitserleichterung, Datengenerierung sichtbar wird, ist Voraussetzung dafür, dass eine Kernorganisation die digitale Transformation schnell umsetzen will und wird. Ist diese Voraussetzung nicht gegeben, sind Digitaleinheiten erfolglos und gelingt die digitale Transformation weder heute noch zukünftig. Scheitergeschichten gibt es hier leider viele.

Sind Entwicklungen auch noch so groß und durch Daten positiv validiert und erfolgreich, sie werden von der Kernorganisation nicht an- und aufgenommen, wenn das Team im geschützten Raum die Kernorganisation nicht früh mit auf die digitale Reise nimmt. Deshalb ist es unerlässlich, dass die Digitaleinheit der Kernorganisation von Anfang an die Notwendigkeit für den Wandel vermittelt. Das erreicht sie, indem sie anhand von validierten Daten zeigt, dass das Geschäftsmodell oder der digitale Service bereits im Kleinen erfolgreich und für Kernorganisation, Mitarbeiterinnen, Kundinnen und Lieferantinnen von Vorteil ist.

Der große Hebel für Kernorganisationen ist Horizont 1

Haben Entwicklungen der Digitaleinheiten keine Relevanz für Kernorganisationen, fehlt die große Skalierungsmöglichkeit über die bestehenden Kundinnen und fehlen somit relevante Digitalumsätze. Die Folge: Budgets werden reduziert oder Digitaleinheiten gar eingestellt. Ein Beispiel sind die unzähligen Carsharing-Angebote deutscher Automobilhersteller, die nahezu nichts mit der Kernorganisation, den Mitarbeiterinnen oder den Kernprozessen der Konzerne zu tun haben und für diese auch nahezu irrelevant sind. Dort nämlich geht es in Entwicklung, Fertigung und Vertrieb um relevante Fragen wie: Wie produziert man Autos? Mit welcher Antriebstechnik, welchem User Interface und Geschäftsmodell bringe ich die Fahrzeuge auf den Markt? Wie offen gestalte ich die Plattform-Ökosysteme in den Fahrzeugen? Was können geeignete Services sein, die ich rund um das Kundenerlebnis Autofahren während des Produktlebenszykluses anbieten kann? Natürlich ist das Carsharing ein sinnvoller Service, dennoch sollte ein Automobilkonzern nicht den Großteil seines Innovationsbudgets in diesen Bereich investieren. Sollte Carsharing aber das Zukunftsmodell für den Automobilhersteller sein, was ich übrigens nicht glaube, dann sollte sich das Unternehmen eher auf die Produktion geeigneter Fahrzeuge für eben diesen Service konzentrieren: Starten des Fahrzeugs per App, leichte Reinigung des Fahrzeugs, minutengenaue Abrechnung, autonomes Fahren, Built-In Coffee Machine für den Morgenkaffee, Bezahlung mit Kryptowährungen etc.

Bestehende Produkte und Services digitalisieren

Der große Hebel für Kernorganisationen ist daher der Horizont 1 der digitalen Transformation: Wie kann ich bestehende

Produkte und Services mit bestehenden Kundinnen digitalisieren (siehe Kapitel „Ohne Zielbild kein Erfolg“)? Ein herausfordernder Weg, denn hier ist die Kernorganisation an ihrem Schmerzpunkt, denn sie greift bestehende Prozesse, Denkstrukturen, Arbeitsweisen an und verändert sie. Allerdings ist das auch der erfolgreichste Weg, denn hier kommt man sehr schnell zu Ergebnissen. Hier heißt es dann nicht „minimum disturbance“, sondern genau das Gegenteil.

Mitarbeiterinnen den Weg aufzeigen

Die wahren Heldinnen der digitalen Transformation sitzen in der Kernorganisation. Die nämlich haben jahrzehntelang sehr erfolgreich in ihrem traditionellen Business gearbeitet und die Kernorganisation zu dem gemacht, was sie heute ist. Zudem ist das laufende Geschäft aktuell noch sehr erfolgreich; und die Cash-Cows hoch profitabel gemolken. Wieso also sollte man etwas anders machen? Erkennen die Mitarbeiterinnen in der Kernorganisation dennoch die Notwendigkeit, mit neuem Mindset neue digitale Produkte und Services zu entwickeln und bei der Kundin zu platzieren, verlassen sie ihr Silodenken und öffnen sich dem Neuen.

Die Digitaleinheit hat dabei die Aufgabe, den Mitarbeiterinnen diesen Weg aufzuzeigen. Sie ist dafür verantwortlich, dass die Heldinnen sich verändern. Die wiederum müssen merken, dass es sich wirklich lohnt und dass es sinnvoll ist, durch die Veränderung zu gehen und Bewährtes über den Haufen zu werfen und zu verändern. Der Prozess stellt jedoch eine sehr große Herausforderung für Mitarbeiterinnen wie beispielsweise klassische Ingenieurinnen dar, die plötzlich mit validierten Produkten und Services konfrontiert sind, die statt in Jahren in nur wenigen Wochen und Monaten entwickelt wurden.

„I love #Kundenzentrierung #Kundennähe"

Ich erinnere mich noch gut an ein Ereignis vor einigen Jahren. Mein Team hat einen Kunden aus dem B2B-Bereich jahrelang bei der digitalen Transformation begleitet und ist dabei häufig auf diverse Widerstände in der Kernorganisation gestoßen. Wir sind den Weg über den geschützten Raum, eine Digitaleinheit in Berlin, sehr erfolgreich gegangen. Als ich eines Tages meinen LinkedIn-Account öffnete, wurde mir ein Mitarbeiter des Kunden als Kontakt vorgeschlagen. Er fiel mir auf, weil er auf seinem Profilbild ein Schild in der Hand hielt, auf dem stand „I love #Kundenzentrierung #Kundennähe". Wie großartig, dachte ich, machte ein Screenshot, schickte es an den CEO und fragte, was das denn für ein cooler Mitarbeiter aus der Digitaleinheit sei? Die Antwort des CEOs kam prompt: Der Mitarbeiter sei der Vertriebsinnendienstleiter aus dem Stammhaus. Er war anfänglich stark gegen den digitalen Weg und einer der großen Bewahrer. Nun sei er nach den ersten 18 Monaten einer der großen Befürworter des Vorhabens und auch Treiber des Wandels in der Kernorganisation. Wie großartig!

Arbeits- und Verhaltensweisen zu ändern, die nicht nur in der Vergangenheit erfolgreich waren, sondern es auch noch heute sind, ist eine enorme Leistung. Sie kritisch zu hinterfragen und durch neue zu ersetzen, ist die große Herausforderung auf der digitalen Transformationsreise. Dieser Wandel in den Köpfen und im Handeln ist in meinen Augen heldenhaft. Daher sitzen für mich die wahren Heldinnen in der Kernorganisation.

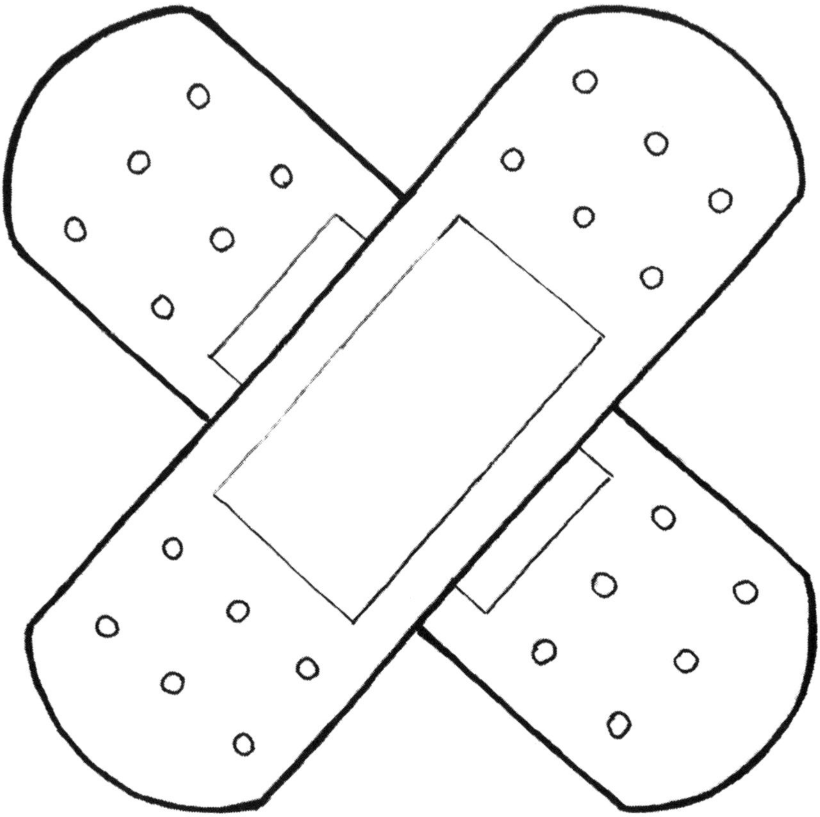

Schmerzpunkte überall

Kaum eine Nation ist so geprägt vom Ingenieurswesen wie Deutschland. Neue Produkte und Services werden von innen, also aus der Organisation heraus entwickelt, statt von Anfang an den Blick nach außen, also auf die eigentliche Nutzerinnen, zu richten. Daher werden in vielen Unternehmen analoge und digitale Produkt- und Serviceinnovationen von Beginn an zu komplex entwickelt. Produkt-, IT-Entwicklerinnen und Ingenieurinnen geht es mit viel Liebe zum Detail eher um eine maximale Anzahl an Funktionen und um ein aus ihrer Sicht perfektes Produkt. Im schlechtesten Fall aber nutzen Kundinnen das Produkt nicht oder sind nicht von den Funktionen überzeugt, weil es ihr Problem nicht löst oder ihr Bedürfnis nicht erfüllt.

Schmerzpunkte der Nutzerin herausfinden

Daher sollten Organisationen, nachdem sie Zielbild und Setting ihrer Digitalinitiative festgelegt haben, die digitale Transformation immer mit der Nutzerzentrierung beginnen. Hierbei ist es irrelevant, ob die Nutzerin Lieferantin, Mitarbeiterin, bestehende Kundin oder Kundin der Kundin ist. Relevant ist vielmehr, die Schmerzpunkte der Nutzerin herauszufinden. Daher sollten bei der Digitalisierung Produkte, Services sowie Produkt- und Servicefeatures in erster Linie auf Basis von Kundeninformationen und -wünschen, besser ihren Schmerzpunkten, entwickelt werden – was durch Design Thinking schnell identifiziert werden kann. Denn mit dieser Kreativitätstechnik, die ihren Ursprung an der Stanford University hat, werden Probleme der Nutzerinnen erkannt und dafür dann Lösungen entwickelt.

Es geht nicht darum herauszufinden, was die Nutzerin will, sondern was ihre Schmerzpunkte sind

Das machen in der Regel marktfremde Design Thinking-Expertinnen, die mit der jeweiligen Industrie und Branche keine Berührungspunkte haben. Um die Schmerzpunkte der Zielgruppe verstehen zu können, führen sie zunächst mit den Nutzerinnen Interviews, die einige Minuten oder mehrere Stunden dauern können. Dabei verwenden sie offene Fragetechniken. Das heißt, statt nach Produkt und Service des Unternehmens zu fragen, fragen sie allgemein danach, welche großen Probleme die Nutzerin beschäftigen. Das Ziel ist, unter anderem Probleme herauszufinden, die so eklatant und störend sind, dass die Nutzerin deswegen auch mal schlaflose Nächte hat. Dabei müssen die Probleme nicht zwangsläufig mit den Produkten oder Services der Organisation zu tun haben.

Und weil es nicht darum geht, was man an bestehenden Produkten und Services sofort ändern kann, ist die Design Thinking-Methode auch nicht mit der klassischen Marktforschung zu verwechseln. Denn es geht nicht darum herauszufinden, was die Nutzerin will, sondern was ihre Schmerzpunkte sind. Das alte, aber bewährte Beispiel: Hätte Henry Ford seinerzeit die Menschen gefragt, was sie wollen, hätten sie wahrscheinlich gesagt, schnellere Pferde. Die Beseitigung ihres Schmerzpunktes aber war, schneller von A nach B zu kommen. Es geht also nicht um die Vorschläge der Nutzerin, sondern um ihre Schmerzpunkte.

Meine Erfahrungen zeigen, dass die Schmerzpunkte, die Unternehmen identifizieren, nicht die eigentlichen Schmerzpunkte der Nutzerinnen sind. Dies konnte ich bei zahlreichen Projekten feststellen. Bei Klöckner zum Beispiel wurde ein siebenstelliger

Betrag für die Entwicklung einer Sourcing-Plattform ausgegeben. Dann lernten Klöckner-CEO Gisbert Rühl und ich uns kennen und nach ein paar Befragungen durch etventure stand schnell fest, dass die Einkäuferinnen beziehungsweise Klöckner-Kundinnen nicht das Problem hatten, Stahl nicht über das Internet kaufen zu können. Die wahren Schmerzpunkte lagen in ganz anderen Bereichen: Dokumente fehlten und mussten umfangreich angefragt werden, die Einkäuferinnen hatten keine Informationen über ihre Lagerbestände etc. Das Fazit: Ein kompletter Reset aller Digitalaktivitäten, die bis dato entwickelte Plattform beziehungsweise das Kundenportal wurde eingestellt und damit begonnen, schnelle Lösungen für die Schmerzpunkte der Klöckner-Kundinnen zu entwickeln und zu testen (siehe Kapitel „Klöckner versus Stahlbranche“).

Unterschied zwischen nationalen und internationalen Schmerzpunkten

Deshalb ist es wichtig, bevor man Ideen (oder wie bei Klöckner ein komplexes und teures Kundenportal) entwickelt, die Schmerzpunkte herauszufinden. Sind sie identifiziert, können sie mit den bestehenden Ideen gematcht werden. Häufig stellt man dabei fest, dass man den Großteil der unternehmensintern entwickelten Ideen gar nicht braucht, weil sie mit den Schmerzpunkten der Nutzerinnen nichts zu tun haben. Dabei unterscheiden sich nationale und internationale Schmerzpunkte, so dass man die Schmerzpunkte der Nutzerinnen in Deutschland nicht mit denen in Schweden, China oder den USA vergleichen kann.

Schmerzpunkte sind die Basis für Ideen

Diese Vorvalidierung steigert die Erfolgsaussichten von Digitalinitiativen enorm, denn sie sorgt für eine gewisse Relevanz. Ob die Entwicklung skalierbar, monetarisierbar und gewinnbringend ist, ist erst festzustellen, wenn man mit einem Prototypen oder einem MVP in die Testphase und anschließend in die Skalierung geht.

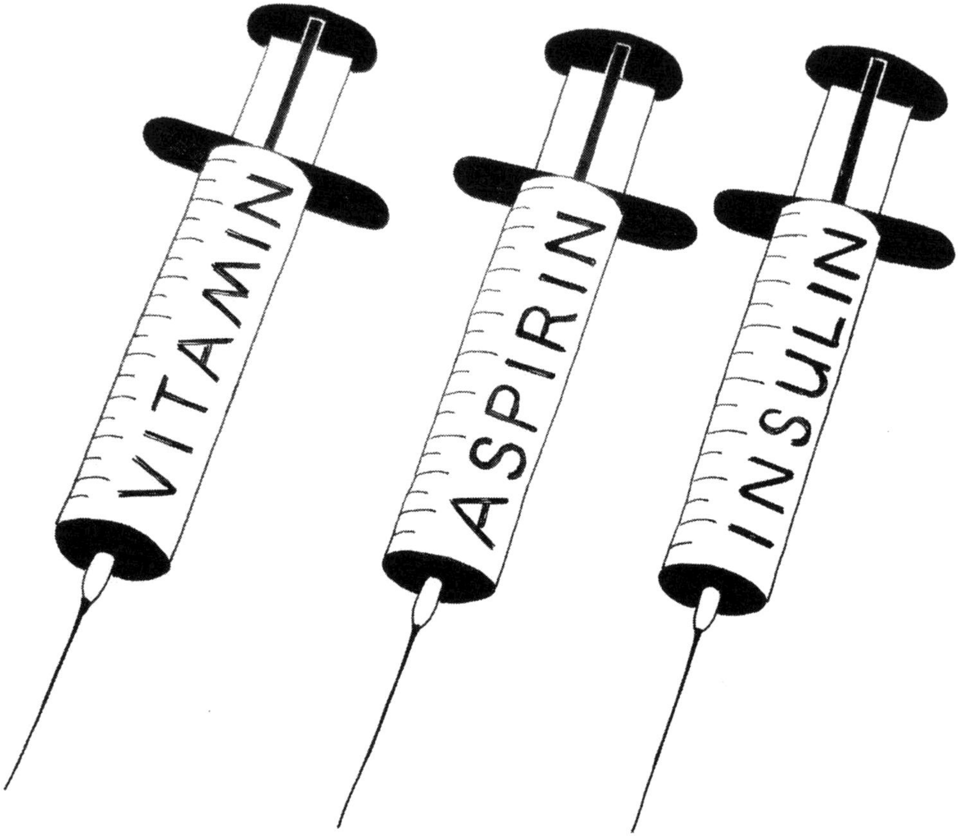
VITAMIN
ASPIRIN
INSULIN

Der Weg zu Vitamin, Aspirin oder Insulin

Wer ein Geschäftsmodell oder eine -idee entwickelt, sollte sich fragen, ob es sich dabei um Vitamin, Aspirin oder Insulin handelt. Denn das ist erfolgsentscheidend. Vitaminpräparate sind sinnvoll und nützlich, aber nicht lebensnotwendig – man muss an die Wirkung glauben. Das heißt, eine Nutzerin kann damit ihre Gesundheit unterstützen, wird aber nicht zwangsläufig erkranken, wenn sie darauf verzichtet. Das sieht bei Aspirin ganz anders aus. Jemand, der Schmerzen hat, kommt meist um Aspirin oder ein anderes Schmerzmittel nicht herum, denn ohne wird er seinen Schmerz nicht los. Da Schmerzen immer wieder auftreten, benötigt die Nutzerin auch immer wieder Aspirin. Wer hingegen Diabetes hat, muss Insulin täglich nehmen, da für ihn Insulin überlebensnotwendig ist. Ob Start-up oder Corporate, ein Insulin-Modell ist aufgrund des regelmäßigen Konsums und vor allem aufgrund der Relevanz des eigentlichen Schmerzpunktes in doppelter Hinsicht das beste Modell. Daher ist die Erfolgschance bei Geschäftsmodellen, Innovationen und Start-ups am höchsten, wenn es sich um Insulin-Modelle handelt.

UBER löste die Schmerzpunkte

Während meines Studiums in Paris habe ich vergeblich auf ein Insulin-Modell gewartet: Dort war es einerseits sehr teuer, mit dem Taxi zu fahren, denn man musste bereits für die Anfahrt zahlen. Das heißt, es kam vor, dass bereits 18 Euro auf dem Taxameter standen, bevor man überhaupt losfuhr. Auch waren die Fahrerinnen unzuverlässig, häufig wirklich unfreundlich und kamen manchmal gar nicht erst. Andererseits musste man als nächtlicher Partygast mit wenig Geld irgendwie nach Hause kommen, denn die Metro beendete um ein Uhr nachts ihren Fahrbetrieb. Die abendliche Heimfahrt war daher damals ein großer Schmerzpunkt für mich. Der dann aber perfekt von UBER gelöst wurde: Die Fahrten wurden bezahlbar und die Fahrerinnen zuverlässig und höflich. UBER hatte also seinerzeit in Paris ein Insulin-Modell entwickelt, denn alle nutzten regelmäßig diesen Service. Mittlerweile übersteigt die Anzahl der Uberfahrerinnen die der Taxifahrerinnen um ein Vielfaches und UBER ist in vielen Städten der Welt das Insulin-Modell für Touristinnen, Geschäftsleute und lokale Stadtbewohnerinnen.

Wir lösten die Schmerzpunkte nachhaltig

Als wir beim Projekt mit Klöckner die Interviews mit Einkäuferinnen führten, stellte sich schnell heraus, dass ihr großer Schmerzpunkt darin bestand, dass sie ihren Lagerbestand nicht schnell und einfach einsehen konnten. Übrigens ein Schmerzpunkt, den Klöckner nicht kannte und wir nur durch die Interviews herausfanden. Damals mussten sie ein Fax-Anfrageformular an Klöckner schicken, um herauszufinden, wie ihr eigener Lagerbestand (der teilweise bereits bezahlt war) aussah. Bei Klöckner angekommen, wurde das Fax händisch von einer Mitarbeiterin bearbeitet und ein paar Tage später zurückgeschickt. Dieser Prozess dauerte, da die Mitarbeiterin alle Daten per Hand aus dem System raussuchen musste – was zudem ein fehleranfälliger Prozess war.

Ein anderer Weg für die Kundin war, die Außendienstmitarbeiterin anzurufen. Die wiederum trat mit Klöckner in Kontakt, um die Infos einzusammeln und anschließend an die Kundin weiterzureichen. Auch das ein langer und fehleranfälliger

Prozess. Mit der von uns entwickelten Online-Lösung lösten wir diesen großen Schmerzpunkt der Kundin nachhaltig, denn die Einkäuferin konnte so jederzeit per Knopfdruck ihren Bestand abfragen. Kategorie Aspirin!

Der Case RepairFix

Ein weiteres spannendes Aspirin- oder vielleicht sogar Insulin-Projekt haben wir mit einem führenden Hersteller von Autolacken durchgeführt. Der Hersteller beliefert sowohl die großen Fahrzeughersteller als auch die Werkstätten. Als Automobilzulieferer ist er den massiven Umwälzungen „ausgeliefert", die der Automobilbranche durch die Digitalisierung und die spezifischen Megatrends in der Autobranche drohen. Vor unserer Zusammenarbeit hatte er bereits unzählige (digitale) Initiativen intern angeschoben, die sich aber fast ausschließlich auf „inkrementelle" Innovationen und Digitalisierungsprozesse fokussierten. Es gab allerdings weder Erfahrungen noch ein Geschäft mit Endkundinnen.

Um die Potenziale in einem stark veränderlichen Marktumfeld zu heben, reichte es nicht, die heutigen Kundinnen mit ihren Schmerzpunkten zu verstehen (klassischer Design Thinking-Ansatz). Man muss sich auch auf die zukünftigen Kundinnen und deren Bedürfnisse ausrichten. Deshalb schauten wir uns die verschiedensten Dimensionen genau an: Kundinnen (heutige und zukünftige Kundengruppen), Veränderungen der Wertschöpfungskette, relevante Start-ups und Disruptoren, aufkommende Megatrends der Branche und Technologien sowie neue Geschäftsmodelle.

Es kristallisierte sich aus unzähligen Interviews mit Automotive-Expertinnen heraus, dass nach Jahren inkrementeller

Fortschritte für die kommenden Jahre vor allem „disruptive" Veränderungen erwartet werden – getrieben durch die Megatrends Konnektivität, autonomes Fahren, Sharing, elektrischer Antrieb sowie Mobilität im urbanen Raum. Diese Megatrends haben direkte Implikationen für den Lackhersteller. Denn weniger Unfälle beispielsweise durch autonome Fahrfunktionen bedeuten weniger (Oberflächen-)Reparaturen und weniger Reparaturlacke. Diese drohenden Veränderungen im Ökosystem verstanden wir als Chancen und leiteten daraus neue Ideen und Geschäftsmodelle ab. Hierbei setzten wir auch innovative Formate zur Ideengenerierung ein:

- Kill the company-Workshop (eine meiner liebsten Workshop-Reihen): Die Mitarbeiterinnen wurden in die Lage versetzt, als „Start-up-Gründerinnen" ihr eigenes Unternehmen anzugreifen; nach dem Motto „Disrupt yourself before others do".

- Future Szenario-Workshop: Die Ideenfindung fand auf Basis von Zukunftsszenarien statt. Ein Beispiel war die Stagnation des Aftersales-Geschäfts aufgrund autonomer Fahrfunktionen.

Schnell fanden wir heraus, dass der Lackhersteller die Endkundenschnittstelle erobern musste. Als erste Ergebnisse wurden mehr als 100 Ideen entwickelt und die sieben Top-Ideen in einer weiteren Phase validiert. Parallel wurden selbstbewusste strategische Zielbilder definiert, auf die sich alle Ideen beziehen mussten. Zu diesem Zeitpunkt gab es ein klares Commitment des Managements, dass selbst wenn eine Idee scheitert, das strategische Zielbild bestehen bleiben sollte.

Die Validierung erfolgte zügig in wenigen Wochen. Anhand von Website (Landing Page), Tests, Interviews bei Autowaschanlagen und Werkstätten. Außerdem wurden physische Prototypen eingesetzt (z.B. Autowerbung auf Fensterinnenscheibe projiziert und „Guerilla Marketing" auf Parkplätzen von Einkaufscentern). In diesem Prozess entstand das „Projekt" beziehungsweise die Idee RepairFix. Die Ausgangslage: Bei den Konsumentinnen war die Lackierung und Reparatur immer ein äußerst aufwendiger Prozess (ihr Schmerzpunkt). Der Markt war intransparent in Sachen Leistung und Preis, der Prozess der Fahrzeugreparatur sehr aufwendig: anrufen, Termin vereinbaren, für den Kostenvoranschlag hinfahren, gegebenenfalls Preise sowie Lackier- und Reparaturzeiten vergleichen und anschließend noch einmal zur Fahrzeugreparatur hinfahren. Auch bei den Werkstätten war der administrative Aufwand riesig: Akquise der Kundinnen, Terminfindung, Reparatur und Rechnungstellung – und eigentlich wollten sie ja nur reparieren. Insbesondere für Flotten (wie z.B. CleverShuttle) war der hohe manuelle Koordinationsprozess sehr ineffizient. Der Flottenbetreiber wünschte sich einen nahtlosen Prozess aus einer Hand sowie die Reduzierung von Standzeiten.

Die RepairFix-Lösung oder auch das Aspirin oder Insulin

Entwickelt wurde eine digitale Plattform, die Autobesitzern auf die bequemste Art und Weise mit Anbietern des Automobil-Aftermarkets verbindet – natürlich in kleinen Schritten mit stark nutzerzentriertem Ansatz. Die Kernfunktion war die einfache Schadensmeldung per WebApp (eine App-Installation war nicht erforderlich): Drei Bilder vom Schaden hochladen, Kontaktdaten eingeben, fertig! Es wurden ein Qualitätscheck sowie eine faire und schnelle Preisschätzung angeboten, eine

Werkstatt in der Nähe vermittelt sowie ein Werkstatttermin digital vereinbart. Das Wichtigste dabei war jedoch, dass diese WebApp nach nur wenigen Tagen online war.

Mittlerweile ist RepairFix das digitale Leuchtturmprojekt des Lackherstellers. Vor allem, weil es ein einfaches Digitalprodukt ist, das Mitarbeiterinnen leicht verstehen und handlen können. Nach einem sechsmonatigen ersten Minimal Viable Product-Test, der in mehreren Test-Regionen durchgeführt wurde, wurde das Vorhaben nach einem weiteren Jahr als separate Venture-Ausgründung mit siebenstelliger Finanzierung in eigener Rechtsform ausgegründet und gestartet. Das Gründer-Team, das zu großen Teilen aus meinen etventure-Mitarbeiterinnen bestand, arbeitet jetzt an der Weiterentwicklung des Start-ups und der Skalierung des Geschäftsmodells. Zwischenzeitlich wurden neue Schmerzpunkte am Markt erkannt, und das ursprüngliche Geschäftsmodell auf eine Full-Service-Plattform für Mobilitäts-Provider (wie z.B. CleverShuttle) ausgeweitet.

Der Privatbesitz von Autos wird sich weiter reduzieren

Unter dem Namen motum möchte man den #1 Partner für die Flotten der Zukunft aufbauen. Anlass ist der erwartete Trend, dass sich der Privatbesitz von Autos weiter reduzieren und der Trend zu Automobilflotten gehen wird. Mit RepairFix/motum positioniert sich der Lackhersteller damit schon jetzt bei den Kunden von morgen und kann so die Marktführerschaft anstreben – das ist die eigentliche Vision im „Long Shot"! Nach nur wenigen Monaten schaffte es RepairFix, mit diesem Modell über 15 Flottenkunden zu akquirieren. Mittlerweile sind über 70 Werkstätten in über 30 Städten angebunden, und das Team besteht aus zehn Mitarbeiterinnen.

Der Lackhersteller war von den Digitalerfolgen so begeistert, dass er eine Digital Incubation Unit in Münster gründete. In einem weiteren Schritt wurden erste internationale Innovationssatelliten in Schanghai und im Silicon Valley aufgebaut sowie eine „Digital Champion Community" mit Vertretern aus allen Business Units des Lackherstellers installiert.

Während in der Zeit vor dieser Community noch stark in Silos gedacht wurde, werden jetzt Best Practices und Know-how geteilt. Erweiternd gibt es im Unternehmen diverse Data Innovation Initiativen und Data Thinking-Workshops zur Identifikation von wertvollen Datenpotenzialen. Neben diversen Befähigungsmaßnahmen für die Mitarbeiterinnen des Lackherstellers finden intensive Schulungen und Begleitungen der Kernorganisationsmitarbeiter durch das Digital Incubation Unit Team mit systematischem Trainingsprogrammen statt.

B

DONE IS

T

THAN

E

PERFECT

Done is better than perfect

Während die alte Welt umständlich plant, endlos debattiert und bis zur Perfektion entwickelt, legt die neue Welt einfach los. Denn hier gilt, Schnelligkeit vor Perfektion, Kontrolle und Sicherheit, was mit der Lean Startup-Methode und dem Minimal Viable Product (MVP) möglich ist. Das sollte jetzt aber nicht mit blindem Aktionismus verwechselt werden, denn Prototypen und MVPs lösen durchaus die Schmerzpunkte der Zielgruppe. Dabei dürfen sie ruckeln und sogar abstürzen – und man darf sich selbstbewusst für sie schämen. Denn in dieser Phase geht es noch um das Testen und Ausprobieren kleiner Lösungen, die mit einigen wenigen Kundinnen getestet werden – und nicht um eine marktreife Entwicklung.

Einige Jahre nach der etventure-Gründung haben wir für einen großen deutschen Verlag den Service MyBook entwickelt: Die Idee war, Nutzerinnen kuratierte Buchempfehlungen (ohne digitalen Algorithmus) vorzuschlagen. Dafür mussten die Userinnen zunächst zehn Fragen, etwa zu Lieblingsautoren, Genres oder auch bevorzugtem Leseort beantworten. Nach ein paar Stunden erhielten sie Buchempfehlungen von Expertinnen wie ehemaligen Buchhändlerinnen, Bibliothekarinnen und Bloggerinnen – nach denen sie im besten Fall auch bestellten. Um diese Idee zu testen, warfen wir nicht die große Entwicklungsmaschinerie an. Das heißt, wir verzichteten auf ein Warenwirtschaftssystem, lagerten keine Bücher ein, verzichteten auf eine Bonitätsprüfung der Userinnen, implementierten keinen Checkout, entwarfen keinen Retourenprozess und verzichteten komplett auf eine komplexe E-Commerce-Plattform. Wir wollten in der frühen Phase nur prüfen, ob das Angebot genutzt wird. Daher standen auch nur einige wenige Datenpunkte im Vordergrund: Beantwortete die Nutzerin die Fragen, wurden die Buchempfehlungen positiv angenommen, wurden die vorgeschlagenen Bücher bestellt?

Schnelligkeit wichtiger als Sicherheit

Die Seite mit dem Fragenkatalog konnten wir innerhalb von wenigen Tagen fertigstellen. Die ersten Buchempfehlungen der Buchexpertinnen machten wir natürlich selbst und auch der gesamte Abwicklungsprozess rund um die Bestellung lief sehr „hands on". Das heißt, die Bestellung kam per E-Mail rein, wir kauften das Buch in einer Buchhandlung (verzichteten dabei auf die Gewinnmarge), legten die Rechnung bei, verpackten das Buch und schickten es los. Die größte Herausforderung war dabei, den Abrechnungsprozess über etventure laufen zu lassen, da es die MyBook GmbH zu diesem Zeitpunkt noch gar nicht gab. Die Themen wie Bonitätsprüfung, Rechnungsausfall, Retourenablauf und ähnliches waren in dieser Phase auch völlig irrelevant. Uns ging es vielmehr darum, herauszufinden, was es kostet, eine Kundin auf unsere Webseite zu holen, zu welchen Ergebnissen der Fragebogen gelangte, ob Kundinnen auch die Empfehlungen kauften oder wie sich die Retourenquote entwickelte. All das konnten wir mit dieser schlanken Lösung sofort eruieren. Natürlich mit dem überschaubaren Risiko, dass Kundinnen die Bücher behielten und die Rechnung nicht zahlten. Denn hier war Schnelligkeit wichtiger als Sicherheit.

Vor allem Start-ups müssen in frühen Phasen schnell agieren, denn sie haben nicht die finanziellen Möglichkeiten, sich ein Lager aufzubauen, sie verfügen nicht über ein bestehendes Rechnungswesen und können nicht auf Zahlungsdienstleister setzen. Und weil sie meist gleichzeitig vor der nächsten Finanzierungsrunde stehen, müssen sie innerhalb kürzester Zeit Daten einsammeln. Deshalb müssen sie schnell mit Lösungen rausgehen, die „quick and dirty" sind, dennoch aber den Kernschmerzpunkt herausfinden.

Mit schlanken Lösungen die Schmerzpunkte der Nutzerinnen herausfinden

Aber auch für etablierte Unternehmen ist dieser Weg sinnvoll. Denn auch sie sollten nicht unnötig Zeit und Geld verbrennen, sondern erst mit schlanken Lösungen die Schmerzpunkte ihrer Nutzerinnen herausfinden. Als ein großer deutscher Fensterhersteller auf etventure mit dem Auftrag zukam, einen Webshop für seine gut 26.000 (!) Ersatzteile aufzusetzen, plädierten wir zunächst auch hier für eine kleine Lösung. Und weil wir nach einigen Gesprächen mit den Endkundinnen über ihre Schmerzpunkte nur die zehn Top-Runner (was etwa 30 Artikeltypen waren) einbanden, konnten wir innerhalb von drei Wochen mit dem Webshop online gehen; und so wichtige Daten generieren, die Anwendung testen sowie weitere Artikelgruppen nachgelagert hinzufügen. Das typische Vorgehen der alten Welt wäre gewesen, erst online zu gehen, wenn alle 26.000 Artikel digitalisiert gewesen wären, was vermutlich 24 bis 36 Monate gedauert hätte.

Ein weiterer Vorteil für den Fensterhersteller war bei der Lösung, dass das Unternehmen so nicht bereits zu Beginn einen enormen Lagerbestand an Ersatzteilen zur kurzfristigen Lieferung aufbauen, sondern lediglich die zehn Artikelgruppen auf Lager legen musste. Ferner erfolgte der Versand auch hier zunächst händisch, da das Versandsystem des Unternehmens auf einen Speditionsversand ausgelegt war, der natürlich ungeeignet für Kleinteilelieferungen war. Auch war dieser nicht auf die aus dem E-Commerce gewohnte 24-Stunden-Auslieferung nach Bestellung ausgelegt. Und auch hier konnte zunächst nur per Rechnung bestellt werden, da noch kein Zahlungssystem zur Verfügung stand, denn in einer so frühen Testphase wären die Einbindung der Kreditkartenzahlung und die Bonitätsprüfung aufgrund der Corporate Legacy deutlich zu komplex gewesen. Interessant im Nachgang war, dass sich per Datenanalyse herausstellte, dass die von uns definierten zehn Artikelgruppen zu den am stärksten nachgefragten Produkten zählten und rund 70 Prozent der gesamten Ersatzteilnachfrage ausmachten.

FAKE
IT
UNTIL
YOU
MAKE
IT

Fake it until you make it

Viele Unternehmen tun sich mit der Digitalisierung ihrer Geschäftsmodelle und den Kanälen zu bestehenden oder neuen Kundinnen immer noch schwer. Dabei lassen sich digitale Innovationen hervorragend nach dem Motto „Fake it until you make it" direkt online und offline an der Kundin testen, ohne dass dahinter bereits eine konkrete Entwicklung oder ein funktionsfähiges Produkt stehen muss. Was für viele deutsche Managerinnen ein Kulturschock ist.

Produkte können sogar komplett ohne IT- bzw. Programmierungsaufwand getestet werden. Denn die Struktur und der Aufbau einer App lassen sich problemlos auf ein Stück Papier übertragen, um damit die Nutzerinnen zu befragen und erste Anhaltspunkte zu ihren Bedürfnissen zu ermitteln. Häufig falle ich auch auf die „Tricks" meiner Teammitglieder rein, die mir vollem Stolz eine App auf ihrem Smartphone präsentieren. Dann teste ich diese, klicke wild rum und gebe meine Daten ein. Wenn ich die App dann im App-Store suche, finde ich sie nicht, da die App nur als eine Art Powerpoint-Präsentation innerhalb eines Tages von einer unserer Designerinnen erstellt wurde – eben „fake it until you make it".

Trotz „fake it until you make it" muss geliefert werden

Vor einigen Jahren kam der CEO eines großen Versicherungskonzerns auf mich zu. Er plante, seine Sportartikelversicherung dahingehend zu verändern, dass Versicherungsnehmer ihre Sportartikel nicht mehr ganzjährig versichern mussten, sondern nur noch für den Zeitraum, in dem sie diese auch benutzten.

Und weil die Versicherungsart zu ändern, rund 20 Millionen Euro kosten würde (dafür mussten diverse Prozess- und IT-Änderungen erfolgen, Rückversicherung, Preisstruktur und Sales-Kompensation angepasst sowie Schulungsmaßnahmen, Marketingmaterial, Werbung und vieles mehr überarbeitet werden), sollte etventure erst einmal prüfen, ob der Nutzer diesen Schmerzpunkt überhaupt hatte und, ob sich diese neue Art der „Pay-per-Use"-Versicherung auch tatsächlich verkaufen ließ.

Um den Bedarf ermitteln zu können, wollten wir nach Garmisch-Partenkirchen ins Skigebiet fahren und auf der Piste die „etventure-Skiversicherung" verkaufen. Ein absolutes No-Go für den CEO, denn in Deutschland darf man Versicherungen ohne Lizenz nicht auf den Markt bringen. Nach langem Hin und Her sagte ich ihm, dass ich das trotzdem machen würde. Er müsse mir nur versprechen, dass wenn ich Versicherungen verkaufe, er im Schadensfall diesen auch übernehmen würde. Hätte also jemand die Sportartikelversicherung gegen Skibruch bei uns auf der Piste abgeschlossen, müsste er mir die rund 800 Euro für die Skier überweisen, damit ich wiederum den Betrag an den Versicherungsnehmer überweisen konnte. Denn trotz „fake it until you make it" muss geliefert werden! Deshalb wäre solch ein Test auch nicht mit einer Kranken- oder Lebensversicherung möglich, da hier die Lieferung nicht gewährleistet wäre. Und daher muss der Test auch immer im geschützten Raum stattfinden. Das Produkt hieß entsprechend auch „etventure-Skiversicherung" – und trug nicht den Namen des Versicherungskonzerns.

Start-ups fehlen die finanziellen Mittel, komplexe Systeme aufzusetzen

Zwei Wochen später stellten wir uns mit Stehtisch und produziertem Roll-up in Garmisch oben an die Bergstation. Vorher musste ich dem Liftbetreiber noch 50 Euro geben, damit wir uns dort hinstellen konnten. Dann verkauften wir unsere „etventure- Skiversicherung", die sofort gültig war und Diebstahl und Bruch versicherte. Dafür hatten wir kleine Vertragsflyer ohne große AGBs produziert, boten die Versicherung für drei Euro am Tag, zwölf Euro die Woche beziehungsweise vier Euro am Tag an, um auch verschiedene Preismodelle testen zu können. Und was soll ich sagen? Wir verkauften in fünf Tagen 47 Versicherungen mit unterschiedlichen Modellen. Um das Angebot auch online testen zu können, entwickelten wir mit einem Baukasten-System schnell eine Website, mit der wir in 14 Tagen Hunderte Datensätze generierten. Anhand dieser Daten konnte der CEO eine Entscheidung fällen.

Dieses Beispiel zeigt sehr gut, wie „fake it until you make it" funktioniert. Und genau so agieren Start-ups, denn die haben gar nicht die finanziellen Mittel, komplexe Systeme aufzusetzen. Sie testen einfach, ohne dass Dinge überhaupt real existieren. Ferner war das Risiko für etventure, eine Versicherung ohne Lizenz zu verkaufen, berechenbar. Denn in Deutschland wird dafür ein Bußgeld in Höhe von etwa 5.000 Euro fällig, was im Gegensatz zu den 20 Millionen Euro Entwicklungskosten überschaubar ist. By the way: Der Versicherungskonzern führte am Ende dieses Versicherungsangebot ein.

Schmerzpunkte in der Breite lösen

Vor einiger Zeit schauten wir uns unter anderem die Schmerzpunkte des Betonpumpenherstellers Putzmeister an. Dafür führten wir mit etwa 40 Estrichlegerinnen Interviews. Dazu muss man wissen, dass Estrichlegerinnen in Deutschland Betonpumpen zwingend für ihren Job benötigen und sie kaufen müssen. Wir fanden heraus, dass die Zielgruppe über sehr wenig finanzielle Mittel verfügte, der Kauf beziehungsweise die Finanzierung einer Maschine dementsprechend herausfordernd war. Ferner fanden wir heraus, dass für sie auch die Reinigung der Maschinen, die Versicherung sowie der Transport problematisch waren. Um die Schmerzpunkte in der Breite lösen zu können, kamen wir sehr schnell zum Miet-Modell. Und während der Vertriebsleiter von dieser disruptiven Idee überhaupt nicht begeistert war – sein gesamter Vertriebsablauf war auf den Verkauf ausgerichtet – war der CEO hingegen nicht abgeneigt, das Miet-Modell einmal zu testen.

Selbstverständlich starteten wir auch hier im geschützten Raum, kreierten den digitalen Service PUMPNOW und gingen 14 Tage später mit einer einfachen Website, auf der die Geräte zu mieten waren, online. Und weil wir aufgrund des fehlenden Miet-Marktes kein Online-Marketing schalten konnten, präsentierten wir auf einer Messe in Stuttgart unser Miet-Modell. Auch machten wir regional im Raum Baden-Württemberg Print-Marketing und informierten die 40 interviewten Kundinnen. Nach drei Wochen hatten wir unzählige Bestellungen zu den unterschiedlichsten Bedingungen wie Mietdauer von Tagen oder Wochen, mit oder ohne Versicherung, mit oder ohne Transport generiert. Das Problem war „nur", dass wir eigentlich keine Maschinen zur Verfügung hatten, die wir verleihen konnten.

Die Kernorganisation muss Perfektion, Qualität und Lieferzusagen erfüllen

Wir hatten vorher weder über die Versicherungs- noch über die Transportmöglichkeiten mit jemandem im Unternehmen gesprochen. Auch wussten wir nicht, ob überhaupt Geräte zur Verfügung standen. Das alles mussten wir hinterher im

Unternehmen klären. Hätten wir allerdings versucht, das vorher zu tun, hätten wir mindestens ein Jahr Vorbereitung gebraucht. Denn wir hätten uns mit der Rechtsabteilung, der Fuhrparkleiterin, der Vertriebsleiterin und vielen mehr auseinandersetzen müssen.

Trotzdem konnten wir alle Aufträge erfüllen und so testen, ob und wie das Modell in der Praxis funktioniert. Denn auch hier mussten wir selbstverständlich lieferfähig sein. Bis auf einige wenige Aufträge, die wir aufgrund fehlender Maschinen nicht erfüllen konnten, waren wir das auch. Und auch wenn es bei solchen Tests zu unerfüllten Zusagen kommt, stellt das kein Problem dar. Einerseits kann man den Kundinnen die Testphase kommunizieren und sich entschuldigen. Andererseits findet der Test im geschützten Raum statt und bringt das Unternehmen damit nicht in Verbindung. Denn unter der eigenen Marke müssen Perfektion, Qualität und Lieferzusagen erfüllt werden, da ansonsten das Risiko besteht, an Reputation zu verlieren und die Marke zu beschädigen.

Wir konnten sehr schnell Daten generieren und herausfinden, was eine Kundin kostet, was das Produkt kosten muss, wie man die Kundinnen erreicht, wie sie bestellen, was die Leistung alles beinhalten muss. Übrigens: Das MietModell ist mittlerweile fester Bestandteil beim Unternehmen – und der Vertriebsleiter ein Fan, weil er sieht, dass das Modell funktioniert.

•

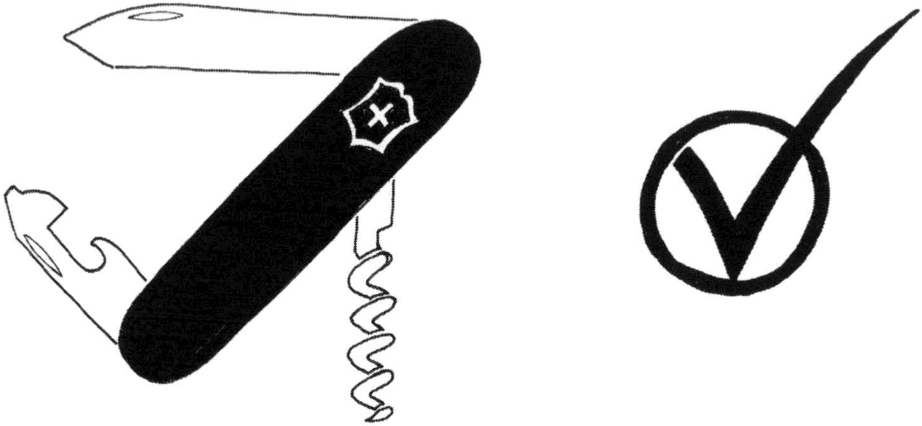

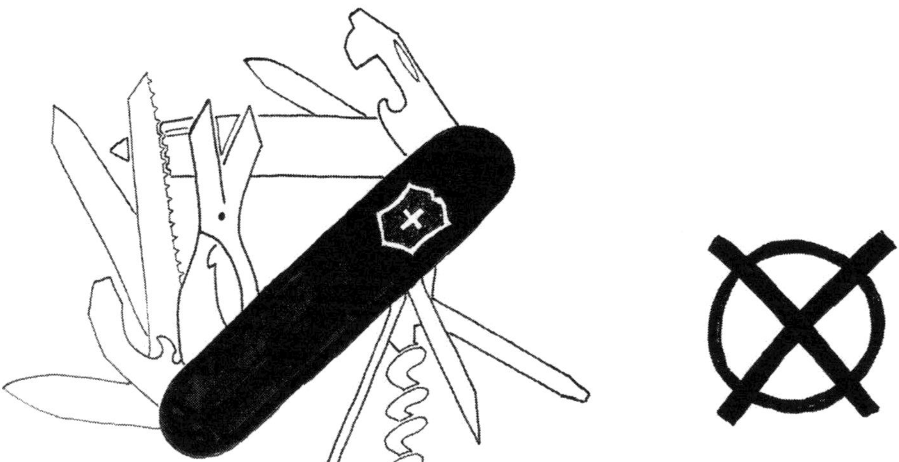

Das Minimalprodukt (Minimal Viable Product)

Wer kennt sie nicht, die sogenannten Sammlertaschenmesser mit über 80 Werkzeugen und mindestens genauso vielen Funktionen, die ihren Besitzerinnen in jeder erdenklichen Lebenslage das richtige Werkzeug bieten (sollen). Alltagstauglich sind diese multifunktionalen Taschenmesser jedoch nicht. Ich habe mir vor vielen Jahren so ein „Toolset" für etwa 1.000 Euro als Limited Edition gekauft, was regulär nicht mehr erhältlich ist. Es steht bei mir im Büro und ist mehr Ausstellungsstück als in der Realität geeignet. Wesentlich nützlicher ist da das sogenannte „Bartender- oder Waiter-Knife", das sich auf lediglich drei Funktionen beschränkt: Korkenzieher, Flaschenöffner, Messer.

Das Sammlertaschenmesser steht bei mir im Büro sinnbildlich für eine „Featuritis", eine Krankheit, an der viele Unternehmen gerade im Ingenieursland Deutschland leiden. Häufig wird für die Entwicklung eines neuen Produkts ein Projektteam zusammengestellt, das sich für Monate oder gar Jahre zurückzieht, um im Geheimen und in aufwendigen Prozessen ein vermeintlich perfektes Produkt mit Hunderten, wenn nicht gar Tausenden Funktionen zu entwickeln.

Im Bestreben, derart alle Bedürfnisse aller potenziellen Kundinnen zu befriedigen, machen viele Unternehmen jedoch den Fehler, zu vieles auf einmal zu entwickeln. Das Ergebnis: Ein viel zu teures Produkt, das zwar jeglichen Schnickschnack aufweist, von den Kundinnen jedoch gar nicht gebraucht wird. Stattdessen bleiben im schlimmsten Fall die tatsächlichen Bedürfnisse der eigentlichen Zielgruppe auf der Strecke. Denn wer braucht schon ein Messer, eine Nagelfeile, einen Korkenzieher und sechs verschiedene Typen an Sägen gleichzeitig? Genau hier setzt die Innovationsmethode „Minimum Viable Product" (MVP) an, für die das Bartender-Knife steht.

Was bedeutet Minimum Viable Product?

MVP bedeutet auf Deutsch so viel wie „minimal funktionsfähiges Produkt" und stammt ursprünglich aus dem Silicon Valley, wo zahlreiche junge Tech-Start-ups bereits erfolgreich mit dem Konzept arbeiten. Sie verschaffen sich damit einen Wettbewerbsvorteil gegenüber etablierten Unternehmen, weil sie Innovationen schneller umsetzen, auf neue Anforderungen flexibler reagieren und vor allem schneller auf den Markt bringen können. Daher hat sich in den vergangenen Jahren gerade in der agilen Produktentwicklung die MVP-Methode etabliert.

Dabei wird der Begriff sehr unterschiedlich interpretiert. Die gebräuchlichste Definition geht auf Eric Ries zurück, der 2011 mit seinem Buch „Lean Startup" eine völlig neue Philosophie der Unternehmensgründung prägte. Er beschreibt das MVP als „eine Version eines neuen Produkts, die es einem Team erlaubt, die maximale Menge validierter Informationen über Kunden mit minimalem Aufwand zu sammeln".

Was hat ein MVP mit Agilität zu tun?

Klassischerweise wenden viele Unternehmen bei der Produktentwicklung die Wasserfallmethode an – eine lineare Herangehensweise, die meist tief in die Unternehmenskultur eingebettet ist. Die Entwicklung eines MVP beruht jedoch auf dem Prinzip agilen Arbeitens, das genau umgekehrt funktioniert: Statt über Wochen oder Monate hinweg detaillierte

Spezifikationen zu erstellen, beginnt das Team mit einem vagen Ziel im Hinterkopf, sprintet dann von einem Entwicklungsboxenstopp zum nächsten und bindet vor jedem Boxenstopp die Nutzerin aktiv ein, um kontinuierlich ihr Feedback einholen zu können. Dieses wird dann genutzt, um das Produkt in einem „Denksprint" nach dem Build-Measure-Learn-Prinzip weiterzuentwickeln und an die tatsächlichen Bedürfnisse der Nutzerinnen anzupassen.

Dabei beschreiben die Schritte Entwickeln, Messen, Lernen und Wiederholen den Zyklus, der MVPs ausmacht. Am Anfang des Prozesses steht dabei immer eine Hypothese, die das Team gemeinsam aufstellt, und die es zu bestätigen oder zu widerlegen gilt. Beim Taschenmesser könnte die Hypothese lauten: Wir nehmen an, dass sich aufgrund des Korkenziehers der Umsatz innerhalb der ersten vier Wochen um zehn Prozent steigern lässt.

Anschließend beginnt der MVP-Prozess:

- Das Team entwickelt ein Minimum Viable Product.
- Das MVP wird mit echten Nutzerinnen getestet.
- Die Tests zeigen, ob das MVP wie erwartet von den Nutzerinnen verwendet und angenommen wird.
- Basierend auf dem Feedback der Nutzerinnen werden Anpassungen am Produkt vorgenommen, finden weitere Sprints zur Verbesserung des MVP statt und werden mögliche neue Funktionen (Features) Schritt für Schritt hinzugefügt.

Was muss man beim Minimum Viable Product beachten?

Wer mit agilen Entwicklungsmethoden bislang wenig Berührungspunkte hatte, mag den MVP-Prozess zunächst als wenig intuitiv empfinden. Das gilt insbesondere für stark regulierte Branchen, in denen meist viel Zeit und Sorgfalt in die Umsetzung neuer Ideen fließt. Folgende Grundprinzipien helfen dabei, das MVP-Konzept zu etablieren:

- Geschwindigkeit statt Perfektion: Es geht nicht darum, perfekte Produkte zu entwickeln, sondern schnell Ideen zu implementieren.
- Fokus statt Rundumschlag: Gerade in der Testphase ist es essenziell, sich auf das richtige Merkmal (z.B. ein bestimmtes Feature) zu konzentrieren und dessen Erfolg zu messen.
- Agilität statt Wasserfall: Es ist natürlich immer ratsam, eine Produktidee im Hinterkopf zu haben. Konkret geplant wird jedoch immer nur der nächste Schritt.
- Nutzen statt Featuritis: Es geht nicht darum, möglichst viele Eigenschaften abzubilden, sondern den Nutzerinnen einen konkreten Mehrwert zu bieten.
- Ersparnis und Umsatz: Der Erfolg des Produkts wird an Umsatz und Kosteneinsparungen gemessen.

Was sind die Vorteile eines Minimum Viable Product?

Mit einem schnellen und schlanken Prozess minimieren Unternehmen nicht nur ihr finanzielles Risiko. Sie können gleichzeitig auch mehr Ideen ausprobieren, die besten frühzeitig identifizieren sowie diejenigen wieder verwerfen, die keine positiven Ergebnisse liefern. So können Unternehmen bereits in einer sehr frühen Phase der Produktentwicklung erkennen, ob sie die richtige Richtung einschlagen und gegebenenfalls rechtzeitig ihren Kurs korrigieren. Minimum Viable Products sind daher eine großartige Methode, um Innovationen im Unternehmen voranzutreiben.

Wichtig ist dabei, das Verständnis für diesen unternehmerischen und umsetzungsorientierten Ansatz so fest in der Unternehmenskultur zu verankern, dass jede einzelne Mitarbeiterin die Vorteile erkennt und richtig für sich zu nutzen weiß. Bei der Entwicklung eines MVP geht es nämlich nicht darum, ein perfektes, ausgereiftes Produkt zu schaffen. Im Gegenteil, oft ruckelt und wackelt es noch – löst aber den Schmerzpunkt der Nutzerinnen.

Vom MVP zur MVO

Die MVP-Methode richtet ihren Blick auf Produkte und Services bzw. Geschäftsmodelle, dies stellt für Unternehmen also die Geschäftsperspektive dar. Nun habe ich in diesem Buch an vielen Stellen die Wichtigkeit des „Faktors Mensch" hervorgehoben. Für Unternehmen geht es dabei um den einzelnen Menschen (die Mitarbeiterin) sowie auch um die Teams und die Organisation als solche. Das heißt, neben der Geschäftsperspektive ist bei der digitalen Transformation von Unternehmen die interne Transformation von zentraler Bedeutung.

Hier erfordern die Veränderungen der Wirtschaft einen ganzheitlichen Kulturwandel. Viele Unternehmen suchen daher nach passenden Rahmenbedingungen und Maßnahmen, um ihre Mitarbeiterinnen und die Organisation auch zukünftig für ein erfolgreiches Wirtschaften richtig aufzustellen. Denn um die Zukunftsfähigkeit der Unternehmen langfristig zu sichern, bedarf es sowohl der richtigen Geschäftsmodelle als auch befähigter Mitarbeiterinnen und einer befähigten Organisation.

Dazu gibt es analog zum „MVP“ auf Geschäftsebene für die interne Transformation den „MVO“-Ansatz: eine „Minimum Viable Organization“. Auch hier kann im Kleinen getestet und iteriert werden, bevor ein umfänglicher Rollout in Angriff genommen wird. Es gelten die Regeln wie beim Geschäftsmodell auch – inklusive: scheitern erlaubt.

Mithilfe der „MVO“ können Unternehmen Silos aufbrechen und den Grundstein für eine erfolgreiche Netzwerkorganisation legen, die Mitarbeiterzufriedenheit signifikant steigern und eine „lernende Organisation“ etablieren, die essenziell für die interne Transformation und letztlich das erfolgreiche Bestehen der Unternehmen in den sich rasant ändernden Märkten ist.

BIO-FOLIE

Meine „Taschenmesser"-Scheitergeschichte

Nach meinem BWL-Studium, einem Job in der Beratung und der Gründung einer Agentur für Marketing im Mittelstand wurde ich geschäftsführender Gesellschafter des Langerweher Kunststofffolienherstellers Schoeller Aldo (heute alesco). Wir stellten unter anderem Kunststofffolien für Tiefkühlkost, Getränke-Sixpacks, Baumaterialien sowie Obst- und Gemüse her. Ein Markt, auf dem sich seinerzeit über 25.000 direkte Mitwettbewerber tummelten, die alles über den Preis regelten. Hardcore Commodity sozusagen!

Ich trat mit dem Ziel an, eine für die Umwelt verträglichere Kunststoffverpackung herzustellen, denn damals wurden die Folien noch zu 100 Prozent aus Öl produziert und auf gängigen Entsorgungswegen entsorgt, nach Afrika verschifft oder eben recycelt. Das geht besser, dachte ich! Um eine umweltverträglichere Bio-Folie entwickeln zu können, erhielten die Leiterinnen der Produktion, aus Forschung & Entwicklung sowie aus dem Vertrieb 100.000 Euro sowie drei Monate Zeit. Nicht nach drei Monaten, sondern fast drei Jahre und knapp zwei Millionen Euro Innovationskosten später war die (weltweit erste) Bio-Schrumpffolie fertig. Sie bestand nahezu zu 100 Prozent aus nachwachsenden Rohstoffen, war hochwertig mit bis zu acht Wasserfarben bedruckt, kompostierbar in deutschen Kompostieranlagen, klimaneutral sowie mit Ökostrom hergestellt – mit ihren zahlreichen Funktionalitäten die eierlegende Wollmilchsau (siehe Kapitel „Das Minimalprodukt (Minimal Viable Product)").

Wenn da nicht der Preis gewesen wäre

Ich war der Superstar der Verpackungsindustrie, breit in der Presse vertreten, hielt Vorträge zu nachhaltigen Verpackungslösungen und wurde der jüngste Vorstand des Europäischen Verbands „European Bioplastics“. Auch kamen plötzlich internationale Unternehmen wie Carrefour, Sainsbury, Aldi, Lidl, Karstadt, Walmart auf mich zu, die sich für unsere Entwicklung interessierten. Was ungewöhnlich war, denn normalerweise verkauften wir direkt an Abpacker, Packaging Converter oder eben Abfüller von Markenartikeln – hatten dementsprechend gar keinen Kontakt zum Handel und diesen Unternehmen.

So weit, so gut – wenn da nicht der Preis gewesen wäre. Der Folienpreis nämlich wird in Kilogramm bemessen. Wir waren mit unserer Bio-Folie bei einem Kilopreis von knapp fünf Euro, der Kilopreis für die bedruckte ölbasierte herkömmliche Polyethylenfolie lag bei etwa 1,60 Euro. Diese dreifache Preissteigerung war der Grund, dass wir nur fast sechs Tonnen Folie an Kaiser's Tengelmann für ihre Bio-Möhrenbeutel verkaufen konnten. Ein Mega-Fail, denn wir produzierten von der Polyethylenfolie jährlich bis zu 50.000 Tonnen!

Was ich hätte besser machen können

Nun könnte man denken, ich war mit meiner Idee zu früh am Markt, denn diese Bio-Folien sind ja heute weitverbreitet. Dem ist aber nicht so. Mein Fehler war, das ich nicht radikal nutzerzentriert vorging, sondern das perfekte Produkt entwickeln wollte. Hätte ich stattdessen Markenartikler wie zum Beispiel Procter & Gamble, Coca-Cola, Nestlé & Co. sowie die Endkundinnen und den Handel nach ihren Schmerzpunkten gefragt, hätte ich wahrscheinlich herausgefunden, dass das Thema

Kompostierung für alle drei Gruppen nicht wichtig war. Wer hätte auch schon geglaubt, dass man eine vollflächig bedruckte rote Sixpack-Folie von Coca-Cola in die Biotonne werfen kann und diese sich anschließend in industriellen Kompostierungsanlagen innerhalb weniger Wochen komplett zersetzt. Hätte ich vorher mit den Markenartiklern oder Handelsunternehmen gesprochen, hätten die vermutlich gesagt, dass sie den dreifachen Folienverpackungspreis auf keinen Fall zahlen wollen. Vielleicht wären sie bereit gewesen, etwas mehr zu zahlen, wenn sich der Abverkauf ihrer Produkte durch eine Folie mit grünem Label gesteigert hätte. Vielleicht hätten wir das mit nur 30 Prozent nachwachsenden Rohstoffen und der Verwendung von Ökostrom erreicht.

Nicht wichtige Produktionskapazitäten der Kernorganisation belegt

Hätte ich mich auf wenige Vorteile wie beispielsweise einen deutlich geringeren Anteil an nachwachsenden Rohstoffen sowie eine Produktion mit Ökostrom konzentriert, hätte ich unsere Entwicklungszeit und -kosten um ein Vielfaches reduziert. Ich hätte auch in einer Art Konsortium mit einem Entsorger wie Interseroh, einem Handelsunternehmen wie Rewe, einem Markenartikler wie Procter & Gamble und einem Rohstoffhersteller wie der BASF kollaborieren können (Stichwort: Ökosystem). Auch hätte ich die Innovation nicht im eigenen Unternehmen vorantreiben müssen, sondern im geschützten Raum bei einem Hersteller von Folienblasmaschinen wie der Firma Reifenhäuser. Dort hätte ich mit dem Konsortium für ein paar Monate eine Testmaschine reservieren können und in aller Ruhe, ohne kritische Blicke von meinen eigenen Produktionsmitarbeiterinnen, entwickeln, testen und produzieren können. Wäre ich dann gescheitert, hätte nicht jede mit dem Finger auf mich gezeigt. Außerdem hätte ich nicht wichtige Produktionskapazitäten der Kernorganisation belegt. Stattdessen habe ich mich während der Testphase nachts in meine Produktion geschlichen, damit mich möglichst wenige Mitarbeiterinnen sehen. Entdeckte man mich dennoch, bekam ich im schönen Aachener Dialekt zu hören: „Da kütt er wedder, der Junior und wirft Mais in die Maschine rinn."

Diese Reihe von Innovationsfehlern zeigt, dass die bewahrenden Kräfte im Unternehmen recht hatten, sich von Anfang an gegen meine Bio-Folie zu stellen. Der Vertrieb stemmte sich von Anfang an gegen das Vorhaben, da er gewohnt war, über den Preis zu verkaufen und nicht über eine „Geschichte". Hätte ich Design Thinking, die Lean Startup-Methode und das Entwickeln und Testen in einem geschützten Raum gekannt, und wäre ich bereit gewesen, das Produkt in einer Art Ökosystem zu entwickeln, wäre ich vermutlich sehr erfolgreich gewesen. Spannend ist hier auch zu sehen, dass man all diese Methoden sehr gut in einem Innovationsprozess auch von tangiblen Produkten anwenden kann. Sie sind also nicht nur im Rahmen der Digitalisierung hoch relevant.

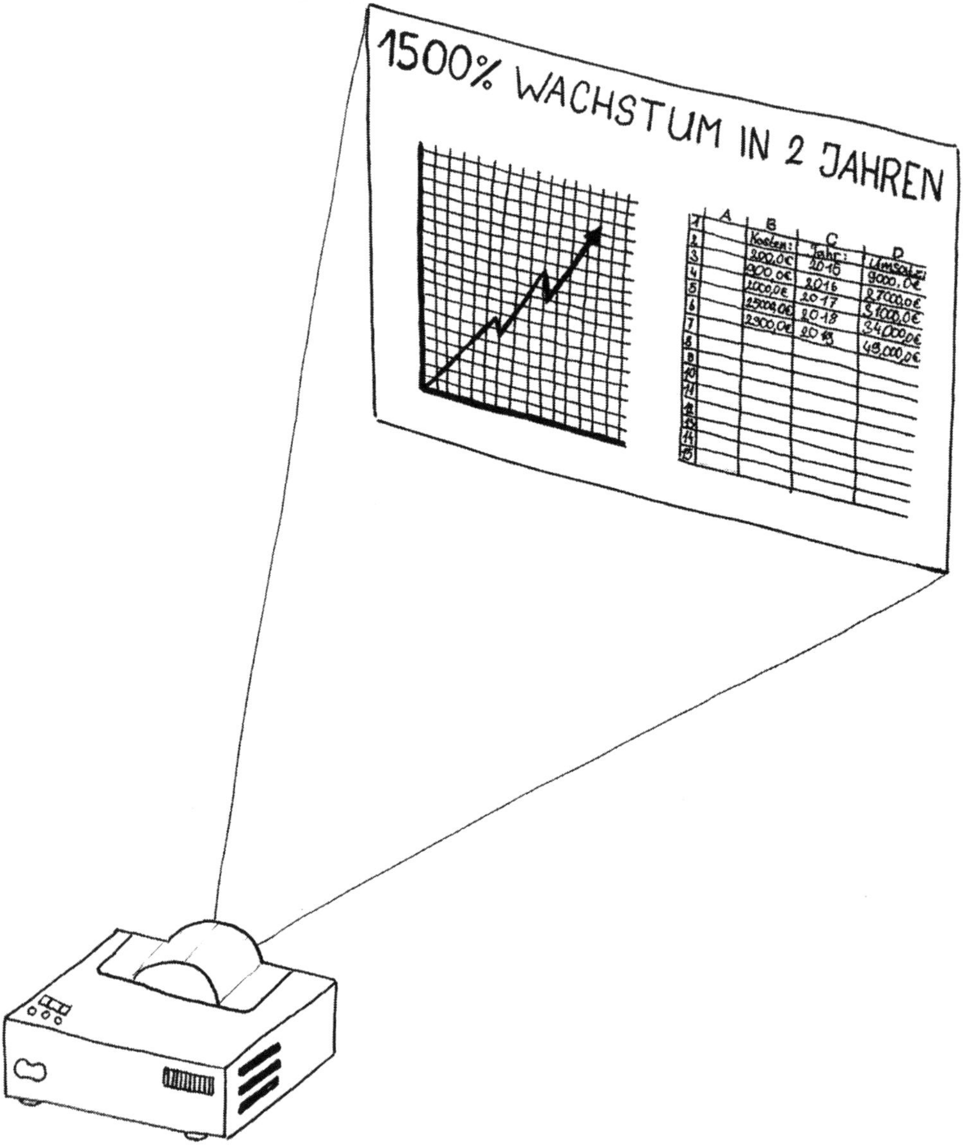

1500% WACHSTUM IN 2 JAHREN
A
B
C
D
Kosten:
Jahr:
2016
2017
2018
9000,0€

Businesspläne & Excel-Magic

Kommen Gründerinnen in einer frühen Start-up-Phase mit ihrer Digitalidee und einem Businessplan zu mir, stelle ich zuerst immer drei Fragen: Habt ihr schon ein Produkt und einen Service? Habt ihr es schon am Markt getestet? Was hat die Kundenbefragung ergeben?

Ist kein Prototyp oder Minimum Viable Product (MVP) in der frühen Phase vorhanden oder sind Tests mit Kundinnen noch nicht erfolgt und kennen vor allen Dingen die Gründerinnen die Schmerzpunkte ihrer Zielgruppe nicht, antworte ich immer, dass sie ihren Businessplan in die Mülltonne werfen können. Denn das ist nur Excel-Magic: Man schraubt so lange an Zahlen rum, bis es gut aussieht. In der Digitalwelt aber bildet ein Businessplan in der frühen Phase nicht die Realität ab. Hier startet man unter höchster Unsicherheit.

Im Gegensatz zum klassischen Business, wo der Businessplan viele wichtige Fragen beantwortet, bis sich ein vollständiges Bild des Unternehmens ergibt, starten Gründerinnen die digitale Transformation zunächst „nur" mit einer Idee. Daher ist es wichtig, die Schmerzpunkte durch Interviews zu generieren, die Idee weiterzuentwickeln, kontinuierlich Daten zu sammeln, das Geschäftsmodell mit den Schmerzpunkten zu matchen, einen Prototyp und später ein MVP zu entwickeln und dann zu skalieren. Denn nur so finden sie anschließend heraus, ob eine Kundin das Produkt nutzt, wie sie agiert, wie ihre Verweildauer ist, was es kostet, welche Daten sie hinterlässt oder wie diese zu monetarisieren sind.

Mit Grundset an Daten Businessplan schreiben und die eigene Geschichten erzählen

Erst wenn das geschehen ist, können Gründerinnen einschätzen, wie hoch in etwa ihre Marketingkosten für die Kundengewinnung sein müssen. Weil sie für die Berechnung der Wirtschaftlichkeit keine fixen Daten aus dem Kerngeschäft haben, und sich auch nicht auf fremde Zahlen verlassen können, müssen sie in der frühen Phase raus mit ihrem Prototypen oder ihren MVPs. Mit diesem Grundset an Daten können Gründerinnen ihren Businessplan schreiben und ihre Geschichte erzählen.

Warum schreibe ich das auf, wenn es doch um die digitale Transformation von Unternehmen geht? Ganz einfach: Meine Gründerinnen-Businessplan-Geschichte kann man eins zu eins auf die Unternehmenswelt übertragen. Auch hier gibt es viele Ideengeberinnen, Intrapreneurs und Start-ups, die mit Unternehmen ihre Digitalreise unternehmen wollen beziehungsweise auf der Suche nach Geld sind. Und hier gelten die gleichen Regeln: Konzipiere keinen Businessplan, ohne dass du die Schmerzpunkte deiner Kundinnen kennst sowie einen Prototypen oder ein MVP am Markt getestet und validiert hast.

PERFEKTION

Die Perfektion kommt doch

Nachdem Unternehmen die Bedürfnisse der Kundinnen verstanden, die Schmerzpunkte analysiert und Ideen entwickelt (erste Phase) sowie den Prototypen gebaut haben (zweite Phase), um ihn anschließend auf dem Markt zu testen (dritte Phase), entscheidet sich in der vierten Phase, ob das Unternehmen das Produkt in die Kernorganisation holt und es zur Marktreife treibt oder ob es zu disruptiv ist und gegebenenfalls als Start-up ausgegründet wird beziehungsweise außerhalb der Kernorganisation skaliert wird.

Produkte und Services aus dem geschützten Raum dürfen in der Kernorganisation nicht mehr scheitern

Egal für welchen Weg Unternehmen sich entscheiden: Ab jetzt ist Perfektion gefragt. Keine ruckelnden Produkte und Services, für die man sich schämen muss. Keine „Fake it until you make it"-Umsetzung und keine Entwicklung mehr außerhalb der Unternehmensstrukturen. Wenn Produkte und Services aus dem geschützten Raum in die Kernorganisation übertragen werden, dürfen sie im Kern nicht mehr scheitern. Und alles was nun entwickelt wird, muss sich am gesetzlichen Rahmen orientieren: Datenschutz, Compliance, IT-Sicherheit usw. stehen im Vordergrund, eine 200-prozentige Lieferfähigkeit und Verfügbarkeit der Services und Produkte muss gewährleistet werden, Top-After Sales Service, Kundenmanagement und Claim-Management müssen implementiert werden. Das Kernprodukt muss im Kern funktionieren. Trotzdem dürfen Features auch mal wieder zurückgenommen werden. Hier muss also auch in der Kernorganisation nach dem Build-Measure-Learn-Prinzip gearbeitet werden. So wie bei Amazon: Dort wird alle elf (!) Sekunden ein Neurelease am Kernprodukt durchgeführt. Ein Großteil der Funktionen und Updates wird wieder zurückgenommen.

In jedem Fall ist es so, dass beim Live-Gang und der Skalierung von Produkten, Services und Geschäftsmodellen in der Kernorganisation alle im Rampenlicht stehen. Eklatante Fehler sollte man sich ab hier nicht mehr leisten. Und alle, die wir in einer frühen Phase zur Seite schieben mussten, sind jetzt gefragter denn je: die CIO, die CTO, die EDV-Leiterin, die Rechtsabteilung, die Datenschutzbeauftragte und weitere Mitarbeiterinnen und Abteilungen des Unternehmens.

Geisterfahrerinnen müssen gehen

Damit das digitale Produkt oder der digitale Service schnell und perfekt umgesetzt und auf den Markt gebracht werden kann, muss die Kernorganisation transformieren. Das heißt, sie muss ihre bestehenden Vertriebs- und Marketingkanäle möglicherweise anpassen. Auch sollten die Mitarbeiterinnen nun in der Breite für die neuen Produkte und Services geschult werden, wofür interne Arbeitsabläufe vielleicht ebenfalls angepasst werden müssen. Und spätestens jetzt müssen alle in der bewahrenden Kernorganisation davon überzeugt sein, dass der eingeschlagene Digitalisierungsweg richtig ist, die im geschützten Raum validierten Produkte und Services sinnvoll sind und sie einen Vorteil davon haben, wenn sie sich verändern. Sie müssen Begeisterung für das Neue entwickeln.

Sehen Mitarbeiterinnen trotz der validierten Daten nicht die Notwendigkeit für eine Veränderung, müssen sie in letzter Konsequenz gehen – vor allem, je weiter oben in der Hierarchie sie arbeiten. Daher ist es auch wichtig, dass die CEO sichtbar hinter der Transformation steht. Denn jetzt geht es darum, relevante Daten zu generieren, relevante Kosten zu sparen, einen relevanten Umsatz zu erzielen, die Schmerzpunkte der Nutzerinnen zu lösen, in der Kernorganisation einen Mehrwert zu schaffen sowie den Mindset zu ändern. Geisterfahrerinnen sind hier fehl am Platz!

NUTZERIN

Keine Großprojekte ohne Nutzerzentrierung

„Ich weiß, dass ich nichts weiß!“ Diese Erkenntnis des griechischen Gelehrten Sokrates ist der erste Schritt zur nutzerzentrierten Entwicklung. Denn letztlich sind es einzig und allein die Nutzerinnen, die darüber entscheiden, ob ein Produkt oder ein Service erfolgreich ist. Nur sie wissen, was für sie funktioniert und was nicht. Unternehmen, die agil und schnell entwickeln – und zum Teil unfertige – Ergebnisse auf den Markt bringen, haben das verstanden. Häufig sind es kleine Teams im geschützten Raum oder vor allem in Start-ups, bei denen dieses Erfolgsrezept gut funktioniert. Sie sind nicht an bestehende Strukturen gebunden und können daher flexibel agieren.

Was ist aber mit Großprojekten, in denen mehr als 300 Personen koordiniert werden müssen? Sind die automatisch zum Scheitern verurteilt? Ich beobachte immer wieder: je größer das Team und je umfangreicher die Prozesse, desto weniger Nutzerzentrierung. Dabei scheitert es nicht einmal am Projektteam. Denn die Vorteile einer nutzerzentrierten Vorgehensweise sind kein gut gehütetes Geheimnis einer hoch innovativen Start-up-Szene. Vielmehr sind es starre Projektpläne mit festen Deadlines, die eigentlich Ordnung ins Chaos bringen sollen, die regelmäßig dafür sorgen, dass Kundeninterviews oder Tests mit Nutzerinnen hinten runterfallen. Und damit erhöht sich auch das Risiko, keinen Mehrwert mit dem Produkt zu stiften, in das Unmengen an Geld investiert haben.

Nutzerzentrierung muss im Team gelebt werden

Häufig beobachte ich bei solchen Großprojekten, dass eine Marktforschung beauftragt wird, um ein Nutzerfeedback einzuholen. Und dass die gewonnenen Erkenntnisse oft nur dazu dienen, das Gewissen zu beruhigen – eine Integration in den Produktentwicklungsprozess findet kaum bis gar nicht statt. Die Teammitglieder sind der tatsächlichen Nutzerin nie begegnet, glauben aber dennoch genau zu wissen, was ihre Kundinnen wollen. Diesem Anspruch werden sie jedoch nur dann wirklich gerecht, wenn sie ihre Nutzerinnen von Beginn an radikal in den Fokus rücken und selbst mit diesen in Berührung kommen.

Deshalb muss die Verantwortung für die Identifizierung und Bearbeitung der Probleme der Nutzerinnen beim Team liegen und darf nicht auf Externe übertragen werden – nur so entstehen kreative Lösungen. Der Erfolg dieser Vorgehensweise zeigt sich an prominenten Beispielen wie dem Musikdienst spotify oder dem Fintech n26. Hier beschäftigen sich die Teams abwechselnd mit der Product Delivery (dem Umsetzen des Produktes) und der Problem Discovery (der Nutzerforschung). So können sie sicherstellen, dass sie einen Mehrwert bei den Nutzerinnen erreichen. Und diesen sogar über Messkriterien, wie zum Beispiel die Anzahl der neu registrierten Nutzerinnen, sichtbar machen.

Eine nutzerzentrierte Vorgehensweise birgt wahnsinniges Potenzial

Aber wie kann man nun bei den sowieso schon viel zu engen Zeitplänen auch noch die Nutzerzentrierung unterbringen? Die gute Nachricht: Es ist gar nicht so schwer und kostet weder viel Zeit noch Geld, wie eines unserer Projekte aus dem

Gesundheitsbereich zeigt: Wir konnten für die erste Version einer App zur Begleitung von chronisch Kranken nur wenige Interviews führen. Einerseits war der Zeit- und Ressourcenplan zu knapp, andererseits wurden weitere Interviews von unserer Kundin explizit abgelehnt. Wir merkten jedoch schnell, dass wir zu viel diskutierten, ohne zu wissen, ob wir hinsichtlich der Nutzerin richtig lagen.

Für die zweite Version der App planten wir unsere Ressourcen so, dass wir alle geplanten Funktionalitäten mit den Nutzerinnen testen konnten, bevor wir sie umsetzten. Was uns sehr spannende Einblicke gab und unsere Fokusbereiche in der App komplett verschob. Wir lernten zum Beispiel, dass der Mehrwert nicht in einer geplanten, ausgeklügelten Suchfunktion lag, sondern in einer motivierend und smart gestalteten Erinnerungsfunktion. Statt der aufwendig geplanten Suchfunktion reichte ein Textfeld aus, um den nötigen Input zu erhalten. Daraufhin verschoben wir die Priorisierung und sparten enorme Entwicklungsaufwände.

So zieht die Nutzerzentrierung in Großprojekte ein

Diese wertvollen Erkenntnisse kosteten uns keinen zeitlichen Mehraufwand, sondern lediglich eine Repriorisierung der Aktivitäten. Auch konnten wir bei der nachfolgenden Umsetzung viele Diskussionsrunden zu Produktdetails oder strategischen Entscheidungen verkürzen beziehungsweise komplett streichen. Auch gestalteten wir ein deutlich relevanteres Produkt, was sich unmittelbar im Feedback zur App widerspiegelte.

Startet ein Projekt neu, sollten von Anfang an notwendige Prozesse in den Projekten fest verankert werden. Häufig aber gibt es bereits feste Teams und „die Maschinerie“ ist am Laufen.

Deshalb ist es wichtig, sich mit bestehenden Strukturen kritisch auseinanderzusetzen. Vor allem in großen, weit vernetzten Organisationen ist es wichtig, nicht sofort alles umzustellen. Stattdessen geht es darum, Schritt für Schritt ein Gespür für die Nutzerin zu entwickeln, um so die bestmöglichen Entscheidungen treffen zu können. Nach dem Motto: Die richtigen Sachen richtig machen. Eine hilfreiche Methode sind dabei Remote Usabilty Tests. Über Videotelefonie können potenzielle Kundinnen in verschiedenen Entwicklungsstadien zu Prototypen befragt werden. Das Gute: Das ganze Team kann live dabei sein, indem sie sich in einen „virtuellen Spiegelraum" einwählen. So ist das Geschehen mitzuverfolgen, ohne selbst von den Kundinnen gesehen zu werden.

Dadurch, dass die Reaktionen ungefiltert aus verschiedenen fachlichen Perspektiven beobachtet werden, können die bestehenden Lösungen kritisch geprüft werden und kreative neue Ansätze entstehen. Auch kommt jedes Teammitglied direkt in den Kontakt mit den Kundinnen, was sich in vielerlei Hinsicht bezahlt macht.

Silostrukturen überwinden

Gerade bei großen Projekten mit mehreren Hundert Mitarbeiterinnen ist eine der größten Hürden die Überwindung von Silostrukturen. Wenn es bereits ein Produkt oder einen Service am Markt gibt, kann man dem durch die Einführung von sogenannten Werte-Streams entgegenwirken. Hierzu werden kleinere, kompetenzübergreifende Teams gebildet, die sich beispielsweise aus den Fachbereichen Produktmanagement, UI/UX-Design, Entwicklung und Marketing zusammensetzen. Diese fokussieren sich dann bei den Kundinnen auf einen Mehrwert und optimieren das Produkt.

Geht es zum Beispiel darum, das Onboarding für neue Kundinnen zu verbessern, dann sieht sich das entsprechende Team die komplette Kundenreise an: vom Erstkontakt bis zum Abschluss des Onboardings. Es werden klare Messkriterien definiert, anhand derer objektiv bewertet werden kann, ob sich das Nutzererlebnis verbessert oder verschlechtert.

Auf Basis dieser Messkriterien kann das kompetenzübergreifende Team anschließend anhand verschiedener (Nutzer-) Tests Probleme identifizieren und Maßnahmen zu deren Lösung erarbeiten. Jeder Fachbereich bringt dabei die eigene Perspektive konstruktiv ein. Insgesamt werden durch die regelmäßigen Iterationszyklen möglicherweise weniger Funktionen umgesetzt, dafür aber erhöht sich die Chance erheblich, dass das, was umgesetzt wurde, der Nutzerin einen echten Mehrwert bringt.

Adios Feature Factory

Auf diese Weise verlässt die Nutzerzentrierung die Nische der Marktforschung und wird auch in einem Großprojekt mit über einhundert Mitarbeiterinnen eine natürliche Begleiterin im Projektalltag. Denn es rücken die Dinge in den Fokus, die einen echten Mehrwert für unsere Nutzerinnen liefern. Der Erfolg der Maßnahmen wird messbar gemacht, was uns die Sicherheit gibt, dass Teams nicht nur als „Feature Factory" agieren, die am laufenden Band neue Funktionalitäten veröffentlichen, ohne echte positive Effekte zu erzielen. Und die Kundinnen merken, dass Lösungen direkt für sie und ihre Bedürfnisse entwickelt werden – was am Ende den großen Unterschied macht.

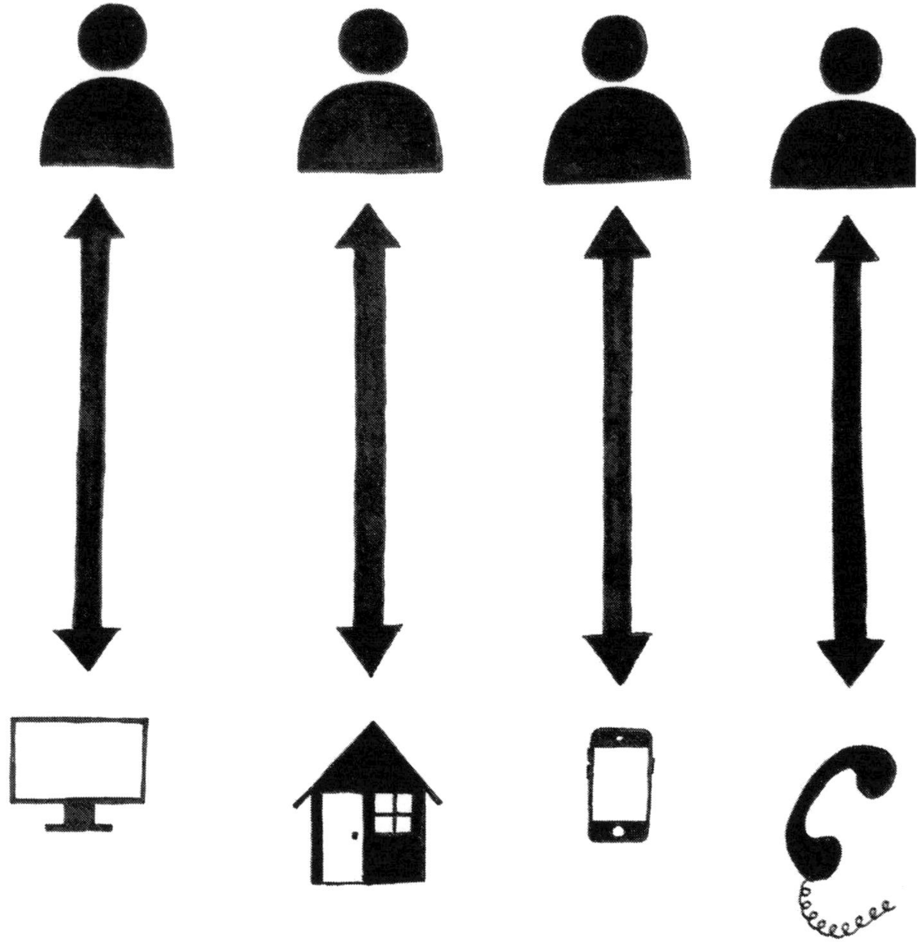

Findet schnell den richtigen Kanal

Bei Digitalisierungsvorhaben ist es essenziell wichtig, schnell den richtigen digitalen Kanal zu finden. Sehr häufig gehen Treiberinnen des digitalen Wandels in Unternehmen davon aus, dass digitale Services, Produkte und Geschäftsmodelle immer digital vertrieben werden müssen: also über Social Media und Online-Marketing. Doch weit gefehlt!

Gerade im B2B-Bereich werden digitale Lösungen häufig über den persönlichen Verkauf, den Außendienst, den Innendienst, ein Call Center, postalische Brief- und Broschürenaussendungen, eine Print-Anzeige, einen Presse- oder Fachbeitrag, Messen und physische Roadshows verkauft. Wenn ich an meine größten B2B-Vertriebserfolgserlebnisse bei etventure nachdenke, dann waren es persönlich und mit Füller geschriebene postalische Anschreiben an CEOs. Als ich diese Idee damals meinem Team vorstellte, wurde ich ausgelacht.

Der Weg muss genau nachvollzogen werden

Häufig sind es übrigens die Außendienstlerinnen, die mithilfe von Kolleginnen aus der Digital Unit erste digitale Lösungen bei den Kundinnen vorstellen, Feedback einsammeln und letztlich für einen Einsatz bei der Kundin und damit für den Verkaufsumsatz sorgen. Dieser und auch alle anderen Kanäle müssen beim ersten Verkaufstesting gegeneinander laufen und im Kleinen getestet werden. Dazu gehören auch die Online-Kanäle über Social Media (Facebook, Instagram, TikTok, Google werden für den B2B-Bereich immer relevanter). Durch gesetzliche

Vorgaben bei dem E-Mail-Versand durch Optin-Verfahren ist dieser Marketing-Kanal leider nur noch eingeschränkt nutzbar. Jedoch können Betriebe neue digitale Services bei bestehenden Kundenbeziehungen nach wie vor per E-Mail vorstellen.

Erfolgskritisch ist einerseits die Messung der Daten aus den unterschiedlichen analogen und digitalen Marketing- und Vertriebskanälen, andererseits die sogenannte Sales-Funnel-Bearbeitung. Das Ziel liegt darin, aus einer Interessentin eine Kundin zu machen, indem diese mehrere Stufen durchläuft, um am Ende eine bestimmte Aktion wie einen Kauf, eine Anfrage oder einen Download auszuführen. Bildlich gesehen kommen oben also ganz viele Interessentinnen in den Trichter und unten idealerweise viele raus, die dann die gewünschte Aktion vollziehen und zu Kundinnen werden. Während des Prozesses können Interessentinnen aber abspringen und den Trichter verlassen.

In einem Funnel kann eine Kundin beispielsweise zuerst durch eine Google-Kampagne über einen digitalen Service informiert werden, schaut sich dann online den Service an und ruft anschließend im Innendienst an, um weitere Informationen zu erhalten. Der Abschluss, wenn er online möglich ist, wird dann wiederum im Internet oder nach einem Besuch einer Außendienstlerin gemacht. Das alles ist möglich, der Weg aber muss datentechnisch durch ein gutes Customer Relation Ship Management System (CRM, wie z.B. Salesforce) in Verbindung mit diversen Funnel Management Tools genau nachvollzogen werden. Denn diese Daten werden entscheidend für zukünftige Marketing- und Vertriebsaktivitäten sein.

Unterschiedliche Kampagnen innerhalb eines Kanals testen

Dabei ist jedes CRM nur so gut, wie die Menschen, die es befüllen. Es ist also wichtig, dass der Innendienst bei dem vorherigen Beispiel die Frage stellt, wie die Kundin auf das Unternehmen gekommen ist. Die Antwort muss dann ins CRM eingetragen werden und der Google-Kampagne bei der Erfolgsmessung zugeschrieben werden.

Neben dem Testing der unterschiedlichen Kanäle ist es ebenso erfolgskritisch, unterschiedliche Kampagnen innerhalb eines Kanals zu testen. Schaltet ein Unternehmen beispielsweise für einen Service oder ein Produkt Google-Werbung, so kann bei einem Klick auf diese immer eine andere Landingpage ausgespielt werden. Diese Mini-Website kann sich dann in Bezug auf das Bild, die Ansprache, den Call to Action, die Farben und andere Elemente unterscheiden. Hier kann anhand des Tests, man nennt ihn A/B-Test, und der generierten Daten schnell entschieden werden, welche Landingpage am besten funktioniert.

Zielgerichtete Marketingpläne definieren die Richtung

Genauso können Unternehmen auch bei der postalischen Ansprache und beim postalischen Verkauf von digitalen Lösungen die Zielgruppe in unterschiedliche „Badges" aufteilen. Jedes Badge bekommt dann eine unterschiedliche Ansprache, einen unterschiedlichen Aufbau im Anschreiben, einen unterschiedlichen Flyer. Die unterschiedlichen Badges können dann nach Versand in Bezug auf die Konvertierung von Interessentinnen verglichen werden. Die Kampagne innerhalb eines Kanals, die am besten funktioniert hat, wird dann ausgebaut.

Auf keinen Fall sollten Start-ups zu aktionsgesteuert sein und Flyer, Messeauftritte, Mailings planlos nutzen, da Effekte schnell verpuffen und Aktionen so wirkungslos sind. Zielgerichtete Marketingplänen definieren die Richtung und zeigen Fortschritte sowie notwendige Kurskorrekturen an.

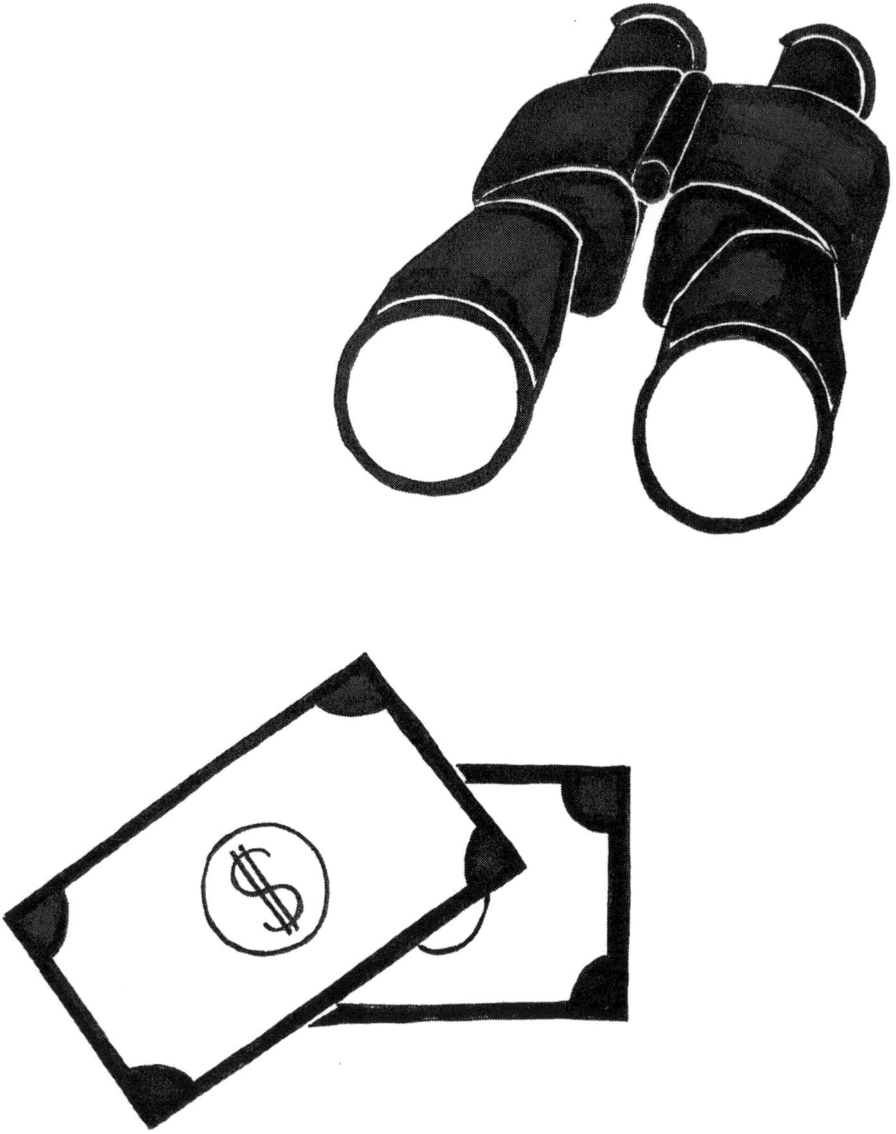

Wo ist der Digitalumsatz?

Dass ein hoher Digitalisierungsgrad messbar den Geschäftserfolg steigert, zeigt Klöckner. 2014 mit der Digitalstrategie gestartet, ist das Unternehmen heute bei 40 Prozent Digitalumsatz. Ein enormer Erfolg für einen Markt, der noch immer relativ analog ist. Geschafft hat es das Unternehmen, weil es sehr schnell die Schmerzpunkte am Markt ausfindig gemacht sowie mit dem richtigen Produkt und Service beseitigt hat (siehe Kapitel „Klöckner versus Stahlbranche"). Auch hat Klöckner sehr schnell die richtigen, meist analogen Vertriebskanäle gefunden, um die digitalen Lösungen an die Kundin zu bringen und zu skalieren (siehe Kapitel „Findet schnell den richtigen Kanal").

Häufig sehe ich Digitaleinheiten am Markt, die seit 12 bis 36 Monaten aktiv sind und nahezu noch keinen Euro Digitalumsatz erzielt haben. Meistens bestehen die Teams aus Programmierer- oder Technikerinnen, die zwar im geschützten Raum arbeiten, aber klassisch nach Pflichten-Lastenheft umsetzen, wenig nutzerzentriert vorgehen und vor allem den digitalen Service, das Geschäftsmodell oder das Kundenportal nicht fertigstellen, weil immer neue Features hinzukommen. Wenn dann eine Lösung fertiggestellt, aber keine Brücke in die Kernorganisation vorhanden ist und die Kernorganisation das entwickelte Produkt ablehnt, weil es eben schon Jahre ohne Ergebnis entwickelt wurde, wird das digitale Vorhaben niemals ohne den Support der Kernorganisation skalieren können.

Digitalumsätze, die eine Relevanz in der Kernorganisation haben

Ein weiteres großes Problem in digitalen Teams sind die ehemaligen Beraterinnen. Unternehmen machen in meinen Augen den großen Fehler, diese Konzeptschreiberinnen oder Strateginnen in der Breite in ihre Teams zu ziehen. Diese Teams brauchen keine Menschen, die Papier produzieren, sondern Menschen, die eine 120-prozentige Umsetzungs-DNA haben. Die ein Problem, was sie heute erkennen, heute auch direkt selbst lösen oder sich sofortigen Support bei der Lösung suchen. Die heute einen Schmerzpunkt am Markt herausfinden und nicht nur das Mindset haben, dass sie diesen Schmerzpunkt morgen lösen wollen, sondern das auch zumindest mit einem ersten Prototyp oder Mockup tun. Ein Mockup ist übrigens eine Art Vorführmodell, das gern genutzt wird, um Design und/oder Teilfunktionen eines Services oder Produktes zu demonstrieren. Diese Umsetzungs-DNA muss das Digitalteam in Sachen Sales und Marketing mitbringen. Analoge und digitale Kanäle müssen aus dem geschützten Raum früh aufgebaut und in der Breite getestet werden. Nicht validierte Kanäle und Kampagnen müssen nach dem Build-Measure-Learn-Prinzip schnell umstrukturiert und auch wieder schnell eingestellt werden, wenn die Datenbasis nicht zufriedenstellend ist. Ist der richtige Kanal gefunden, muss dieser schnell ausgebaut werden. Sowohl mit menschlicher, wie auch mit technischer Kraft.

Und bei allem, was das Team im geschützten Raum macht, darf beim Testing, dem Markteintritt beziehungsweise bei der Skalierung die Kernorganisation niemals vergessen werden. Die Mitarbeiterinnen dort verfügen nämlich in der Regel über den Marktzugang und über exzellente Kundenbeziehungen. Diese sollten gemeinsam genutzt werden, um die digitalen Produkte und Services zu skalieren. Denn das Ziel muss immer sein, Digitalumsätze zu generieren, die auch von der Höhe her eine Relevanz in der Kernorganisation haben.

Co-Creating the future

Je weiter weg sich Unternehmen bei der Umsetzung der digitalen Transformation räumlich vom Unternehmensstandort entfernen, desto höher ist das Freiheits- und Kreativitätspotenzial. Eine Möglichkeit sind hier Ökosysteme wie beispielsweise der wavespace oder auch der Maschinenraum in Berlin, wo sich ausschließlich auf die gemeinsame Kreation konzentriert wird. Hier geht es um die gemeinsame Gestaltung der Zukunft: Sie fördern gegenseitige Inspirationen sowie den Austausch von Know-how, Talenten, Technologien und Ideen zwischen verschiedenen Stakeholdern des Ökosystems (z.B. zwischen Großkonzernen, Mittelständlern, ihren Digital- oder Innovationseinheiten, Start-ups, Industrie- und Innovationsexperten).

Meine Erfahrungen zeigen, dass Unternehmen in einem bekannten Umfeld, in bekannten Strukturen und bei bestehenden Hürden (Stichwort: Bewahrerorganisation) nur sehr schwer (disruptive) Innovationen entwickeln können. Deshalb sollten Unternehmen aus der Kernorganisation heraus in ein geschütztes Umfeld gehen, in dem sie frei denken und kreativ sein, sowie Vorhaben ohne Hürden umsetzen können (siehe Kapitel „Hinter Mauern"). Ein Kollektiv erhöht dabei im Gegensatz zum traditionellen Mindset „Wir machen das alles alleine" die Erfolgschancen massiv. Denn Co-Creation-Räume sprudeln vor Inspiration und ermöglichen Unternehmen sehr schnell, in die Ideenentwicklung und das -testing mit Partnerinnen einzusteigen. Sie sehen an diesen Orten, wie andere Teams arbeiten und ihren Weg durch die digitale Transformation finden – was entscheidend ist, um den eigenen Weg zu finden.

Für Co-Creating braucht es einen enormen Mentalitätswandel

Diese neue Form der Zusammenarbeit kann auch mit Kundinnen erfolgen: LEGO zum Beispiel macht Konsumentinnen erfolgreich zu Partnerinnen bei der Produktentwicklung, indem das Unternehmen seinen Kundinnen die Möglichkeit gibt, online Ideen für neue Produkt-Sets vorzustellen. Erhalten sie dabei mehr als 10.000 Likes von Community-Mitgliedern, gehen sie in Produktion. Und weil Co-Creating Innovation zu einem offenen Prozess macht, sind Kundenwünsche ohne aufwendige Recherchen schnell festzustellen. Ferner steigt die Produktqualität, da das direkte Kundenfeedback frühzeitig Fehler aufdeckt und es so gar nicht erst zu Misserfolgen kommt.

Für Co-Creating braucht es in Führungsetagen neben einem enormen Mentalitätswandel und Mut auch kollaborative Technologien, neue Modelle für den Wissensaustausch sowie die entsprechende Kultur. Doch es lohnt sich für Unternehmen, ihre Denkweise umzustellen, aufgeschlossener zu werden sowie Ideen frühzeitig zu teilen.

Gemeinsam Problemlösungen für die Kundenherausforderungen entwickeln

Die Versicherungsbranche steht, wie viele andere Branchen auch, vor einem enormen Umbruch, da unter anderem die nachrückende Generation nicht mehr das Sicherheitsbedürfnis ihrer Eltern verspürt. Um herauszufinden, wohin sich die Bevölkerung zukünftig entwickelt und welche Veränderungen das für Versicherungen hat, nahmen sieben sich im Wettbewerb befindliche Versicherungsunternehmen am Versicherungslab „Insurhub“ im wavespace teil. Um außerhalb der unternehmenseigenen Strukturen gemeinsam Problemlösungen für Kundenherausforderungen zu entwickeln, wurde in diesem kreativen Umfeld Versicherung neu gedacht sowie unternehmens- und branchenübergreifend zusammengearbeitet. Das Ergebnis: fast 40 innovative Ideen für neue Geschäftsmodelle und Produkte. Ein Drittel davon gingen in die Validierungsphase und wurden entweder in MVPs überführt oder als Impulse in die Unternehmen übertragen.

KÜNSTLICHE
INTELLIGENZ

KI rulez

Die künstliche Intelligenz (KI) wird einen wesentlichen Einfluss auf unsere Welt haben. Und weil viele nicht verstehen, was mit und bei künstlicher Intelligenz passiert, haben sie Angst davor. Sie befürchten, dass zukünftig Maschinen Entscheidungen (auch gegen sie) treffen könnten. So abwegig ist diese Angst nicht. Denn solche Maschinen treffen Entscheidungen, dafür wurden sie vorab von Menschen programmiert oder haben durch Beobachtung gelernt. Dann können durch KI-Systeme Benachteiligungen entstehen, weil das System von Menschen und ihren Werten gefüttert wurde. Denn der Mensch, der mit diesen Systemen arbeitet, verlässt sich auf die Maschine.

Die künstliche Intelligenz hat aber auch enorme Vorteile. Auf dem Weingut von E. & J. Gallo optimieren Maschinen die Bewässerung der Rebstöcke. Bei Klöckner verkürzt der „Kloeckner Assistant", eine durch künstliche Intelligenz getriebene Applikation, für Käufer und Verkäufer die bisher langwierigen Bestellprozesse von mehreren Tagen auf wenige Minuten. Beim Versandhändler Otto wird der Einkauf eng mit dem Bedarf abgestimmt, um die Lieferzeiten von Produkten, die Otto nur auf Bestellung erhält, zu reduzieren. Die Prognosequalität ist derart gut, dass auf Vorrat bestellte Ware teilweise gar nicht erst bei Otto ins Lager kommt, sondern direkt vom Lkw zum Endkundenversand geht. Otto konnte so die Lieferzeiten von fünf bis sechs Tagen auf ein bis zwei Tage reduzieren. Und auch in unserem Alltag sind wir von KI-Systemen umgeben: Kundendienste per Chat, Produktempfehlungen, Gesichtserkennung, Bildersuchen und vieles mehr.

Der Teufel steckt im Detail

Bei all den wunderbaren Fähigkeiten fehlt KI jedoch das Gewissen, da ihr das menschliche Bewusstsein fehlt. Und weil nicht immer nachvollziehbar ist, wer warum welche Wahl getroffen hat, ist KI mit Vorsicht zu sehen. Oder anders gesagt: Man sollte Systemen nur vertrauen, wenn man auch versteht, wie sie funktionieren.

Wie bei der digitalen Transformation gilt aber auch bei KI: Die Unternehmen und Führungskräfte, die sich dem stellen, werden erfolgreich sein. Deshalb sollte auch hier experimentiert und gelernt werden. Und auch wenn KI den Menschen (in nächster Zeit) nicht ersetzen wird, wer sich mit dieser Technologie beschäftigt und sie nutzt, wird die Menschen verdrängen, die das nicht tun. Entscheidend ist also, wie wir KI mitgestalten werden. Denn aufhalten lässt sich der Fortschritt nicht.

KI-Entscheidungskriterien werden (noch) von Menschen konzipiert

Wie vorurteilsbehaftete Denkmuster Entscheidungen beeinflussen können, und KI in die eine oder andere Richtung steuern kann, zeigt eine Situation, die ich am Flughafen München erlebt habe: Bevor ich im Sommer 2019 aufgrund meiner persönlichen Klimaschutzziele für Reisen innerhalb von Deutschland komplett auf die Deutsche Bahn umgestiegen bin, war ich ein „Hardcore Vielflieger“ und hatte durchschnittlich zwischen acht und 12 Flügen pro Woche. Als ich an einem sehr warmen Sommermorgen mit Shorts, Turnschuhen und Anti-Trump-Shirt am First Class Check-in am Münchener Flughafen ankam, sah ich schon eine lange Schlange vor dem Priority Check-in der Lufthansa. Vor mir standen nahezu nur Männer in glatt gebügelten Anzügen, Hemd und Krawatte. Am Eingang saß ein Lufthansa-Mitarbeiter, der die Online-Tickets auf den Smartphones beziehungsweise die ausgedruckten Tickets der Reisenden auf den Status Senator, Hon Circle beziehungsweise First Class prüfte. Sein Blick war gelangweilt auf die Displays und Tickets gerichtet: Ein kurzer Blick, ein Handzeichen und man durfte durchgehen. Und dann kam ich, der gefühlte Hippie in der Reihe. Der Mitarbeiter stoppte mich, schaute auf mein Handy, runzelte die Stirn, schaute mich an, schaute noch einmal auf mein Handy und sah mich erneut mit einem musternden Blick an, bevor er meine Senator-Karte sehen wollte. Ich fragte, warum das notwendig sei, denn auf meinem Online-Ticket war ja deutlich der Status gekennzeichnet. Reine Routine entgegnete er mir. Ich kramte also meine Karte raus und ging vorbei.

KI-Systeme zertifizieren

Auf dem anschließenden Flug hatte ich genügend Zeit, mir über diese Situation Gedanken zu machen. Zum einen fühlte ich mich aufgrund meines äußeren Erscheinungsbilds diskriminiert, zum anderen fragte ich mich, wie ein KI-System aussehen würde, wenn der Lufthansa-Mitarbeiter seine Logiken und Vorurteile in das System einspeisen würde. Wahrscheinlich so, wie bereits jetzt bei der Kreditwürdigkeit im Internet, wo eine in Schwabing lebende Münchnerin beim Check-out auf Rechnung zahlen kann und eine in Marzahn lebende Berlinerin nur per Vorkasse. In der Realität würde der Vergabeprozess für einen privaten Kredit dann bereits an der Eingangstür der Bank entschieden: Hoodie-Trägerin mit gefärbten Haaren und wohnhaft in einem Brennpunktstadtteil würde nach dem Betreten der Bank entweder in die Abteilung „intensive Care“ geleitet oder direkt nach draußen. Die Daten über den Wohnort würden automatisch über das Smartphone ausgelesen und die Kameras die Besucherin bewerten und clustern.

Um solch ein „Scoring" zu verhindern, schlägt Prof. Markus Gabriel, Leiter des Internationalen Zentrums für Philosophie Nordrhein-Westfalen, vor, KI-Systeme zertifizieren zu lassen. Bei dieser Überprüfung wird geschaut, was eine KI-Anwendung mit den Benutzerinnen macht. Das heißt, ob die Anwendung ethisch vertretbar ist oder ob Manipulationsmechanismen eingebaut sind, die auf eine unzulässige Weise die Nutzerinnen manipuliert und nicht hilft; dafür gibt es zum Beispiel ein Ampelsystem. Grün würde es dann geben, wenn eine Anwendung nicht nur hilfreich ist und unser Leben vereinfacht, sondern uns auch moralisch verbessert. Gelb dementsprechend, wenn die Anwendung hilfreich ist und rot, wenn sie manipuliert.

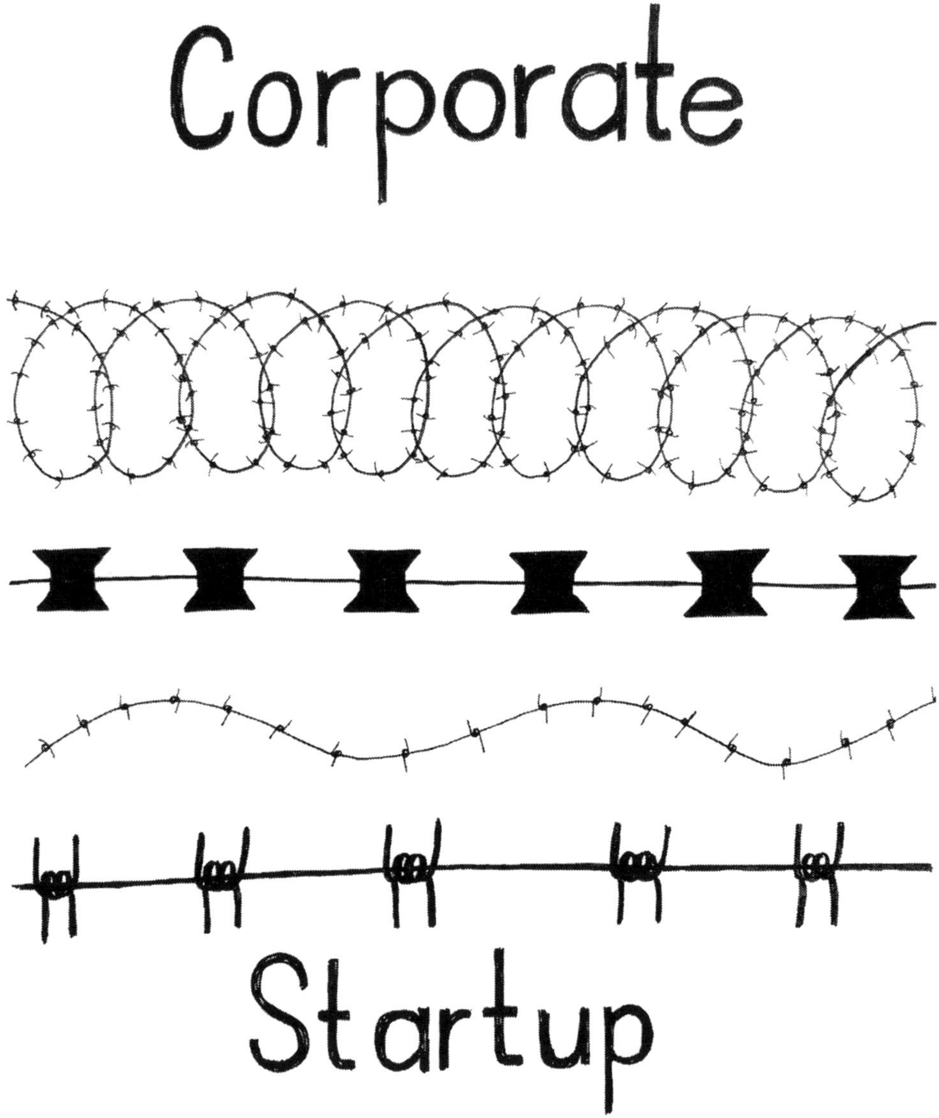
Corporate
Startup

Corporate meets Start-up oder auch Südkorea trifft Nordkorea

Unternehmen und Start-ups können nicht unterschiedlicher sein. Diese kulturellen Hürden sind ein wenig vergleichbar mit Süd- und Nordkorea: Im Prinzip sprechen beide die gleiche Sprache, haben denselben Ursprung und trotzdem sind sie sehr unterschiedlich. Bei dem Vergleich mit Nord- und Südkorea geht es übrigens nicht darum, eine Seite als schlechte Seite und eine Seite als gute darzustellen. Es geht lediglich darum, mit diesem Beispiel die elementaren Unterschiede aufzuzeigen.

Die Praxis zeigt, dass etablierte Unternehmen immer noch viele Hürden aufstellen, wenn es um die Zusammenarbeit mit Start-ups geht. Sie pochen auf Sicherheit, Kontrolle und geistiges Eigentum und setzen ihre Themen eher langfristig nach dem Wasserfallprinzip um. Dabei ist die Angst, Ideen offen zu teilen und früh über sie zu sprechen, überholt. Denn heutzutage ist eine Idee nichts wert. Vielmehr kommt es darauf an, was man aus ihr macht, wie unter anderem der Zusammenschluss von etventure und EY zeigt.

Warum war es der richtige Schritt?

In der Beraterwelt war es eine der Top-Transaktionen im Jahr 2017: Wirtschaftsprüfungs- und Beratungsgesellschaft EY kauft Digitalberater und Company Builder etventure. Die Schlagzeilen reichten damals von „EY kauft die Zukunft ein und übernimmt etventure“ (deutsche-startups.de) bis „Treiber für den Wandel“

im „Handelsblatt". Mein persönliches Umfeld reagierte während meiner bis April 2021 andauernden EY-Partner und etventure-CEO Rolle teilweise so: „Wow Philipp, ihr werdet eure unternehmerische Freiheit verlieren", „Ihr werdet sofort integriert und gelb angemalt", „Du kannst direkt mal den Hoodie ausziehen und Anzug und Krawatte kaufen gehen" sowie „Eure coolen Marketing-, PR- und Sales-Aktivitäten könnt ihr ja dann sofort einstellen. EY wird eine solche Kommunikation niemals zulassen". Die krasseste Äußerung aber war: „Sie werden euch auffressen und sofort integrieren."

In der 100-jährigen Geschichte von EY ist etventure – auch drei Jahre nach der Transaktion – die erste Akquisition, bei der die Gesellschaft nahezu vollständig unabhängig bleibt: mit eigenem Business-Case, eigenem Recruiting, eigenen Offices, eigener Marktorganisation. Einfach war die Verbindung auf Anhieb nicht: Die etventure-DNA, stark geprägt durch eine Start-up-Kultur, unterscheidet sich fundamental von den strukturierten und durchorganisierten Prozessen einer Wirtschaftsprüfungsgesellschaft. Daher reagierten damals insbesondere die etventure-Mitarbeiterinnen unsicher und verhalten. Wir hatten uns sieben Jahre lang als Anti-Beratung positioniert und jetzt wurde etventure verkauft; zwar an keine reine Beratungsfirma, aber sollten Wirtschaftsprüfer tatsächlich besser sein?

Wir benötigten zusätzliche Fähigkeiten und Stärken

Die große Stärke von etventure bestand in der Vergangenheit vor allem darin, dass wir ohne großes Branchen-Know-how zu Kunden gefahren sind und unvoreingenommen Digitalprojekte in einem geschützten Raum anstoßen konnten. Wir haben für Klöckner die Digitaleinheit kloeckner.i aufgebaut und digitale Kanäle entwickelt, die darauf abzielen, die ineffizienten

Liefer- und Leistungsketten in der Stahlbranche sowie den angrenzenden Industrien zu beseitigen. Wir haben Schacht One (Haniel), SMS digital (SMS-group), W&W digital (Wüstenrot & Württembergische) aufgebaut oder waren für BASF, Schwan Stabilo oder Putzmeister direkt im Einsatz, um nur einige Milestones zu nennen. Das hat uns zu Digitalpionieren gemacht.

Aber der Markt entwickelte sich rasant weiter: Für viele Unternehmen ging es nicht mehr nur darum, schnell digitales Neuland zu entdecken, sondern neu entdeckte und validierte Geschäftsmodelle auch langfristig in der entsprechenden Breite und Tiefe als Teil des Kerngeschäfts auszubauen. Dafür benötigten wir zusätzliche Fähigkeiten und Stärken, etwa im Hinblick auf spezialisiertes Branchen-Know-how oder auch auf organisatorische Themen in der übergreifenden Konzern-Transformation. Wichtig waren auch spezielle technologische Themen wie Cybersecurity, Data und IoT sowie auch das Erreichen einer globalen Schlagkraft für die internationale Skalierung von Digitalinitiativen. Das fehlte etventure und daher stand für uns fest: Wenn wir langfristig und nachhaltig Wirkung entfalten möchten – wirklich „Impact" haben möchten – müssen wir uns in diesen Themen weiterentwickeln. Um dies in hoher Geschwindigkeit zu erreichen, brauchten wir eine Partnerin mit einem tiefen Organisationsverständnis – und die fanden wir in EY. Wichtig war aber auch eine Partnerin, die unsere Werte wie Zusammenhalt und Teamwork, Offenheit und Respekt, Enthusiasmus für die Sache und das ambitionierte Ziel, die digitale Zukunft entscheidend mitzugestalten, teilte.

Kulturen und Fähigkeiten beider Seiten ergänzen sich

Um das Beste aus beiden Welten kombinieren sowie unsere gemeinsamen Kundinnen ganz unterschiedliche

Beratungsphilosophien aus einer Hand bieten zu können, war es wichtig, dass wir als etventure unsere DNA und unsere Motivation beibehielten. Was uns gelungen ist: etventure ist auch nach über drei Jahren noch immer eine starke Marke. Ohne Reibung lief das jedoch nicht ab. Es mussten Prozesse installiert werden, die wirtschaftsprüfungskonform waren, die gleichzeitig aber eine agile Organisation mit ausgeprägter Start-up-DNA wie etventure überforderten. Bei einigen Kundinnen mussten wir die Arbeit beenden, weil EY dort als Wirtschaftsprüfer aktiv war – so wollten es die Independence-Regeln.

Es war eine Umbruchphase: Aus diversen Gründen verließen uns zahlreiche Mitarbeiterinnen. Einige zog es wieder in die Start-up-Welt, viele haben gegründet, manche sind auf die Kundenseite gewechselt und, auch das gab es, manche sind auf die EY-Seite gewechselt – im Übrigen auch andersherum. Dabei haben beide Seiten voneinander gelernt, sich gegenseitig inspiriert und gemeinsame interne wie auch externe Projekte gemeistert. Es hat aber auch geknirscht und geruckelt – und tut es bisweilen immer noch. Was aber auch normal ist, wenn zwei so unterschiedliche Kulturen aufeinandertreffen. Doch trotz aller Herausforderungen haben wir zahlreiche Leuchttürme geschaffen, die weder etventure noch EY so für sich allein hätten umsetzen können. So haben wir viele Kundinnen nur deshalb gewonnen, weil sich die Kulturen und Fähigkeiten beider Seiten ergänzen – und das ist die Zukunft.

Die Start-up-DNA ist nicht zu transplantieren

Unser Erfolgsmodell ist, dass EY und etventure nicht unkontrolliert aufeinanderprallten. Beide werden auch in Zukunft ihre DNA beibehalten und nicht verwässern, sie werden kooperieren und ihre Stärken kombinieren – eben nicht konkurrieren.

Daher sollten Unternehmen, wenn sie sich an Start-ups beteiligen, sie kaufen oder mit ihnen kooperieren möchten, unbedingt bedenken, dass hier zwei völlig verschiedene Welten aufeinandertreffen. Was sich bereits beim Vertragswesen zeigt: Bestehen Unternehmen auf Kooperationsverträge, die monatelang von ihrer Rechtsabteilung erstellt werden (Start-ups verfügen in der Regel nicht einmal über eine solche), verschwenden sie nicht nur unnötig Zeit, die sie besser in die Zusammenarbeit investieren sollten. Sie riskieren auch, dass es das Start-up am Ende nicht mehr gibt. Denn gerade die Zeit ist für Start-ups, die noch in der frühen Phase ihrer Gründung stecken, enorm relevant, da sie meist nicht über die finanziellen Mittel verfügen, die ihnen langwierige Vertragsverhandlungen erlauben.

Ferner sollte für Unternehmen bei der Zusammenarbeit mit Start-ups nicht nur die Motivation vorhanden sein, sie direkt zu kaufen. Sie sollten sich vielmehr auf gemeinsame Produkte und Kooperation fokussieren. So nämlich profitieren beide Seiten von den Stärken des jeweils anderen. Und weil die Transformation nicht zu kaufen ist, kann die DNA des Start-ups auch nicht ins Unternehmen transplantiert werden (siehe Kapitel „Digitale Transformation kann man nicht kaufen"). Damit zerstört man nur die DNA des Start-ups und am Ende das Start-up selbst.

Corporate Start-up Floorwell: vom Weltmarktführer und Produzenten der Holzwirtschaft zum Full Service Provider für Endkundinnen und Handwerkerinnen

Dass das anders und erfolgreich funktioniert, zeigt das Corporate Start-up Floorwell: Asiatische Produzentinnen drängen mit neuen Produktinnovationen in den europäischen

Fußboden-Markt und sorgen so für fallende Absatzzahlen bei unserer Kundin. Große Online-Player und Plattformen besetzen immer stärker die Kundenschnittstelle und greifen vermehrt die eigenen Kundinnen und auch Großhändlerinnen an. Als klassische Produzentin gab es für unsere Kundin wenig Touchpoints oder Daten zu Endkundinnen oder Handwerkerinnen. Hinzu kamen fehlende Digital-Kompetenzen in der Kernorganisation.

Mit dem Satz „Make flooring great again" wurde mein Team von der Konzernleitung beauftragt, eine digitale (Komplett-) Lösung am Markt aufzubauen, mit der Endkundinnen unkompliziert einen neuen Fußboden zu Hause verlegt bekommen. Wir stellten ein Start-up-Team mit fünf interdisziplinären Rollen bestehend aus einem Entrepreneur sowie Kolleginnen aus Product, Sales, Marketing und Design. Die ersten sechs Wochen baute das Team Markt- und Kundenverständnis auf. Dies geschah durch Interviews und Mystery Shopping: Fußböden wurden online bestellt, im Baumarkt gekauft, selbst verlegt oder die Verlegung durch Handwerkerinnen beauftragt.

Was waren die Schmerzpunkte auf Kundenseite: eine überwältigende und intransparente Auswahl an Bodenbelägen, auch war es sehr schwer, kurzfristig, gute Verlegerinnen zu bekommen. Die Schmerzpunkte auf der Seite der Handwerkerinnen: Handwerksbetriebe haben wenig Akzeptanz für „Internetgeschäfte", wo viel versprochen, aber wenig gehalten wird. Auch gibt immer viele Leerfahrten durch Aufmaße sowie einen hohen administrativen Aufwand. Handwerkerinnen sind keine Verkäuferinnen. Zudem ist ein Fußboden schwer zu transportieren.

Nach den ersten Wochen rund um Team-Setting und Identifikation der Schmerzpunkte startete das Minimal Viable Product Floorwell mit dem Aufbau der kompletten Customer Journey für Kundinnen und Handwerkerinnen. Um das Geschäftsmodell innerhalb von fünf Monaten zu validieren, haben wir nicht nur reine Landingpage-Tests gemacht, sondern aus Sicht der Kundinnen ein voll funktionierendes Service-Angebot aufgebaut: Die Kundin hat sich auf der Floorwell-Seite ihren Lieblingsboden ausgesucht, das Projekt-Formular ausgefüllt und innerhalb von 24 Stunden ein kostenloses Muster sowie ein Angebot nach telefonischer Beratung erhalten. Nach der Auftragsbestätigung durch die Kundin kümmerte sich Floorwell um die Akquise einer Partnerhandwerkerin aus der Region, sowie um die Materiallieferung zur Baustelle. Die Handwerkerin erhielt einen Auftrag und musste sich zudem nicht um das Schleppen des Bodens kümmern.

Was wurde nach dem fünfmonatigen Test erreicht?

Über 500 Anfragen gingen bei Floorwell ein. Es wurden ca. 400 Angebote und Muster versandt und 45 Aufträge deutschlandweit gewonnen. Gleichzeitig konnten 50 Bodenlegerbetriebe als Partner für das Netzwerk gewonnen werden. Ein Jahr nach Projektstart gründete der Produzent aus der Holzwirtschaft die Floorwell GmbH als Corporate Start-up. Denn die Voraussetzungen für eine erfolgreiche Gründung waren gegeben – weiterhin im geschützten Raum, außerhalb der Kernorganisation:

- Validiertes Geschäftsmodell: positive Validierung der Value Proposition und Wirtschaftlichkeit des Geschäftsmodells.
- Team-Setup: Der etventure-Entrepreneur bzw. -Projektleiter entschied sich, die sichere Welt der Corporate

Innovation-Tätigkeit zu verlassen und als Geschäftsführer von Floorwell den Aufbau des Corporate Ventures zu verantworten. Gemeinsam mit einem Co-Geschäftsführer und einem erfahrenen Team von sechs Personen aus der Handwerksbranche und Digital-Expertinnen war die schnelle Weiterentwicklung möglich.

- Unfair Advantage gegenüber Wettbewerb: durch den leichteren Zugang zu Lieferanten und Logistik-Partnern hat Floorwell von Beginn an Einkaufsvorteile an Kundinnen und Handwerkspartnerinnen weitergegeben.

- Großes Vertrauen in das Team und Geschäftsmodell vom C-Level des Konzerns: 100 Prozent Support und direktes Reporting an den Vorstand.

- Autarkes Arbeiten und punktuelle Unterstützung: Ein weiterer kritischer Erfolgsfaktor war, dass das Team ein eigenes Büro in Berlin beziehen und somit physisch getrennt von der Kernorganisation das Start-up aufbauen konnte. Die Kernorganisation wurde allerdings in strategische Entscheidungen involviert. Aber letztlich hat der Konzern dem Start-up alle Entscheidungsfreiheiten gelassen. Punktuelle Unterstützung gibt es beispielsweise immer wieder bei Rechts- und Finanzfragen.

Und wie steht Floorwell heute, ein Jahr nach der Gründung, da? Das Start-up hat rund 20 Mitarbeiterinnen, ein deutschlandweites Netzwerk an Handwerksbetrieben und verschiedenste europäische Bodenbelag-Produzentinnen als direkte Lieferantinnen und Kooperationspartnerinnen gewonnen. Eine tolle Erfolgsgeschichte, die man so im Kerngeschäft des Konzerns niemals hätte schreiben können.

D

@

2030

V. Deutschland 2030

Der Wirtschaftsstandort Deutschland hat im Jahr 2030 einen Kultur- und Mindsetwandel vollzogen: Nach einem Jahrzehnt der massiven Veränderungen, in dem Unternehmerinnen und Mitarbeiterinnen mühsam lernen mussten, dass Digitalisierung und Transformation keine Technologie-, sondern Kulturthemen sind, ist 2030 die Unternehmenskultur geprägt von Kommunikation, Empathie, Teamfähigkeit, Kreativität und Mut. Unternehmen haben eine Innovationskultur etabliert, die die Neugierde fördert und Lust auf Neues macht sowie über eine positive Fehlerkultur verfügt.

Deutsche Unternehmen verfügen über die höchsten Forschungs- und Entwicklungsbudgets. Die Automobilindustrie beispielsweise hat 2030 durch ihren strategischen Umgang mit Forschung und Entwicklung (F&E) ihre „spaltmaßbezogene" Ingenieursdenke gegen eine radikale Nutzerzentrierung und einen mutigen Umsetzungswillen getauscht – und so die Themen Elektromobilität, Sharing Economy, offene Plattformsysteme, Smart Cities vorangetrieben. Die F&E-Budgets werden gleichwertig in Grundlagenforschung sowie den Aufbau neuer disruptiver Geschäftsmodelle, richtungsweisender Innovationen und neuartiger Organisations- und Führungsformen investiert.

Disruptor der eigenen Branche

Nahezu alle Unternehmen verfügen über einen geschützten Raum, eine Digital- beziehungsweise Innovation Unit, in der digitale Services und Produkte, neue Geschäftsmodelle und Innovationen entwickelt, getestet und gemeinsam mit der Kernorganisation skaliert werden. Sie greifen immer wieder ihr eigenes Geschäftsmodell mit allen Mitteln selbst an. Sie sind der Disruptor der eigenen Branche; ihr Ziel ist dabei jedoch nicht, jedes Jahr die „Einhornidee" zu finden.

2030 haben CEOs ein neues Mindset verinnerlicht: klein anfangen, schnell agieren und vor allem radikal nutzerzentriert denken. Dabei ist es egal, ob es um neue Geschäftsmodelle, inkrementelle Optimierungen oder die Anpassung von Organisationsstrukturen und Arbeitsprozessen geht. Wichtig ist vielmehr, aus Markt-, Nutzer- und Mitarbeiterperspektive zu denken. Deshalb geht es schnell mit ersten Tests und einem Mindset rund um Design Thinking und Lean Startup in die Umsetzung – es wird früh und iterativ getestet. Und erst wenn der Erfolg im Kleinen nachgewiesen ist, gehen Unternehmen in die breite Implementierung, in die Perfektionierung und Skalierung.

Partnerschaftliche Kollaborationsmodelle aufgebaut

Deutsche Unternehmen stehen weltweit an der Spitze der Innovationsentwicklung. Nicht weil sie heute schon die Grundlagenforschung beherrschen und Patente besitzen. Sondern, weil sie verinnerlicht haben, wie aus dieser Expertise sehr schnell Geschäftsmodelle und Services für die Nutzerin entwickelt werden, und wie sie schnell auf die sich ständig verändernde Welt reagieren können.

Sie beweisen Mut und Risikobereitschaft bei der Entwicklung neuer kollaborativer Geschäftsmodelle und Plattformen. Um sich vielfältiges Know-how von außen holen und durch eine offene Zusammenarbeit mit Start-ups, großen Digitalplayern und anderen Partnerinnen neue, innovative Lösungen entwickeln zu können, die über das Kerngeschäft hinausgehen, haben sie partnerschaftliche Kollaborationsmodelle aufgebaut.

Neue Gründerinnen hat das Land

Weil die Gesellschaft eine Gründerkultur fördert und sich daraus ein Start-up-Ökosystem entwickeln konnte, hat sich die deutsche Unternehmenslandschaft enorm weiterentwickelt: Der Anteil an Gründerinnen liegt 2030 in Deutschland bei 60 Prozent, der Anteil von Frauen in Spitzenpositionen in der Wirtschaft bei 35 Prozent. Jedes DAX-Unternehmen hat im Durchschnitt mindestens zwei Frauen im Top-Management. Und ob Frühphasen-Investment oder Anschlussfinanzierungen in Milliardenhöhe: Finanzierungen stellen 2030 kein Problem mehr dar und Start-ups werden im Land gehalten. Deutsche Staatsfonds dürfen sich seit 2026 an Unternehmen und Start-ups direkt beteiligen.

Die neue Riege an bekannten weiblichen Gründerpersönlichkeiten baut ihre jungen Unternehmen allerdings nicht nur aufgrund der Förderung und Finanzierung aus Deutschland heraus auf, sondern auch, weil sie hier mittlerweile ein herausragendes Bildungssystem an Schulen und Hochschulen sowie ein Netzwerk vorfinden, das auch das weibliche Gründertum im Blick hat. Deshalb kommen die Top-Gründerinnen nicht mehr nur aus den USA und Asien, sondern auch aus Deutschland. Sie sind starke Role Models für zukünftige Generationen.

Inkubationszentren an Hochschulen

Auch das Bildungssystem ist reformiert: Es setzt von Beginn der Ausbildung auf die Förderung der Kompetenzen Kommunikation, Empathie, Teamfähigkeit, Kreativität und Mut. Kinder werden motiviert, eigene Ideen für eine bessere und nachhaltigere Zukunft mutig zu entwickeln. Ihnen wird mit einem Entrepreneurship- und Kreativtag pro Woche Raum gegeben, diese Ideen kreativ auszuprobieren. Sie werden gefördert, daraus zukunftsweisende Projekte aufzubauen. In Kombination mit der schon immer starken universitären Forschung ist das der ideale Nährboden für mutige Gründerinnen sowie hoch qualifizierte und mutige Mitarbeiterinnen. Lehrerinnen werden seit 2025 massiv in Bezug auf digitale Kompetenzen und Sozial- und Teamfähigkeit geschult und geben dieses Wissen an Kinder und Jugendliche weiter. Alle deutschen Schulen sind digital angeschlossen, sodass alle Kinder ab der 8. Klasse (etwa ab dem 14. Lebensjahr) mit digitalen Medien arbeiten und lernen.

Wirtschaft, Forschung und Politik sind eng vernetzt. An jeder Hochschule gibt es Inkubationszentren, aus denen in Zusammenarbeit mit der Wirtschaft innovative Service- und Produktinnovationen sowie digitale Geschäftsmodelle entstehen, die durch Teams von Entrepreneurinnen am Markt getestet und weltweit skaliert werden.

Durchsetzung der nGmbH

Die im Jahre 2020 von Verena Pausder in ihrem Buch „Das neue Land“ vorgestellte nGmbH hat sich in Deutschland durchgesetzt. Nach langen politischen und juristischen Diskussionen und Auseinandersetzungen wurde die neue Rechtsform für Unternehmen 2024 eingeführt, über 35 Prozent der deutschen Unternehmen haben mittlerweile auf die nGmbH umfirmiert. Sie arbeiten komplett klimaneutral, beteiligen sich mit 25 Prozent ihrer Profite an sozialen und ökologischen Projekten und haben ihre Belegschaft substanziell am Unternehmenserfolg beteiligt.

Von 16 Ministerposten in der Deutschen Bundesregierung sind neun von Unternehmerinnen besetzt, die vor ihrem Amt alle keine politische Laufbahn durchlaufen haben. Die Politik genießt wieder nahezu das uneingeschränkte Vertrauen der Bürgerinnen, da die Politikerinnen das Innovationsmindset auch auf die Gestaltung und Weiterentwicklung des Landes übertragen haben. Lobbyismus ist 2030 verpönt und Entscheidungen werden mutig diskutiert, getroffen und umgesetzt. Die Wahlen haben Rekordbeteiligungen.

Beteiligungsgrenze von ausländischen Investoren an deutschen Unternehmen

Die Nachfolgeunternehmen der mittlerweile insolventen Unternehmen Facebook und Amazon, die amerikanischen Tech-Giganten Nacebook und Namazon, sowie alle weiteren internationalen Digitalunternehmen, sind seit 2027 in allen europäischen Ländern voll steuerpflichtig. Sie zahlen etwa 30 Prozent ihrer weltweiten Steuerlast in europäische Steuersysteme ein, was hauptsächlich in Fördertöpfe gegen Altersarmut, Bildungsungleichheit und Flüchtlings- und Welthungerhilfe einfließt. Pharmaunternehmen wurde die Lobbyarbeit per Gesetz im Jahre 2026 verboten. Ferner sind sie verpflichtet, 50 Prozent ihrer Gewinne an die „Non-Profit-Organisation für sportliche Aktivität und gesundheitliche Aufklärung und Ernährung" zu spenden. Durch die Aufklärungsarbeit der Organisation ist die Krankheits- und Sterblichkeitsrate in Deutschland innerhalb von vier Jahren um mehr als 40 Prozent gesunken.

Der Gesetzgeber hat eine Beteiligungsgrenze von ausländischen Investoren an deutschen Unternehmen auf 24,9 Prozent der Unternehmensanteile beschränkt. Daher gibt es seit 2023 keine ausländischen und speziell chinesischen Übernahmen mehr. Durch modernste, in Deutschland entwickelte Fake News- und Verschwörungstheorie-Filter wurde seit 2025 die Anzahl an Fake News im Internet auf ein Minimum reduziert.

In 18 Minuten von Berlin nach München

Der im Jahre 2022 installierte europäische Innovation- und Tech-Fond hat mittlerweile dafür gesorgt, dass Europa in den Bereichen Mobility, B2B-Digitalservices, Big Data, IoT, Plattformökonomie, Virtual Reality und Künstliche Intelligenz weltweit führend ist. Von den 500 weltweit größten Tech-Unternehmen kommen 340 aus Europa, allein 142 aus Deutschland. Deutsche Unternehmen sind auch im Bereich CleanTech Weltmarktführer sowie treibende Kraft bei Technologien in den Bereichen Energiegewinnung, Energiespeicherung und Abfallreduzierung.

Deutsche Städte sind weitestgehend autofrei und weltweit führend, was Smart City-Konzepte angeht. Nach langen Streitereien in diversen Ethikkommissionen ist das autonome Fahren in Deutschland seit 2028 erlaubt. Die Zahl der autonomen Fahrzeuge ist bis 2030 auf 35 Prozent angestiegen. Nachdem innerdeutsche Flüge im Jahre 2022 von der Bundesregierung aus Klimaschutzgesichtspunkten verboten wurden, starteten Siemens und die Deutsche Bahn 2023 ihr Vorhaben „GigaMegaMetaLoop" – in Anlehnung an das von Elon Musk im Jahre 2014 gestartete Vorhaben „Hyperloop". Seit 2029 verbindet das System sämtliche deutsche Großstädte miteinander und verkürzt beispielsweise die Reisezeit von Berlin nach München auf 18 Minuten.

Nachdem der deutsche Staat im Jahre 2023 sämtliche Einnahmen aus den 6G- und 7G-Mobilfunkfrequenzen in den

Netzausbau investiert hat, und sich die fünf größten deutschen Telekommunikationsanbieter beim Netzausbau zusammengeschlossen haben, um gemeinsam die Infrastruktur zu entwickeln und zu betreiben, ist Deutschland seit 2030 bei der Netzabdeckung weltweit führend.

Eine Nation der mutigen Gestalterinnen

Der im Jahr 2020 geschaffene Begriff „Weltmutführer" wurde ein Jahr später im deutschen Duden für mutige Unternehmen aufgenommen. Im Jahre 2022 folgte die Aufnahme der Begriffe „Weltmutführer" und „Weltmutführerin" in den Duden. Der Nobelpreis für Weltmutführerinnen, 2023 in insgesamt 26 Kategorien gestartet, wird seitdem in mindestens sieben Kategorien an Europäerinnen verliehen; Deutschland ist dabei in mindestens einer Kategorie vertreten. 2021 startete die deutsche Initiative der Weltmutführer mit der Auszeichnung der weltweit mutigsten Unternehmen. Auch hier belegt Deutschland immer einen der vordersten Plätze.

Deutschland ist 2030 eine Nation der mutigen Gestalterinnen. Mit dem neuen Mindset, das die im Jahr 2021 noch vorherrschende Bewahrermentalität und Saturiertheit hinter sich gelassen hat, zeigen sich eine neue Offenheit und Mut, Probleme und Herausforderungen aktiv anzupacken sowie Erfolge zu feiern.

Unternehmer mit Mittelstands-DNA

Ich (Jahrgang 1977) bin leidenschaftlicher Borussia-Dortmund-Fan und stamme aus einer mittelständisch geprägten Familie und bekam so früh Einblick in die Unternehmenswelt. Meine Vorfahren besaßen Eisengießereien in Belgien, im Raum Aachen und Euskirchen. Mein Vater war die 5. Generation, die unternehmerisch tätig war. Gemeinsam mit seinem Bruder führte er in 4. Generation die Dürener Maschinenfabrik. Mein Großvater mütterlicherseits baute den Weltmarktführer Viega in Attendorn mit über 3.000 Mitarbeiterinnen auf.

Nach meinem BWL-Studium an der International School of Management und Auslandssemestern in Frankreich und den USA stieg ich zunächst in die Welt der Unternehmensberatung ein. 2004 erfolgte der Wechsel in die Geschäftsführung des Langerweher Kunststofffolienherstellers Schoeller Aldo (heute alesco). Dort scheitere ich jedoch nach sechs Jahren mit einer sogenannten disruptiven Innovation.

Gründung des Digitalberatungs-Pioniers etventure

Diese Learnings waren es aber auch, die mich bereits 2010 dazu inspirierten, mit meinen Partnern Philipp Herrmann und Christian Lüdtke etventure zu gründen. Ein Unternehmen, das Organisationen und Start-ups dabei hilft, möglichst schnell neue digitale Kanäle zu erschließen, die Transformation zu bewältigen sowie neue Geschäftsmodelle zu entwickeln. Bei alesco habe ich erlebt, wovon ich hier spreche: Disruptiv gescheitert bin ich aufgrund der herrschenden Beharrungskräfte, Widerstände, perfektionistischer Ingenieursarbeit und der ständigen Kontrolle in der Kernorganisation.

Um erfolgreich zu sein, müssen wir bei der digitalen Transformation weg von der deutschen Ingenieursdenke und hin zu Lean Startup- und Design Thinking-Methoden. Wir müssen die radikale Nutzerzentrierung in den Vordergrund stellen und uns mehr auf Geschwindigkeit als auf Kontrolle fokussieren. Auch müssen wir erkennen, dass der Mensch und nicht die Technologie im Vordergrund stehen muss; und dass wir für die Transformation der Wirtschaft ein völlig anderes Mindset benötigen.

Erfolgreicher Exit, EY & ChangeRider

Von 2010 bis 2017 begleiteten wir mehr als 50 B2C- und B2B-Start-ups, bevor wir 2017 etventure mit ca. 250 Mitarbeiterinnen an die Wirtschaftsprüfung EY verkauften. Weitere vier Jahre habe ich dann in meiner Rolle als CEO etventure geführt. 2018 gründete ich das Non-Profit-Format ChangeRider. Hier spreche ich mit Menschen aus Wirtschaft, Gesellschaft, Politik und Forschung über den (digitalen) Wandel. Die Interviews, die als Videos, Podcasts und Artikel veröffentlicht werden, erreichten mittlerweile über zehn Millionen Views auf Online-Kanälen, seit 2019 erscheint wöchentlich bei „Welt der Wunder TV" eine Folge.

Meine Themen und meine Familie

Meine Lieblingsthemen rund um Mut, Saturiertheit, Digital Detox im Kindesalter, Start-ups, Digitale Transformation von Unternehmen, neue Geschäftsmodelle, Mindset-Wandel etc. bringe ich in meine Keynotes und in Panel-Diskussionen ein. Im Jahr 2019 ist mein erstes Buch „ChangeRider: Pioniergeister statt Bedenkenträger" erschienen.

Mit meiner Frau und meinen vier Kindern lebe ich in München.

Danksagung

Der digitale Wandel in Deutschland ist eines meiner Herzensprojekte. Nur durch die Unterstützung vieler Menschen konnte dieses Buch entstehen.

Ich danke allen, die mich dabei unterstützt haben: allen voran Sabine, Wibke, Marie-Christin, Franca, Gregor, Christian, Biggi, Tobi, Benjamin, Yono, Jochen und Philipp, die mich textlich bzw. inhaltlich massiv supportet haben. Außerdem danke ich meinem etventure-Team für den tollen Support rund um das Weltmutführer-Werk: allen voran Astrid, Veronika, Regina, Selam, Mira, Tanja, Patrick und Alexander. Nenad danke ich herzlich für dieses unfassbar tolle Cover-Design; Florian und Alex von SoulSurf für die tolle Umsetzung von weltmutfuehrer.de; und Sebastian und Christian von epubli für den großartigen Support rund um die Veröffentlichung des Buches. Von Seiten EYs seien an dieser Stelle Julie und Alex zu nennen, die mir stets die Freiheit zugestehen, Buchprojekte wie dieses sowie viele weitere Projekte zu verfolgen.

Ein MEGA-Riesendank geht an den Namensschöpfer Philipp Herrmann. Er hat in einem fünfminütigen Telefonat mit mir den Begriff „Weltmutführer“ ins Leben gerufen.

Und nun kommt das MEGA-Riesen-GIGA-Dankeschön an meinen lieben Freund Elias. Er hat alle Illustrationen für dieses Buch von Hand gezeichnet, und das meist sogar erst am Abend nach den Hausaufgaben, denn er ist 14 (!) Jahre alt und geht noch zur Schule. Was für ein Talent und Durchhaltevermögen. Du kannst wirklich stolz auf Dich sein!

Ein großes Dankeschön gilt auch meinen lieben Freunden, die von Anfang an die größten Fans und wichtige Ratgeberinnen waren – allen voran Constanze und Balu. Und an Balu geht ein doppeltes Dankeschön: Kurz vor Druckschluss hinterfragte er das alte Weltmutführer-Coverdesign kritisch und brachte wahnsinnig tolle Ideen für das aktuelle Cover im 4.0-Style ein.

Alle meine Vorhaben und vor allem das Schreiben dieses Buches funktioniert nicht ohne den familiären Rückhalt. Deshalb danke ich ganz besonders meiner Frau und meinen vier Kindern – vielen Dank, dass Ihr immer Verständnis für meinen Drang habt, etwas in der Welt zu verändern!

250+	1.000+	10 Mio.+	100 %
Interviewpartner	Nominierungen	Views	Non-Profit

Was ist ChangeRider?

Pioniergeist statt Panik, Mut statt Angst, Erfolgsgeschichten statt Negativbeispiele – ChangeRider ist ein Talk im Tesla, ein Format, in dem Menschen aus Politik, Wirtschaft, Gesellschaft und Forschung erzählen, wie sie den Wandel gestalten, die digitale Transformation vorantreiben und das Land und seine Menschen nach vorne bringen. Die gemeinnützige GmbH wurde 2018 von Philipp Depiereux gegründet. Steigen Sie ein in den ChangeRider und kommen Sie mit auf eine spannende digitale Reise mit Dorothee Bär, Valerie Mocker, Heike Bruch, Gisbert Rühl, Roland Berger, Joachim Schoss, Dieter Kempf, Daniel Jung und vielen mehr. Die spannendsten Interviews sind im ChangeRider-Buch zusammengefasst.

Insgesamt wurden über alle Kanäle hinweg bereits über 10 Millionen Menschen erreicht.

„Triff die Gestalter*innen der Zukunft" - Alle zwei Wochen erscheint die Non-Profit-Initiative ChangeRider als Video auf YouTube sowie als innovatives TV-Talkformat bei Welt der Wunder. Zusätzlich erscheinen die Folgen als ausführliche Podcasts bei Apple Podcast, Spotify und Soundcloud. Weitere Kanäle sind LinkedIn, Facebook und Instagram.

Druck:
Customized Business Services GmbH
im Auftrag der
KNV Zeitfracht GmbH
Ein Unternehmen der Zeitfracht - Gruppe
Ferdinand-Jühlke-Str. 7
99095 Erfurt